KB241325

B2B 세일즈 고수들의 비밀

B2B 세일즈 고수들의 비밀

박병록 지음

좋은땅

저는 지난 35년간 IT 비즈니스의 최전선에서 B2B 비즈니스 외길을 걸어왔습니다. 운이 좋게도 30년을 글로벌 회사들(IBM, 삼성전자, Hewlett Packard)에서 근무하고 그 이후 5년은 중소기업에서 근무했습니다. 참 감사한 일이고 스스로 "잘했어, 그동안 수고했어"라고 말해주고 싶습니다.

5년 전에는 과거 제가 근무했던 회사에서 임원으로 승진하는 고급 간부들과 이미 별을 단 임원들(저를 포함)의 생각과 행동을 지켜보면서 공통분모들을 찾아 분석하고 요약하여,

'준비하는 직장인 별을 품다'
'성공을 부르는 생각들'

이라는 자기 계발서를 출간하였습니다. 목표하는 바를 이루고 성공을 꿈꾸는 후배들에게 작은 이정표를 제시하고 싶었기 때문입니다.

올해는, 오랫동안 B2B 세일즈 최전선에서 직·간접으로 경험한 부분을 후배들과 나누고, 그들이 뛰어난 B2B 세일즈 리더로 성장하는 데

조금이나마 기여하고 싶은 마음으로, 이 책을 출간하겠다는 용기를 가지게 되었습니다.

B2B 세일즈 고수들은 과연 어떤 생각과 어떤 행동들을 할까요? 다행히 평소 저는 메모하는 습관이 있었고, 그들의 생각과 행동들 중에서 "아, 저런 생각과 행동들은 다른 세일즈가 배우고 따라하면 좋겠다"라는 부분들을 모아 두었고 이 책의 내용이 되었습니다.

사실 세일즈는 기업의 꽃입니다. 특히 B2B 세일즈는 고객과의 신뢰를 바탕으로 오랜 관계를 맺어 가면서 고객에게 회사를 대표하여 비즈니스 가치를 제공하는 역할을 수행합니다. 그래서 B2B 업계에서는 세일즈를 '영업대표'라고 부릅니다. 대 고객 대표인 셈이죠. 그리고 내부적으로는 기술지원, 영업지원 등 여러 부서들과의 협업을 이끌어 내는 지휘자 역할도 해야 합니다. 이러한 역량을 갖춘 이들이 결국 고수의 반열에 오르고, 조직을 성장시키는 리더로 거듭납니다.

먼저 이 책은 B2B 세일즈 스킬이나 프로세스를 설명하기 위함이 아닙니다. 제가 걸어온 길을 뒤돌아보면서, B2B 최전선에 있는 세일즈분들, 그리고 세일즈 업무에 관심이 있거나 지원하실 분들에게 B2B 비즈니스의 본질, 통찰, 그리고 리더십에 대한 이야기를 하고자 합니다. '나도 B2B 영업을 잘할 수 있다.'라는 자신감을 드리고 싶습니다. 그리고 어떤 생각과 행동을 해야 하는지에 대한 세부적 실천 방안들도 제시해 드리고자 합니다.

1989년 12월 겨울, 진한 남색의 양복에 스트라이프 무늬가 있는 파란색 넥타이 그리고 전형적인 신사 정장 구두를 신고 여의도 IBM 사무실로 출근하는 첫날. 제 가슴은 벅찼고 기쁨으로 가득했습니다. 그 당시 IBM은 IT업계에서 누구나 입사하고 싶은 회사이고, 대단한 경쟁력이 있는 글로벌 회사였습니다. 다른 한편으로는, 당시 컴퓨터가 보편화되지도 않았고 기업용 대형 컴퓨터를 담당하는 B2B 세일즈가 무엇인지도 모르는 제가 과연 "잘 해낼 수 있을까?"라는 불안감도 가지고 있었습니다. 다행히 입사 후 저는 IT 사관학교라는 명성에 걸맞게 1년 동안 부서 배치도 없이 해외와 국내에서 교육만 받았습니다. 컴퓨터(당시는 대형 컴퓨터)를 공부하고 B2B 세일즈를 정말 지독하게 배웠습니다. 그리고 실전에 투입되었고 IBM에서 17여 년 동안 거대한 IT 공룡의 세일즈 DNA를 몸에 익히며 많은 성과들도 만들었습니다.

이후 삼성전자로 자리를 옮겼습니다. 해외 수출 영업, 제품 마케팅, 솔루션, 신규사업, 기획 등의 업무를 담당했습니다. 현지 해외 법인의 직원 그리고 각 나라 현지 채널과의 소통, 수요 및 공급 관리, 신제품 개발 참여, 마케팅, 전략 등 여러 분야에서 참 바쁘게 살았습니다. 국내 대기업의 독특한 조직문화는 IBM과 많이 달라서 처음에 적응하기가 쉽지는 않았지만 IBM의 경험을 녹여 가면서 5년을 달렸습니다. 당연히 해외 출장도 잦았고, 한 국가에 장기간 체류하면서 현지의 문제를 해결하고자 했던 기억도 생생합니다. 인도네시아 발리에서 동남아 파트너 사장님들을 모시고 영어로 40여 분을 발표해야 하는데, 비행기 안에서 연습하느라 식사도 못 한 기억도 있습니다. 미국 회사와 협상을 해야 하는데 미국 동부의 아름다운 도시에서 밤늦게까지 협의하고 다음 날 바로 돌아오는 비행기에 올랐던 기억도 있네요. 이 때는 "아, 이제 삼성전자도 글로벌 회사로서 인정을 받고 있고 내가 하고 있는 일들이 정말 중요하구나. 세계 속에 삼성전자의 경쟁력과 위상을 높이는 데 기여를 하고 있구나"라는 생각에 피곤함을 잊을 수 있었습니다.

이후 HP에서는 삼성그룹(저의 고객) 담당 영업총괄 임원을 맡으며 글로벌 기업들의 사례를 바탕으로 삼성그룹의 경쟁력 강화를 위한 여러 시도를 접목하여 고객에게 '가치'를 제공하려 노력하였습니다. 당연히 계열사별로 비즈니스 모델이 다르고 시스템도 다르기 때문에 계열사별 영업팀과 기술지원팀을 구성하여 팀을 이끌었습니다. 기대 고객사의 니즈를 충족시키는 고난이도 영업의 정수를 경험했습니다. 그리고 HP에서 중요하게 다루는 채널 리더 업무도 담당하였습니다. 채널은 총판, 리셀러, SI, 글로벌 ISV(Independent Solution Vendor), 국내 솔루션사 등 매우 다양한 생태계로 이루어져 있었고, 당시 HP의 채널 정책과 시스템 프로세스가 가장 잘 되어 있다는 명성이 있던 터라 자신감을 가지고 업무를 수행했습니다.

이렇게 30여 년 동안 수많은 고객의 복잡한 이슈를 해결할 수 있는 IT 솔루션(HW, SW, 서비스 등 모두 포함)을 제공하고, 치열한 경쟁 속에서 딜을 클로징하며 '문제 해결사'의 역량을 키웠습니다. 저는 세일즈가 단순히 제품을 파는 것을 넘어, 신뢰를 바탕으로 고객의 미래를 함께 설계하는 것임을 알게 되었고, 이 깨달음으로 임원으로 승진하면서 리더십도 쌓았습니다.

2021년, 이 모든 경험을 바탕으로 IT 중소기업의 CEO라는 새로운 도전을 시작했습니다. 수십 년간 거인의 브랜드를 안고 영업했던 제가, 이제는 거인의 후광 없이 직접 길을 닦아야 하는 상황에 놓인 것이죠. 자원의 한계, 낮은 브랜드 인지도, 부족한 레퍼런스 등 모든 난관을 뚫고 시장을 개척하며, 진정한 '세일즈'란 무엇인가에 대한 깊은 성찰을 얻을 수 있었습니다.

'주인의식을 가져라'라고들 얘기합니다. 제 회사가 아닌데 제 회사인 것처럼 생각하고 일하라구요? 어려운 주문입니다. 직원들에게 말로만 "주인처럼 일하라" 하면 효과 없습니다. '월급쟁이' 하면 어떤 생각이 드나요? '하라는 일을 주어진 시간에 맞춰서 끝내야 하는 수동적인 직원'. 이렇게 느껴지지 않나요? 하지만 저는 '월급쟁이'라는 수동적인 틀에 갇히는 것이 싫었습니다. 어차피 일을 해야 한다면 '내 일이다. 내 사업이다.'라고 생각하면서 성과를 내면, 잘한 만큼 인정받고 급여도 오르고 승진도 하면 주인처럼 일하는 것 아닌가요? 업계에서도(B2B 동종업계는 좁아서 서로 잘 압니다.) 저의 경쟁력이 알려지고, 그렇게 되면 더 좋은 조건으로 스카우트 대상이 될 수도 있는 입지가 됩니다. 어차피 모두에게 주어진 시간은 24시간 동일합니다. 신이 주신 가장 공평한 선물 중에 하나이지요. 누가 가장 알차게 공평하게 주어진 시간을 사용하는가에 따라 성패가 좌우됩니다.

한편 주위를 보면 모든 것이 참 빠르게 변합니다. 기술, 복잡해지는 고객사의 니즈, 그리고 예측 불가능한 시장 상황 속에서 우리는 무엇을 준비하고, 어떻게 고객의 성공에 기여할 수 있을까요?

이 책은 '어떻게 팔 것인가'에 대한 기술적인 답변을 제시하지 않습니다. 시간이 흐르고 환경이 바뀌어도 변하지 않는 세일즈의 본질을 꿰뚫고, 고객의 비즈니스 성공에 기여하는 리더로 성장할 수 있는 방법을 저의 경험과 사례를 바탕으로 여러분과 공유할 것입니다. 순서 없이 편하게 읽으시면 됩니다. 앞뒤의 연관성이 그리 많지 않기 때문입니다.

제가 걸어온 길이 지금 B2B 세일즈 현장에서 고군분투하는 여러분과 미래의 세일즈 전사들, 그리고 꿈을 키워 가는 후배들에게 실질적인 통찰과 용기가 되기를 바랍니다. 여러분 모두가 진정한 B2B 세일즈 리더로 도약하는 여정에 이 책이 작지만 의미 있는 선물이 된다면 필자로서 더할 나위 없는 기쁨이겠습니다. 감사합니다.

박 병록 드림

차례

서문　　004

B2B 세일즈 리더의 십계명　　013

PART 1

B2B 세일즈의 본질

1장: 업의 본질을 꿰뚫어 보자　　018

2장: 고객보다 더 고객의 비즈니스를 탐구하자　　028

3장: 문제 해결을 넘어 혁신을 제안하자　　036

4장: 신뢰를 구축하자　　044

PART 2

거친 바다의 항해 방법

5장: '네이비 실(Navy SEALs)'처럼 훈련, 또 훈련하자　　064

6장: 어카운트 플래닝(Account Planning)　　107

7장: 키맨(Key Man)과 관계를 구축하고 관리하자　　117

8장: '선장'처럼 생각하고 행동하자　　131

9장: 예상치 못한 폭풍우를 대비하자　　138

PART 3

높이 나는 새가 넓게 멀리 본다

10장: 좁은 시야의 함정　　144

11장: 전략과 기획의 힘　　155

12장: 파트너 에코시스템을 구축하자(Partner Ecosystem)　　180

13장: 산이 높으면 골도 깊다(불황을 기회로)　　196

14장: 파이프라인(Pipeline)을 관리하자　　213

PART 4

성공한 리더의 생각과 행동들

1. 고객의 CEO처럼 생각하자　　229

2. 세일즈 파이프라인은 '연료 탱크'이다　　232

3. '실주(Deal Loss)'에서 얻는 열 배의 가치　　235

4. 여백(Strategic Pause)을 만들자　　240

5. 숫자의 결과보다 과정의 윤리를 중요시하자　　245

6. '왜'라는 질문에 집착하자　　248

7. 내부 동료들을 고객처럼 대하자　　252

8. 고객이 속한 산업의 미래를 읽자　　255

9. 긍정으로 가장 젊은 오늘을 색칠하자　　260

10. 느낌 대신 데이터를 기준으로 딜을 평가하자　　266

11. RFP(Request For Proposal)를 선점하자　　271

12. 기능(Feature) 대신 혜택(Benefit)을 얘기하자　　277

13. 고객의 언어로 통역하자　　284

14. '숨은 영향력자(Hidden Influencer)'를 찾자　　287

15. 고객-우리 회사-파트너 모두가 Win-Win-Win 하자　　291

16. 최악의 시나리오에 대비하고 공격적으로 베팅하자　　295

17. 성공 사례와 실패 사례를 시스템화하자　　299

18. 하루 1시간 비전 독서를 하자　　306

19. 팀원의 성공이 곧 나의 성공이다　　312

20. 고객과의 관계, 평생 가치로 승화시키자　　317

에필로그: B2B 세일즈 리더를 향하여　　322

1. 고객 외에 다른 신을 섬기지 마라 ⇨ 오직 고객의 성공을 섬겨라

2. 우상을 만들지 마라 ⇨ 가치와 솔루션을 형상화하라

3. 경쟁사의 이름을 헛되이 부르지 마라 ⇨ 차별화된 우위를 확보하라

4. 계약 완료일을 거룩히 지켜라 ⇨ 계약 후가 진짜 시작임을 명심하라

5. 팀을 공경하라 ⇨ 화합을 리드하고 팀의 지혜를 활용하라

6. 신뢰를 깨지 마라 ⇨ 약속은 목숨같이 지키고 정직하게 거래하라

7. 공부와 지식 이외에 한눈팔지 마라 ⇨ 업계 전문가가 되어라

8. 기회를 도둑맞지 마라 ⇨ 의사 결정의 핵심 정보를 파악하라

9. 거짓 증거하지 마라 ⇨ 고객의 실질적 혜택만을 증명하라

10. 남의 성과를 탐내지 마라 ⇨ 나의 강점을 탐하라

나라에는 헌법이 있고, 인간은 좌우명을 기준 삼아 살아간다. 변하지 않는 기초 법전 같은 것이다. 모세가 시내산에서 받은 '하나님의 10계명'이 고대 이스라엘 백성에게 삶과 윤리의 절대 기준이었던 것처럼, B2B 세일즈 리더들은 어떤 상황에서도 타협하지 않는 생각과 행동이 존재한다. 세월이 흘러도 변하지 않는다.

B2B 현장은 끊임없이 변하는 광야와 같다. 분기별 목표, 고객의 갑작스러운 요구, 예측 불가능한 경쟁사의 움직임은 영업대표를 매 순간

시험한다. 전략과 전술은 시장 상황에 따라 유연하게 바꿀 수 있지만, 리더십의 근간을 이루는 철학은 흔들리지 않는다.

이 '10가지 계명'은 IBM, 삼성, HP, 그리고 중소기업의 대표라는 네 개의 바다를 건너며 깨달은 '세일즈 계명'이다. 여러분이 어떤 압박과 유혹에 직면하더라도, 단기적인 이익을 위해 여러분의 신뢰를 훼손하거나, 비윤리적인 판단을 내리지 않도록 지켜 줄 일종의 불변의 준칙이다.

이 계명들은 이 책의 모든 내용과 Part 4에서 이어질 20가지 생각과 행동을 관통하는 핵심이다. 이 10가지 계명을 영업 신조로 삼아 세일즈에 임한다면 여러분은 분명 훌륭한 세일즈 리더의 반열에 오를 것이라고 믿는다.

B2B 세일즈의 본질

　여러분은 '장사'를 하고 싶은가, 아니면 '사업'을 하고 싶은가? 같은 말 같으면서도 서로 다르다. 사전적 정의로 '장사'는 이익을 얻으려고 물건을 사서 파는 일이며, '사업'은 어떤 일을 목적과 계획을 가지고 짜임새 있게 체계적으로 관리하고 운영하는 일이라고 되어 있다. 즉, 장사는 물건을 사서 파는 일을 지속적으로 행하는 것을 말하고, 사업은 이러한 장사가 지속적으로 이루어질 수 있도록 시스템을 구축하고 운영하는 것이라고 할 수 있다. 고객에게 일회성으로 판매를 하는 경우는 '장사'로 보고, 반대로 두터운 신뢰를 쌓고 장기적인 관계를 유지하며 지속적인 거래를 창출해내고 있다면, 그것이 바로 진정한 의미의 '사업'이다.

　어느 월급쟁이 사장님이 이런 말을 했다.
　"난 그저 내가 하고 있는 일에 '최고'가 되고 싶었고 그렇게 해 왔다. 최고가 아니더라도 최고가 되고 싶어 일을 하다 보면 최소한 '고수'의 반열에 들 수 있을 것이라고 생각했다. 세월이 흘러 뒤를 돌아보니, 난 임원이 되어 있었고, 사장의 자리에 앉아 있었고, 돈도 따라와 있었다."

이분은 분명 '월급쟁이'였다. 그러나 본인이 최고가 되고 싶어서 일을 하다 보니 자연스럽게 주인처럼 일을 한 것이다. 내 경험도 그렇다. 본업인 비즈니스에 충실하다 보니 승진도 하고 임원이 되니 돈도 자연스럽게 뒤따랐다.

장사에서는 모든 일을 사장이 직원들보다 잘한다. 사업에서는 오너 자신보다 일을 더 잘하는 사람을 찾아내어 적재적소에 배치한다. 난 나보다 영업을 더 잘하는 직원을 채용하기 위해 삼고초려를 마다하지 않았고 그 사람의 아내까지 만나서 설득했다. 결국 그 직원은 나와 함께 영업을 했고 대단한 성공을 거두었다. 나는 사업을 했다. B2B 세일즈는 그 자체로 하나의 사업이다.

1장

업의 본질을 꿰뚫어 보자

'업(業)의 본질'이 무엇인가? 기업의 일반적인 업의 본질은 인간의 삶에 중요하고 의미 있는 '가치'들을 지속적으로 창출하는 것이다. 즉, 단순히 이윤 추구를 넘어, 왜 기업이 존재하는지, 사회적으로 어떤 역할을 해야 하는지, 그리고 직원들과 그의 가족들을 위해서, 주주와 고객을 위해서 어떻게 지속 가능한 가치를 만들어 내야 하는지를 끊임없이 고민하고 탐구하며 실천해 나가는 것이 업의 본질이다. 기업마다 다른 점은 '어떻게'이다.

여러분이 속한 회사의 업의 본질은 임직원 모두가 공유하고 있어야 한다. 직원들은 본인들의 커리어와 회사에 대한 만족도가 관련되어 있고, 회사는 전략, 효율성, 사회적 평가가 관련되어 있다. '알면 좋은 것'을 넘어, 아래와 같은 이유 때문에 꼭 알아야 한다.

1. 개인적인 관점

- 명확한 커리어 플랜: 회사의 업의 본질을 알면, 내 업무가 회사의 큰 그림에서 어떤 의미를 가지는지 이해할 수 있다. 이는 개인의

커리어(Career) 방향 설정에 중요하다. 월급 받기 위해 단순히 일을 하는 것을 넘어, 일의 의미를 찾고 미래에 나의 커리어를 어디로 향할 것인지, 무엇을 준비해야 하는지를 명확하게 알 수 있다.

- 업무 몰입도 및 생산성 향상: 회사의 핵심 가치와 내가 추구하는 가치가 일치할 때, 업무에 대한 진정한 몰입이 가능하다. 내가 하는 일이 의미 있다고 느끼면, 단순히 시키는 일만 하는 것이 아니라 더 나은 방법을 찾고, 어려운 문제에 부딪혔을 때도 포기하지 않고 해결하려고 노력한다. 이는 결국 생산성 향상으로 이어진다.

- 성장과 발전 기회 포착: 회사가 어떤 분야에 집중하고 어떤 가치를 중요하게 생각하는지 알면, 나에게 필요한 역량이 무엇인지 파악하고 그에 맞는 자기 계발 계획을 세울 수 있다. 회사가 필요로 하는 인재로 성장할 수 있는 기회를 더 잘 포착할 수 있다.

- 만족도 및 로열티 증가: 내가 속한 조직이 어떤 지향점을 가지고 있는지, 어떤 방식으로 일하는 것을 중요하게 생각하는지를 알면, 회사에 대한 소속감과 자부심이 커지게 되고, 그러면 직업 만족도도 높아지고 회사에 대한 로열티도 높아진다.

- 의사결정의 기준: 중요한 프로젝트 선택이나 이직과 같은 상황에서, 회사의 본질과 가치는 올바른 선택을 위한 중요한 기준점이 된다.

2. 회사(경영진 및 전체 조직) 관점: 효율성, 전략, 생존

- 일관된 전략 수립 및 실행: 업의 본질은 회사가 어떤 사업에 집중하고, 어떤 고객에게 어떤 가치를 제공할 것인지를 결정하는 최상

위 나침반이다. 이를 명확히 알아야 모든 부서와 팀이 같은 방향을 보고 일할 수 있고, 자원 낭비도 줄이면서 효율적인 의사결정이 가능해진다. 모호하면 중구난방의 상황이 나타날 수 있다.

- 인재 유치 및 유지: 요즘 인재들은 단순히 연봉뿐만 아니라 회사의 비전과 문화, 가치를 보고 입사를 결정한다. 회사의 본질과 가치를 명확히 제시하는 것은 우수 인재를 유치하고 장기적으로 이들을 회사에 오래 머무르게 하는 필수 조건이다.
- 대외적 이미지 및 브랜드 강화: 고객, 투자자, 협력사 등 외부 이해관계자들에게 회사가 어떤 곳인지, 무엇을 추구하는지 명확하게 전달할 수 있다. 이는 신뢰를 구축하고 강력한 브랜드 이미지를 형성하는 데 결정적인 역할을 한다.
- 위기 대응 및 변화 관리: 시장 환경이 급변하거나 위기가 닥쳤을 때, 회사의 변하지 않는 본질과 가치는 혼란 속에서도 올바른 방향을 제시하는 기준점이 된다. 무엇을 지키고 무엇을 변화시켜야 할지 판단하는 데 도움을 준다.
- 경쟁 우위 확보: 단순히 '돈을 버는' 기업을 넘어, '무엇을 위해 존재하는가'라는 본질적인 질문에 대한 답은 다른 회사들과 차별화되는 독특한 정체성을 부여하고, 이는 곧 지속적인 차별화 추구로 이어진다.

결론적으로, 직원과 회사의 지속적 성장을 위해서는 업의 본질과 추구하는 가치를 알아야 하고 내부와 외부로 공유해야 한다. 모른다면 마치 나침반 없이 항해를 하거나, 팀원들이 각기 다른 목표를 향해 뛰는 것과 같아 결국 비효율과 혼란, 그리고 좌초의 위험에 처할 수 있다.

B2B 영업에서 고객사의 업의 본질과 추구하는 가치를 아는 것은 영업대표의 성공에 있어 매우 중요하다. 고객사의 업의 본질을 알고 이해하고 있다면 아래와 같은 장점들이 있다.

1. 신뢰 구축 및 관계 형성

- 전문성 인정: 고객의 업을 깊이 이해하고 있다는 것을 보여 주는 것 자체가 영업대표의 전문성과 신뢰성을 크게 높일 수 있다. 고객은 자신들의 업의 본질을 이해하는 영업대표에게 더 큰 신뢰를 느끼고, 단순한 판매자가 아닌 '우리를 가장 잘 이해하는 파드니'로 인식하게 된다.
- 공감대 형성: 고객이 중요하게 생각하는 가치(예: 품질, 혁신, 사회적 책임, 비용 효율성)를 공유하고 존중한다는 인상을 주면, 고객과의 깊은 공감대가 형성된다. 이는 장기적인 파트너십으로 발전하는 토대가 된다.

2. 경쟁 우위 확보 및 협상력 증대

- 차별화된 가치 전달: 당연히 경쟁사가 존재하고 그들도 고객이 필요한 제품이나 서비스를 제공한다. 하지만 고객사의 업의 본질을 이해하고 그에 맞춰 우리의 솔루션이 고객에게 제공할 수 있는 고유한 가치를 명확히 제시할 수 있다면, 경쟁사와의 차별점이 부각되고 경쟁 우위를 확보할 수 있다.

- 성공적인 협상: 고객의 핵심 가치를 알면, 협상 과정에서 어떤 요소가 고객에게 가장 중요한지를 파악하여 보다 유리한 협상을 이끌어 낼 수 있다. 가격 외적인 가치(예: 납기, 맞춤형 서비스, 기술 지원)를 통해 고객을 설득할 수 있는 여지가 넓어진다.

3. 비즈니스 기회 발굴

- 미래 니즈 예측: 고객사의 업의 본질과 추구하는 가치를 꾸준히 파악하고, 고객이 속한 산업을 지속적으로 분석하다 보면 미래에 직면할 도전과 기회를 예측할 수 있다. 이를 통해 선제적으로 새로운 솔루션을 제안하거나, 고객의 사업 확장에 발맞춰 우리 서비스도 확장할 수 있는 장기적인 비즈니스 기회를 발굴할 수 있다.
- 고객 만족도 및 충성도 증대: 고객의 본질적인 성공에 기여하는 솔루션을 제공하면 고객 만족도가 높아지고, 이는 재구매율 및 장기적인 충성도 제고로 이어진다. 새로운 고객을 찾는 것보다 기존 고객을 유지하는 비용이 훨씬 적게 든다.

결론적으로 B2B 영업대표가 고객의 업의 본질과 추구하는 가치를 알면 '성공적인 영업'을 시작할 준비가 되어 있다는 뜻이다.

이제 사례로 IBM 업의 본질을 살펴볼 것이다. 당연히 중요한 것은 여러분 고객의 업의 본질이다. 아래 사례를 읽다 보면 여러분이 담당하고 있는 고객의 업의 본질을 다시 한번 생각해 보는 계기가 될 것이다.

IBM 업의 본질

'Think'하면 IBM이 생각난다. 토마스 왓슨 시니어는 생각하며 일어났고, 생각하며 출근했고, 생각을 외치며 일을 했고, 먹을 때도 생각하고, 쉬면서도 생각하며, 생각하면서 잠을 잤다고 한다. 그의 '생각하는 열정'은 전 임직원에게 전파되었고, IBM은 곧 'Think'였고 'Think'는 IBM이 되었다. IBM의 혁신은 세상을 바꾸었고, 100년이 넘은 지금도 IBM은 혁신을 지속하고 있다. IBM은 설립자 토머스 J. 왓슨 시니어(Thomas J. Watson Sr.)의 경영 철학에서부터 시작하여, 100년이 넘는 역사가 흐르는 동안 시대의 변화에 맞춰 '업의 본질'을 끊임없이 재정의해 왔다. 처음부터 그는 단순히 제품을 피는 회사가 아니라, 개인의 역량과 열린 사고(THINK)를 통해 고객에게 가치를 제공하는 기업을 지향했다.

IBM의 '업의 본질'은 세 가지로 시작되었고, 이 세 가지는 서로 연결되어 있고, 현재도 이 방식으로 비즈니스를 수행하고 있다.

1. 개인 존중(Respect for the Individual)

이것은 IBM '업의 본질'의 뿌리라고 할 수 있다. 왓슨 시니어는 "Think!"라는 슬로건을 통해 직원들이 자유롭게 사고하고 아이디어를 낼 수 있도록 독려했다. 단순히 생산성을 높이는 것을 넘어, 개개인의 잠재력을 인정하고 존중하며, 그들이 회사의 가장 중요한 자산임을 공표했다. 직원의 교육과 훈련에 아낌없이 투자하고, 다양성을 포용하며,

개인의 성장을 지원하는 문화는 IBM의 혁신 역량의 원천이 되었다.

2. 고객에 대한 봉사/헌신(Service to the Customer)

IBM은 스스로를 '서비스 회사'로 정의하였다. 고객에게 단순히 제품을 파는 것을 넘어, 고객의 문제를 이해하고 해결하며, 고객의 성공을 돕는 데 모든 역량을 집중하는 것이다. 왓슨 시니어는 "고객은 우리 사업의 목적이다. 우리는 그들에게 봉사함으로써 우리에게 봉사할 기회를 얻는다"고 말하며 고객 중심 경영을 강조했다. 이는 IBM이 하드웨어 판매 중심에서 소프트웨어 및 서비스 중심으로 비즈니스 모델을 전환하는 과정에서도 일관되게 유지된 철학이다.

3. 탁월성 추구(Pursuit of Excellence)

이것은 모든 업무와 결과물에서 최고의 수준을 달성하고자 하는 끊임없는 노력을 의미한다. 기술 개발, 제품 생산, 서비스 제공, 그리고 내부 운영 프로세스에 이르기까지 모든 면에서 최고를 지향했다. 단순히 경쟁에서 이기는 것을 넘어, 진정으로 혁신적인 솔루션을 제공하고, 고객에게 최고의 가치를 제공하여, 궁극적으로 시장을 선도하는 기업의 위상을 유지하기 위한 것이다.

IBM은 이 세 가지 기본 원칙을 유지하면서도, 시대의 변화에 따라 그 구체적인 실천 방식을 재정의하고 확장해 왔다. 예를 들어, 2003년에는 글로벌 직원들의 참여를 통해 기존의 세 가지 가치를 오늘날의 언어로 다음과 같이 재해석했다.

- 고객 성공에 대한 헌신(Dedication to every client's success)
- 회사와 세상을 위한 혁신(Innovation that matters for our company and the world)
- 모든 관계에서의 신뢰와 개인적 책임(Trust and personal responsibility in all relationships)

이는 기본 정신은 같지만, 단순히 '서비스'를 넘어 '고객 성공'에 방점을 찍고, '탁월성'을 통해 '회사와 세상을 위한 혁신'을 추구하며, '개인 존중'이 '신뢰와 책임'이라는 더 넓은 개념으로 확장된 것으로 볼 수 있다. IBM은 100년이 넘는 동안 수많은 기술적, 시장적 변화를 겪어 왔기 때문에, '업의 본질'에 대한 정의는 지속적으로 진화해 왔다. 특히 최근 몇 년간은 클라우드 및 AI 중심으로 포트폴리오를 재편하면서 그 본질이 더욱 명확해지고 있다. IBM이 가장 최근에 정의하는 '업의 본질'은 아래의 핵심 요소들로 재정의될 수 있다.

1. 하이브리드 클라우드와 AI 리더십을 통한 기업의 디지털 전환 지원

IBM의 최신 미션 선언문과 전략 보고서들을 보면, 그들의 업의 본질은 "세계를 선도하는 하이브리드 클라우드 및 AI 기업으로서 고객이 산업을 혁신하고 전 세계인의 삶을 개선하도록 돕는 것"이다.

- 하이브리드 클라우드: 기업들이 온프레미스(자체 데이터센터), 프라이빗 클라우드, 다양한 퍼블릭 클라우드를 아우르는 복잡한 IT 환경을 유연하게 연결하고 관리하며, 데이터를 통합하고 활용할

수 있도록 지원한다.

- 인공지능(AI): 특히 기업용 AI(Enterprise AI)에 초점을 맞춰, AI를 통해 기업의 의사결정을 개선하고, 비즈니스 프로세스를 자동화하며, 새로운 가치를 창출하도록 돕는 데 주력한다. IBM의 Watsonx 플랫폼이 이 전략의 핵심이다.

2. 복잡한 비즈니스 문제 해결을 위한 통합 기술 및 컨설팅 제공

IBM은 단순한 기술 제공을 넘어, 산업별 특화된 문제 해결 능력과 심층적인 컨설팅 전문성을 결합하여 고객의 가장 복잡한 비즈니스 과제를 해결하는 데 그 존재 의의를 둔다. 이는 금융, 헬스케어, 제조 등 다양한 산업에서 고객의 디지털 혁신과 운영 효율성 향상을 돕는 것을 의미한다.

3. 세상을 위한 혁신과 윤리적 기술 선도

IBM은 오랫동안 연구 개발에 막대한 투자를 해 왔으며, 혁신이 기업과 세상을 위해 의미 있는 가치를 창출할 수 있다는 신념을 가지고 있다. 양자 컴퓨팅, 차세대 AI, 그리고 지속가능성과 같은 분야에서의 기술 리더십을 통해 더 나은 미래를 만들어 가는 데 기여하는 것을 중요한 본질로 본다. 특히 AI개발과 적용에 있어 윤리적 AI와 책임감 있는 기술 사용을 강조하며, 신뢰를 기반으로 인류의 삶을 개선하는 데 기여하고자 한다.

결론적으로, IBM의 가장 최근에 정의된 '업의 본질'은 하이브리드 클라우드와 AI를 핵심 동력 삼아, 복잡한 기업 고객의 문제를 해결하고 그들의 디지털 전환 및 성장을 지원하며, 나아가 세상을 위한 혁신과 윤리적인 기술 발전에 기여하는 것이라고 할 수 있다. 이는 과거의 하드웨어 제조 중심에서 벗어나, 데이터와 AI가 주도하는 현대 비즈니스 환경에서 '솔루션과 서비스 제공자'이자 '혁신의 촉매제'로서 기업의 역할을 명확히 한 것이다.

여러분이 담당하는 고객의 업의 본질은 무엇인가? 추구하는 가치는 무엇인가?

2장

고객보다 더 고객의 비즈니스를 탐구하자

"저희 제품은 이런 기능이 있습니다."

수많은 B2B 영업 현장에서 가장 흔하게 들리는 말이다. 그러나 이제 고객은 단순히 제품의 기능 목록을 듣고 싶어 하지 않는다. 그들은 자신의 복잡한 비즈니스 문제를 해결하고, 더 나아가 미래 성장을 위한 해법을 제시해 줄 전략적 파트너를 찾고 있다. 여러분이 고객의 전략적 파트너가 되기 위해서는 정말 부단한 노력이 필요하다. 대기업의 경우 글로벌 컨설팅 회사들과 전략적 파트너 관계를 맺고 주기적으로 시장상황, 경쟁상황, 전략 영역에서 컨설팅 자문을 받는다. 컨설턴트들은 해당 분야의 진정한 전문가들이다. 그들과 똑같은 컨설턴트가 되라고 하는 것은 아니다. 여러분의 비즈니스 분야에서 고객의 비즈니스를 완벽하게 이해하고 그들이 미처 보지 못했던 기회와 위기까지 대화할 수 있어야 장기적인 전략적 파트너가 될 수 있다. 그리기 위해서는 '고객을 고객보다 더 깊이 이해하고 고객의 비즈니스를 탐구'해야 한다.

고객의 비즈니스를 이해하는 첫걸음은 고객이 어떤 가치를 어떻게 창출하고, 누구에게 판매하며, 돈을 어떻게 버는지를 시스템적으로 이해하는 것이다. 궁극적으로 고객이 '미래에 돈을 벌 구조(Revenue Stream)'에 기여하거나, '가장 큰 비용이 발생하는 구조(Cost Structure)'를 바꿔 주는 솔루션을 제시할 때 비로소 전략적 파트너가 될 수 있다. 영업대표가 다음과 같은 세 가지 핵심 질문을 던지고 답을 찾을 수 있다면 고객을 아주 잘 이해하고 있다고 본다.

1. 고객사의 최종 고객은 왜 경쟁사가 아닌 이 회사의 제품이나 서비스를 사는 걸까? 고객사만의 차별화는 무엇일까?
2. 이 회사는 어떤 방식으로, 어디에서 돈을 벌고 있는가? (Revenue: 일회성 판매? 구독? 수수료? 광고?)
3. 이 회사의 가장 큰 비용 지출 항목은 무엇인가? (Cost 구조: 인건비, R&D, 물류, IT 인프라, 불량품 처리?)
4. 고객의 가장 큰 비즈니스 문제가 무엇인가? (문제 파악 및 솔루션 제안)

이 질문들의 답을 찾는 첫걸음은 재무제표 분석과 고객과의 확인 작업이다. 먼저 고객사의 재무제표를 분석하여 매출/이익 구성(어디서 돈 버는지)과 판관비/매출원가(어디에 돈 쓰는지)를 파악한다. 고객사의 가장 큰 수익원과 비용 지출 각 TOP 3를 뽑아낸다. 재무제표 요약만 보면 알 수 없고 재무제표 상세를 분석해야 한다. 그런 다음 고객을 만나 여러분이 분석한 내용이 맞는지를 확인하면서, 동시에 고객사의 차별화, 강점, 약점 등을 찾아낸다

사례:

여러분이 기업용 소프트웨어 회사의 영업대표이고, 'A 물류회사'가 잠재 고객이라고 가정해 보자.

- 수익 구조: 보통 우리는 '배달 건수가 많으면 매출이 많을 것이고 이익도 클 것이다'라고 생각한다. 과연 그럴까? 아닐 수 있다. 이익을 분석해 보니, 'A 물류회사의 수익은 단순히 배송 건수가 아니라, 특정 기업과의 장기 계약과 반품 처리 같은 부가서비스에서 주로 발생한다'는 것을 알게 되었다. 이 고객의 차별화는 '장기 계약'과 '반품처리'였던 것이다.
- 프로세스 개선 분야: 고객 실무자들을 만나서 확인해 보니 이익이 가장 많이 나는 분야는 역시 반품 처리였고, 향후 프로세스를 개선할 부분은 반품 처리 속도를 더욱 개선하는 것이었다.
- 경쟁 우위: '경쟁사보다 더 저렴한 가격'이 아닌, '압도적으로 빠른 배송 속도'가 고객사의 핵심 경쟁력이라면, 여러분은 이 속도를 혁신적으로 개선하는 것에 초점을 맞춰야 한다.

이처럼 고객의 핵심 비즈니스 모델을 이해하는 것이 중요하다. 이를 위해서 고객과의 대화하는 기술, 그리고 외부 정보를 활용하는 방법을 살펴보자.

먼저, 고객과 대화할 때는 세 가지를 활용해야 한다. '질문' '경청' '분석'이다.

첫째, 질문에 관한 것이다. 세일즈의 무기는 말솜씨나 제품 지식이 아니다. 고객의 말을 듣고, 그 안에 숨겨진 진정한 니즈를 파악하며, 복잡한 문제의 본질을 꿰뚫는 역량이다. 이를 위해서 '질문하는 기술' 이 필요하다.

- '열린 질문'의 힘: "이 시스템에 어떤 기능이 필요한가요?" 같은 닫힌 질문 대신, "현재 팀에서 가장 비효율적이라고 느끼는 부분은 무엇인가요?" "향후 3년 내에 달성하고 싶은 가장 큰 목표는 무엇인가요?"와 같은 열린 질문을 던져 보자. 고객은 더 깊은 고민을 털어놓게 되고, 여러분은 그들의 진짜 속마음을 파악할 수 있게 될 것이다.

- '탐색적 질문'으로 뿌리 찾기: 고객이 "보고서 작성에 시간이 너무 오래 걸려요"라고 말하면, "왜 그런가요?"라고 먼저 물어라. "왜?" 라는 질문을 반복하면서 고객이 말하는 표면적인 문제 너머의 근본 원인을 파고들어야 한다. '왜?'라는 한마디는 정말 엄청난 힘을 가지고 있다. 세 번의 '왜?'를 물어보라. 대부분의 근본 원인을 파악할 수 있다. "보고서를 만드는 데 어떤 데이터가 필요하고, 그 데이터는 어디서 얻으시나요?" "만약 그 문제가 해결된다면, 팀의 생산성은 얼마나 향상될까요?"와 같이 파고들어야 한다. 이 과정을 통해 여러분은 고객의 보고서 작성 시간 단축이라는 단순한 니즈를 넘어, '데이터 접근성 부재'라는 근본적인 문제점을 발견할 수 있을 것이다.

둘째, 훌륭한 질문을 했다면 이제는 진지한 경청이다. 경청은 고객의 '말'과 '속마음'을 동시에 듣는 것이다. 경청은 단순히 상대방의 말이 끝날 때까지 기다리는 것이 아니다. 고객이 말하는 모든 정보에 집중하여, 그들의 표면적인 말과 숨겨진 속마음을 동시에 읽어내야 한다. 비언어적 신호도 읽어야 한다. 예를 들면, 고객이 특정 이슈를 말할 때 목소리가 높아지거나, 한숨을 쉬거나, 몸짓이 커진다면 그 부분이 바로 고객의 핵심적인 '고통(Pain Point)'일 가능성이 높다.

셋째, 분석이다. 경청으로 얻은 정보들을 논리적으로 연결하여, 하나의 완성된 그림을 그려내는 능력이 필요하다. 고객이 "매출은 늘었지만 이익률은 떨어졌다"고 말하고, "최근 신입사원 이탈률이 높다"고 덧붙였다면, 여러분은 두 정보 간의 연관성을 찾아야 한다. '비용 부담이 늘어 회사가 모든 비용을 줄이면 직원 만족도가 낮아지고, 이것이 이직률 증가로 이어져 새로운 직원을 채용하는 데 또 다른 비용이 발생하고 있다'는 형태의 패턴을 읽어내야 한다. 이러한 분석을 통해 "고객님의 문제는 시스템의 부재가 아닌, 비효율적인 업무 프로세스에서 비롯된 것으로 보입니다. 저희 솔루션은 이러한 프로세스를 개선하여 비용을 절감하고, 신입사원 적응을 도와 이직률까지 낮출 수 있습니다"와 같이 통합적인 솔루션을 제시할 수 있을 것이다.

이처럼 세일즈는 단순히 제품의 기능을 설명하는 행위가 아니라, 여러 부서의 여러 사람을 만나서 '질문-경청-분석'의 과정을 통해 고객의 문제를 진단하고 해결책을 제시하는 과정이다. 고객사의 임직원들 각자는 자신이 담당하고 있는 업무 분야에 대해서만 얘기한다. 여러 부서의 여러 명을 만나야 하는 이유이다.

이제 외부 정보 습득을 통해 고객의 핵심 비즈니스 모델을 이해해 보자. 세일즈는 자신이 담당하고 있는 고객의 정보를 꾸준히 탐색해야 한다. 다음은 고객의 외부 정보를 습득하고 활용하는 구체적인 방법들이다. 고객사는 이미 여러분에게 필요한 수많은 정보를 시장에 공개해 두었다. 이 정보를 제대로 파악하는 것만으로도 많은 통찰력을 얻을 수 있다.

- 고객사 공식 웹사이트와 소셜 미디어를 활용해 보자. 일례로, 대부분의 고객사는 홈페이지에 채용 공고를 게재한다. 만약 고객사가 '데이터 분석 전문가'를 대규모로 채용하고 있다면, 이는 그들이 데이터 기반의 의사결정에 투자하고 있다는 신호이다. 여러분의 솔루션이 데이터 분석과 관련 있다면, 고객사와 데이터 분석에 관련된 대화를 먼저 시작할 수 있다. 또는 SNS를 통해 고객의 최근 동향, 성공 사례, 제품 및 서비스 출시정보 등을 파악하면 고객의 비즈니스 동향을 이해하는 데 큰 도움이 된다.
- 사업보고서 및 재무제표는 반드시 찾아보아야 한다. 공시 시스템에서도 간단히 찾아볼 수 있다. 사업보고서에 명시된 '경영진의 목표'나 '주요 사업계획'을 숙지하자. 만약 보고서에 '해외 시장 진출'이 올해의 핵심 목표로 명시되어 있다면, 여러분의 솔루션이 해외 시장 진출에 어떻게 기여할 수 있는지 재인힐 수 있을 것이나, 재

무제표에서는 매출액, 손익 등 많은 정보가 함축되어 있다. 이를 통해 고객사의 성장성과 재무 건전성을 파악한다. 수익성이 악화되고 있다면 '비용 절감'을, 매출은 성장하지만 부채가 많다면 새로운 투자를 할 때 '낮은 초기 비용'을 중요시 여길 것이다.

- 뉴스 기사, CEO 인터뷰, 특집기고 등을 찾아보는 것이다. 요즈음은 여러 알림 기능을 활용하여 고객사 이름이나 업계 키워드를 등록해 두면 새로운 기사가 나올 때마다 소식을 받아 볼 수 있고, 고객과의 미팅 전에 최신 이슈를 파악하는 데 큰 도움이 된다. 인터뷰 내용에는 그들의 비전이나 철학, 사업 방향과 전략, 사업적 고민이 담겨 있다.

- 외부 전문 기관의 리포트나 리서치 결과를 이용하자. 외부 기관들은 일단 큰 흐름을 시작으로 리포트를 낸다. 산업의 흐름을 읽을 수 있다. 고객이 속한 산업 전체를 이해하는 것은 필수이다. 먼저, 전문 뉴스레터를 구독하자. 산업별로 협회도 있고, 각종 기관에서 발행한다. 대부분 무료이다. 최신 용어나 동향을 빠르게 습득할 수 있어 고객과의 대화에서 전문가다운 인상을 줄 수 있다. 나는 정기적으로 받아보는 뉴스레터가 많다. 경제신문, IT 신문, 회계법인, 증권사, 정부기관, Start-up 협회 등 상당히 많다. IT 산업의 경우 Gartner, Forrester, IDC 같은 글로벌 리서치 기관이나 국내 주요 증권사나 컨설팅 회사들의 산업 분석 리포트를 이용한다. 고객사의 경쟁 환경, 기술 트렌드, 시장 규모 등에 대한 객관적인 데이터를 확보할 수 있다.

- 고객사의 비즈니스에 영향을 미칠 수 있는 정부 정책 및 규제 변

화를 파악하자. 예를 들어, 최근 데이터 보안 관련 규제가 강화됐다면, 여러분의 솔루션이 규제 준수를 어떻게 돕는지 강조하는 것이 좋은 제안이 될 수 있는 것이다.

결론적으로, 여러분은 '세일즈맨'이 아닌 '문제 해결 파트너'가 되려고 노력해야 한다. B2B 세일즈의 목표는 단순히 계약서에 서명을 받는 것이 아니다. 고객의 비즈니스 모델, 산업 환경, 재무 상태, 그리고 숨겨진 이슈까지 깊이 이해하여 그들의 가장 중요한 문제를 해결하는 전문가가 되는 것이다. 이는 여러분의 영업을 장기적인 신뢰와 파트너십으로 이끌어 갈 가장 강력한 무기가 될 것이다.

3장

문제 해결을 넘어 혁신을 제안하자

B2B 세일즈는 '진단'하고 '치유'하며 '혁신'을 제안해야 한다. 치열한 비즈니스 환경에서 기업들은 매일 새로운 문제에 직면한다. 공급망의 불확실성, 예측 불가능한 시장 변화, 그리고 끊임없이 등장하는 신기술의 압박 속에서, 그들은 단순히 제품이나 서비스를 구매하는 것을 넘어, 자신들의 문제를 함께 고민하고 해결해 줄 '컨설턴트 같은 전략적 파트너'를 찾는다. 고객이 "두통이 있습니다"라고 말하면 진통제를 건네는 것은 가장 기본적인 조치이다. 얼마나 오랫동안 두통이 지속되었는지, 그리고 그 두통의 근본 원인을 알아야 '근본적인 치료'가 가능하다. 세일즈 고수는 고객의 비즈니스에 대한 깊은 이해를 바탕으로, 그들의 '아픈 곳'을 정확히 진단하고, 적절한 '치유책'을 제시하며, 궁극적으로 더 건강해질 수 있는 방법까지 제안한다.

이번 장에서는 세일즈 고수들이 어떻게 고객의 문제를 '진단'하고 '치유'하며, 나아가 그들의 건강한 미래까지 설계하는 파트너가 될 수 있는지 구체적인 예시를 통해 살펴보자.

진단과 치유

가장 중요한 것은 증상이 아닌 근본 원인과 비즈니스에 미치는 영향을 찾아내야 한다.

현재 고객이 겪는 어려움을 겉으로 보이는 빙산의 일각이 아닌 수면 밑에 있는 전체를 보면서 살펴야 한다. 고객이 직접 말하는 문제는 표면적인 '증상'일 뿐, 그 아래에는 더 깊고 구조적인 '고통(Pain Point)'이 숨어 있다. 세일즈는 이 고통의 근원을 찾아내는 것에서 시작된다.

사례:

여러분이 클라우드 기반 ERP(전사적 자원 관리) SW 영업을 담당하는 영업대표이고, 고객사는 중견 제조 기업이라고 가정해 보자.

- 고객의 증상: "우리 회계팀의 결산 작업이 매월 2주 이상 걸려서 너무 힘들다."
- 잘못된 접근: "저희 시스템은 결산 속도를 30% 높여주는 자동화 기능이 있습니다. 이걸 도입하시면 됩니다."

  → 이것은 고객의 증상에만 초점을 맞춘 피상적인 제안이다. 이 제안만으로는 고객의 근본적이 문제를 해결할 수 없고 제아이 받아들여지기가 어렵다
- 통찰력 있는 진단: 고객과의 깊이 있는 대화를 통해 여러분은 다음과 같은 사실을 발견하게 된다.

  → 수자업이 많이 잦은 입력 오류가 발생하고 있다.

→ 그로 인해 경영진은 실시간으로 정확한 재무 데이터를 보지 못
하고 있다.

→ 경영진은 부정확한 데이터로 인해 중요한 의사결정을 제때 내
리지 못하고 있다.

사례와 같이 고통의 근본 원인을 찾았다면 먼저 그 원인을 치료하면
된다. 치료제가 곧 솔루션이다. 그런데 솔루션이 그 원인을 치료하면
고객의 비즈니스에 어떤 구체적인 이점을 주는지 명확하게 보여 주는
것이 '가치 제안'이다.

이제 '가치 제안'을 해 보자.

위 사례에서 여러분은 이제 '결산 시간 단축'이라는 기능이 아닌, '근
본적인 문제 해결'을 통해 고객의 비즈니스에 영향을 줄 혜택이라는 가
치로 변환시켜 제안을 해야 한다. 고객은 '무엇을' 살 것인지보다 '왜'
사야 하는지를 알고 싶어 한다. 여러분의 가치 제안은 고객의 근본적
인 고통과 그로 인한 비즈니스 영향을 여러분의 솔루션과 명확하게 연
결해야 한다. 가치 제안의 구성 요소는 아래와 같다.

- 고통 진단: "수작업이 많아 잦은 입력 오류가 발생하고 있고, 그로
  인해 경영진은 실시간으로 정확한 재무 데이터를 보지 못하고 있
  습니다. 당연히 부정확한 데이터로 인해 중요한 의사결정을 제때
  내리지 못하고 있습니다."
- 솔루션 제시: "저희 클라우드 ERP SW는 복잡한 결산 프로세스를

자동화하여 수작업을 제거함으로써 오류를 원천 차단합니다. 이렇게 되면 경영진이 실시간 대시보드를 통해 정확한 비즈니스 현황 파악이 가능하고, 더 빠르고 정확한 의사결정을 도와줍니다. 이는 단순히 회계팀의 업무 부담을 줄이는 것을 넘어, 회사의 운영 효율성과 의사결정 속도를 혁신적으로 개선할 것입니다.”

- 가치 연결: “이 솔루션은 단순히 회계 업무의 효율성을 높이는 것을 넘어, 연간 결산 기간을 80% 단축하고 재무 데이터의 신뢰성을 극대화합니다. 그 결과, 경영진은 매주 정확한 최신 보고서를 바탕으로 시장 변화에 신속하게 대응하고, 빠른 의사결정을 통해 경쟁사보다 훨씬 빨리 움직일 수 있습니다.”

이처럼 가치 제안은 고객 고통의 근본 원인을 정확히 언급하고, 그 고통으로 인한 비즈니스 영향과 그리고 솔루션이 제공할 혜택으로 연결시키는 것이다. 가치 제안은 고객에게 '왜' 이 솔루션을 구매해야 하는지를 확실히 전달할 수 있다.

혁신을 제안하자

고객의 아픈 곳을 진단하고 성공적으로 치유했다면, 이제 다음 단계로 나아가야 한다. 고객의 아픈 곳을 치유하는 것은 '현재'를 해결하는 것이다. 혁신을 제안한다는 것은 고객의 현재 문제를 해결하는 것을 넘어, 그들의 미래 성장을 위한 새로운 가능성을 제시하는 것이다. 고객의 비즈니스를 한 단계 도약시킬 혁신을 제안한다는 것은 영업대표를 '필요한 존재'에서 '대체 불가능한 존재'로 만들어 준다.

혁신을 제안하기 위해서는 고객의 현재 문제 너머에 있는 고객의 '미래 목표'를 이해해야 한다. 고객이 3년, 5년 후 어떤 모습을 그리고 있는지 파악하고, 그 목표를 달성하기 위한 구체적인 로드맵을 제시하여야 한다.

사례:

앞선 ERP 시스템을 성공적으로 도입한 기업의 경우를 계속해서 접근해 보자. ERP 시스템 덕분에 고객사는 데이터를 체계적으로 관리하게 되었다. 이때 영업대표가 '시스템을 도입했으니 이제 관련 영업은 끝이 났고 1년 후 유지 보수를 계약하면 되겠지'라고 생각하면 영업에서 초급이다. 고수들은 한 단계 더 나아간다.

고수는 "수집된 데이터를 활용해 새로운 가치를 창출할 수 없을까?"를 생각하고 이리저리 알아보고 내부적으로 검토를 시작한다. 그리고 또다른 새로운 솔루션을 찾아낸다.

"고객님, 현재 엄청난 생산 및 판매 데이터가 시스템에 쌓이고 있습니다. 이 데이터를 정제하고 분석하여, 수요를 예측하고 재고를 최적화할 수 있는 AI 분석 모듈을 추가할 수 있습니다. 또한 제품별로 실시간 판매 추이 등을 분석하여 소비자 선호도를 파악할 수 있습니다. 이를 통해 단순히 비용을 절감하는 것을 넘어, 시장의 흐름을 예측하고 신규 제품을 기획하는 등 시장을 빠르게 선도하며 경쟁사를 앞설 수 있다고 생각합니다."라는 혁신적인 제안을 한다. 수작업으로 결산 작업이 2주 이상 걸리던 증상으로 시작한 영업기회가 문제해결을 넘어 새로운 혁신적인 영업기회를 만들어 가는 것이다.

사례: 리테일 기업

- 고통 진단: '고객 이탈률이 증가하고 있으나, 원인 파악이 안 됨'
- '치유' 제안: '고객 분석 솔루션을 도입하여 이탈률 감소'
- '혁신' 제안: "고객의 구매 패턴 데이터뿐만 아니라, 매장 내 동선, 상품 진열대에서의 체류 시간, 그리고 웹사이트에서의 클릭 경로 데이터를 종합적으로 분석하면, 고객의 행동 심리를 파악할 수 있습니다. 이 데이터를 기반으로 '개인화된 상품 추천 서비스'를 구축하고, 이를 통해 '새로운 구독 모델'을 개발하여 안정적인 매출을 확보하고, 고객 충성도를 극대화하는 혁신을 제안합니다."

사례: E-Commerce 기업

- 고통 진단: "최근 마케팅 비용은 계속 늘어나는데, 고객 유입과 전환율이 낮아 ROAS(Return on Ad Spend, 광고 수익률)가 떨어지고 있습니다."
- '치유' 제안: 마케팅 자동화 솔루션을 통해 단순히 전환율을 높이겠다는 제안을 넘어서서, "저희 솔루션은 이탈할 가능성이 높은 고객을 사전에 예측해 재구매율을 개선할 수 있습니다 이는 현금 흐름을 개선하고, ROAS를 극대화하는 직접적인 효과를 가져올 것입니다."
- '혁신' 제안: 여기서 멈추지 않고 미래를 제시한다면, "나아가 고객들의 행동 데이터를 분석하여, 아직 발굴하지 못한 잠재 고객군을

찾아내고, '개인화된 상품 추천 시스템'을 통해 새로운 매출 파이 프라인을 구축하도록 돕겠습니다."

사례: 통신 서비스 기업

- 고통 진단: "우리 고객 센터에 문의 전화가 폭주해서 고객 대기 시간이 길어지고 있습니다. 이로 인해 고객 불만족이 높아져 이탈률이 증가하는 추세입니다."
- '치유' 제안: "저희 AI 챗봇은 단순 문의를 80% 이상 자동으로 처리하여 고객 대기 시간을 획기적으로 줄여 줄 것입니다. 이는 고객 센터의 효율성을 높이는 동시에, 고객 불만족을 즉각적으로 해소하는 효과를 가져올 것입니다."
- '혁신' 제안: "여기서 더 나아가, 챗봇이 수집한 고객 문의 데이터를 분석해 고객이 가장 불편해하는 것이 무엇인지, 새로운 니즈가 무엇인지 파악하도록 돕겠습니다. 이를 통해 고객사는 단순히 불만을 해소하는 것을 넘어, 개인화된 새로운 서비스나 요금제를 기획할 수 있습니다. 이는 고객 만족도를 극대화하고 궁극적으로 브랜드 충성도를 높이는 혁신적인 가치를 창출할 것입니다."

혁신 제안은 단순히 멋진 아이디어를 던지는 것이 아니다. 그것은 고객이 현실로 만들 수 있는 구체적인 실행 계획을 담고 있어야 한다. 구체적인 '로드맵'을 포함해야 한다.

- 단계적 로드맵: 혁신을 한 번에 실행하는 것은 정말 어렵다. '파일

럿 프로젝트 → 1차 도입 → 전사적 확대'와 같은 단계적인 로드맵을 제시하여, 고객이 부담 없이 혁신에 첫 발을 내디딜 수 있도록 해야 한다.

- 성공 지표(KPI) 설정: 각 단계별로 어떤 목표를 달성할 것인지 구체적인 지표(KPI)를 설정하자. 예를 들어, "파일럿 프로젝트를 통해 생산 효율성을 10% 향상시킨다"와 같이 명확한 목표를 제시하여 고객이 혁신의 성공을 측정할 수 있도록 한다.
- 지속적인 파트너십 강조: 혁신은 한 번의 프로젝트로 끝나는 것이 아니다. 로드맵의 끝에는 전사적 확대를 위한 '다음 단계의 혁신'을 함께 고민하는 지속적인 파트너십을 강조하여야 한다.

결론적으로, 세일즈맨은 제품을 판다. 훌륭한 세일즈맨은 고객의 문제를 진단하고 솔루션을 제공한다. 그러나 위대한 세일즈맨은 고객의 문제를 해결하는 것을 넘어, 미래를 위한 혁신을 제안하고 그들의 성장을 돕는 파트너가 된다.

4장

신뢰를 구축하자

이 장에서는 여러분이 단순한 판매자를 넘어, 고객의 비즈니스 성공을 위한 '신뢰할 수 있는 파트너'로 거듭나는 방법을 제시할 것이다. 제품이나 서비스가 아닌, 여러분 자신이라는 브랜드와 신뢰를 어떻게 구축하고, 그를 바탕으로 어떻게 고객의 마음을 사로잡을 수 있는지, 생생한 필드 경험과 구체적인 전략을 통해 알아볼 것이다. B2B 세일즈의 본질은 결국 '관계'이며, 그 관계의 핵심은 '신뢰'이다.

왜 '신뢰'가 제품보다 중요한가?

B2B 구매는 B2C와는 차원이 다른 복잡성을 가진다는 것을 이미 알고 있을 것이다. 수많은 이해관계자가 얽혀 있고, 의사 결정 과정이 길며, 한 번의 구매가 기업의 미래에 막대한 영향을 미칠 수 있다. 따라서 고객은 단순히 '최고의 제품'을 넘어, '신뢰할 수 있는 최고의 파트너'를 찾는다.

• 다수의 이해관계자: 구매 결정에는 현업 담당자, IT 부서, 재무팀,

법무팀, 그리고 최종 의사결정권자인 임원진까지 수많은 사람이 관여한다. 각자의 우선순위와 우려 사항이 다르기 때문에, 이들 모두를 설득하는 것은 쉽지 않다.

- 높은 리스크: 도입할 솔루션이 제대로 작동하지 않거나, 기대했던 효과를 내지 못하면 담당자는 물론 기업 전체가 손해를 볼 수 있다. 이 '실패의 두려움'은 고객이 구매를 망설이는 가장 큰 이유 중 하나이다.
- 장기적 관계: B2B 솔루션은 한번 도입하면 수년간 사용되는 경우가 많다. 단순히 제품을 사고파는 것을 넘어, 장기적인 유지 보수, 업데이트, 그리고 지속적인 지원이 필수적이다. 고객은 미래의 불확실성에 대한 '안정감'을 원할 수밖에 없다.

이러한 복잡성과 리스크 속에서 고객은 결국 '누구를 믿고 이 막중한 투자를 맡길 것인가?'라는 질문에 대한 답을 찾는다. 그 답이 바로 우리, 즉 영업대표의 신뢰이다.

'나'라는 브랜드

인터넷 시대에 고객은 우리를 만나기 전 이미 수많은 정보를 수집한다. 제품의 기능, 가격, 경쟁사 비교 등 기본적인 정보는 이미 알고 있다. 이 상황에서 우리가 단순히 제품 스펙과 기능을 나열한다면, 고객은 우리를 '알려진 정보 제공자' 이상으로 보지 않을 것이다. 고객은 자신들의 복잡한 문제에 대한 명확한 해결책과, 그 해결책이 성공적으로 실행될 것이라는 '안정감'을 원한다. 이 안정감을 제공하는 것이 바로 영업대표의 신뢰이다. 우리는 고객에게 '이 제품을 사세요'라고 말하는 것이 아니라, '문제를 해결해 드리겠습니다'라고 말해야 한다. 여러분의 전문성, 진정성, 그리고 고객에 대한 헌신이 고객에게 불확실성을 줄여 주는 강력한 '브랜드'가 되는 것이다.

사례: 경쟁사보다 기능이 떨어져도 신뢰로 계약을 따냄

A사는 국내 시장 점유율 1위의 B2B 소프트웨어 기업이다. 경쟁사 B는 A사보다 기능 면에서 훨씬 뛰어나고 가격도 저렴한 신제품을 출시하며 A사의 고객들을 공격적으로 공략했다. 한 대형 제조기업의 시스템 교체 프로젝트에서 B사의 제품은 압도적인 기능과 가격 경쟁력을 내세웠고, A사 영업팀은 위기에 처했다.

하지만 A사의 베테랑 김 팀장은 달랐다. 그는 고객사의 IT 담당자, 현업 부서장, 그리고 임원진을 수십 차례 찾아가 단순히 제품 기능을 설명하는 대신, 그들의 '숨겨진 고통(Pain Pint)'에 집중했다.

"B사의 제품이 기능적으로 현재 우수하다는 점은 인정합니다. 저희 제품도 6개월 안에 그 기능을 제공할 것입니다. 그리고 저희는 지난 3년간 고객사의 시스템을 가장 잘 이해하고 있습니다. 새로운 시스템 도입 시 발생할 수 있는 데이터 연동 문제, 직원들의 적응 문제, 그리고 예상치 못한 오류 발생 시의 신속한 대응 능력은 저희가 압도적으로 뛰어납니다."

김 팀장은 경쟁사 제품의 기능적 우위를 인정하면서도, 고객사가 가장 우려하는 '도입 후의 안정성'과 '문제 발생 시의 신뢰할 수 있는 지원'이라는 점을 파고들었다. 그는 고객사의 과거 시스템 문제 해결 경험을 상기시키고, 비상 상황 시 밤샘하며 문제를 해결했던 자신의 경험을 공유했다. 결국 고객사는 기능적 우위에도 불구하고 A사와의 계약을 선택했다.

고객사 담당자는 이렇게 말했다. "솔직히 B사 제품이 더 좋아 보였지만, 문제가 생겼을 때 김 팀장만큼 우리를 이해하고 발 벗고 나설 사람이 있을까 싶은 생각이 들었습니다. 결국 우리는 제품이 아니라, 김 팀장이라는 사람의 신뢰를 선택한 겁니다."

이 사례는 제품의 기능적 우위가 아닌, 세일즈맨 개인의 신뢰가 어떻게 고객의 가장 큰 불안감을 해소하고 최종 구매를 이끌어 낼 수 있는지 보여 준다.

신뢰를 구축하는 핵심 방법

신뢰는 절대 하루아침에 쌓이지 않는다. 이는 영업대표의 꾸준한 노력과 일관된 행동이 축적되어 형성되는 견고한 탑과 같다. 신뢰를 구성하는 핵심 요소들을 살펴보자.

1. 전문성(Competence, Professional)

전문성은 고객이 영업대표에게 신뢰를 보내는 가장 기본적인 토대이다. 고객은 자신의 비즈니스 문제를 해결해 줄 수 있는 아래와 같은 능력을 가진 사람을 찾는다.

- 고객 비즈니스 및 산업에 대한 깊은 이해: 여러분의 제품과 서비스
  가 고객의 비즈니스에 어떻게 기여할 수 있는지 명확하게 설명하
  려면, 고객의 사업 모델, 수익 구조, 고객의 핵심 고객, 그리고 그
  들이 속한 산업의 트렌드와 미래 전망까지 꿰뚫고 있어야 한다.
  앞에서 다룬 '업의 본질과 고객의 비즈니스에 대한 탐구'와 관련된
  노력이 바로 여기에 해당한다.
- 제품/솔루션에 대한 완벽한 지식: 우리가 다루는 제품이나 서비스
  의 기능, 장점, 한계점을 완벽하게 이해하고 있어야 한다. 고객의
  질문에 막힘없이 답하고, 때로는 고객이 미처 생각하지 못한 활용
  방안까지 제시할 수 있어야 한다.
- 문제 해결 능력: 고객은 단순히 제품을 사는 것이 아니라, 자신들
  의 문제를 해결하기 위해 제품을 구매한다. 우리는 고객의 문제를
  듣고, 우리의 솔루션이 어떻게 그 문제를 해결할 수 있는지 그리고
  어떠한 혜택을 줄 것인지를 구체적으로 제시할 수 있어야 한다.

사례: 고객사 CEO의 숨겨진 고민을 정확히 짚어냄

한 IT 서비스 기업의 영업팀장 박 부장은 신규 고객 발굴에 어려움
을 겪고 있었다. 특히 제조 분야의 기업들은 기존 시스템에 대한 의존
도가 높아 새로운 솔루션 도입에 매우 보수적이었다. 박 부장은 한 자
동차 부품 제조사 'C사'의 CIO와의 미팅을 앞두고 밤샘 조사를 했다.
그는 C사의 최근 사업보고서, 경쟁사 동향, 그리고 CIO의 과거 인터뷰
기사까지 샅샅이 분석했다.

미팅 자리에서 CIO는 "우리 회사는 품질 관리에 만전을 기하고 있

다”며 현재 시스템에 대한 만족감을 드러냈다. 하지만 박 부장은 CIO 의 인터뷰에서 '글로벌 공급망 복잡성'과 '예측 불가능한 원자재 가격 변동'에 대한 우려를 읽어낸 것을 기억했다.

박 부장은 이렇게 말했다. "부사장님, 현재 C사의 품질 관리 시스템 은 매우 안정적이라고 생각합니다. 하지만 최근 글로벌 공급망의 불확 실성이 커지면서, 예측 불가능한 원자재 가격 변동과 납기 지연이 생 산 비용에 미치는 영향은 어떻게 관리하시나요? 저희의 AI 기반 공급 망 최적화 솔루션은 이러한 외부 변수를 예측하고, 실시간으로 최적의 원자재 구매 시점과 물류 경로를 제안하여 궁극적으로 생산 비용을 절 감하고, 불확실성 속에서도 안정적인 이익률을 유지하도록 도울 수 있 습니다."

CIO는 놀란 표정으로 박 부장을 바라봤다. "우리가 가장 고민하고 있던 부분을 정확히 짚어 주셨군요. 내부적으로는 아직 구체화되지 않 은 문제였는데, 당신은 이미 답을 가지고 온 것 같습니다."

이 사례는 영업대표의 깊이 있는 전문성이 고객의 숨겨진, 심지어 고 객 스스로도 명확히 인지하지 못했던 '아픈 곳'을 진단하고, 그에 대한 해결책을 제시함으로써 압도적인 신뢰를 얻을 수 있음을 보여 준다.

2. 진정성/정직성(Integrity): '이 사람은 나를 속이지 않는다'

신뢰는 투명성과 정직함을 먹고 자란다. 우리가 고객을 속이려 하거 나, 과장된 약속을 하는 것을 가장 싫어한다.

• 솔직함과 투명성: 우리의 제품이나 서비스의 장점만 늘어 놓으면

안 된다. 한계점이나 단점도 솔직하게 인정하고, 그에 대한 대안이나 개선 계획을 함께 제시해야 한다. "저희 솔루션은 아직 ○○○ 기능이 완벽하지 않지만, 대신 ○○○ 부분에서 압도적인 강점을 가지고 있으며, 부족한 기능은 내년 상반기 업데이트를 통해 보완될 예정입니다."라고 말하는 것이 오히려 신뢰를 얻는다.

- 불필요한 과장 금지: 고객의 환심을 사기 위해 불가능한 약속을 하거나, 과장된 성과를 내세우지 마라. 현실적인 기대치를 설정하고, 그 기대치를 뛰어넘는 성과를 보여 주는 것이 장기적인 신뢰를 쌓는 길이다.

사례: 솔루션의 한계를 솔직히 인정하고 오히려 신뢰를 얻음

한 스타트업의 SaaS(Software as a Service) 솔루션을 담당하는 영업 대표 이 부장은 중소기업 'D사'와 계약을 앞두고 있었다. D사 CIO는 이 부장에게 "우리 회사는 ○○○ 기능이 필수적인데, 당신의 솔루션에는 그 기능이 없는 것 같다"고 지적했다.

이 부장은 당황했지만, 솔직하게 답했다. "맞습니다. 현재 저희 솔루션에는 말씀하신 ○○○ 기능이 없습니다. 이 부분은 저희도 인지하고 있으며, 현재 개발팀에서 최우선으로 개발 중인 기능입니다. 하지만 저희 솔루션은 ○○○ 기능 대신, ○○○ 부분에서 압도적인 효율성을 제공하며, 고객사의 현재 가장 큰 문제인 ○○○을 해결하는 데는 훨씬 효과적입니다. 만약 ○○○ 기능이 당장 필요하시다면, 다른 솔루션을 고려하시는 것이 맞습니다. 하지만 장기적으로 ○○○ 문제를 해결하고 싶으시다면, 저희 솔루션이 최적의 선택이 될 것입니다."

D사 CIO는 이 부장의 솔직함에 오히려 점수를 주었다. "다른 영업들은 무조건 다 된다고 하거나, 얼버무렸는데, 이 부장님은 솔직하게 부족한 점을 인정하고 대안까지 제시해주니 믿음이 가네요. 당장 필요한 기능은 아니니, 당신의 솔루션을 믿고 도입해 보겠습니다."

이처럼 진정성은 고객에게 여러분이 '자신의 이익'만을 추구하는 것이 아니라, '고객의 성공'을 진정으로 바라고 있음을 보여 주는 가장 강력한 신뢰의 증표가 된다.

3. 공감(Empathy): '이 사람은 내 마음을 이해한다'

공감은 고객과의 인간적인 유대감을 형성하고, 단순한 비즈니스 관계를 넘어 깊은 파트너십으로 발전시키는 핵심 요소이다. 고객의 입장과 감정을 이해하려는 노력은 그들의 마음을 열게 만든다. 친구 관계나 보통의 인간관계도 그러하다. 고객이 처한 여러가지 상황을 이해하지 못하면 서로 공감대를 형성하기 어렵다. 보통 공감대는 아래 세 가지를 통해서 형성된다.

첫째, 고객의 고통(Pain Point)과 욕구(Gain Point)를 이해해야 한다. 고객이 겪는 어려움이 무엇인지, 그리고 그들이 무엇을 통해 어떤 이점을 얻고 싶어 하는지를 파악해야 한다. 또한 단순히 논리적으로 이해하는 것을 넘어, 그들의 감정적 스트레스나 기대감에 공감해야 한다.

둘째, 감정적 연결이다. 고객이 시스템 장애에 대한 지연 보고로 상사에게 질책을 받았다고 말하면, "정말 힘드셨겠네요. 나른 고객 담당자도 이런 일을 겪었는데 부담감을 크게 느끼고 계시더라구요"와 같이 공감하는 말을 건네 보자. 이는 우리가 단순히 솔루션을 파는 세일즈가 아니라, 인간적으로 고객을 대하고 있음을 보여 준다.

셋째, 고객의 내부 정치를 이해하는 것이다. 특정 부서 간의 갈등이나 임원진의 숨겨진 의도를 파악하고, 상황에 맞춰 제안 내용을 조율하는 것이 좋다. 제안의 핵심 내용이 동일하더라도 표현이 달라질 수 있다.

사례: 고객의 내부 갈등을 이해함

한 대기업의 IT 인프라 구축 프로젝트를 수주하려던 베테랑 세일즈 박 차장은 고객사 내부의 복잡한 상황을 알게 되었다. IT 부서는 새로운 시스템 도입을 원했지만, 재무 부서는 비용 절감을 최우선으로 생각했고, 현업 부서는 기존 시스템에 익숙해 변화를 꺼리고 있었다. 이러한 이유로 CIO가 내부적으로 프로젝트 추진에 어려움을 겪고 있다는 것을 파악하고, 비공식적으로 "저희가 각 부서에 맞춰 제안 자료를 따로 준비해 드릴 수 있습니다. 필요한 경우 저희 전문가가 직접 가서 설명해 드리겠습니다."라고 제안했다.

박 차장은 각 부서의 니즈와 우려를 개별적으로 경청하고, 각 부서의 입장을 이해한 후 그들의 '언어'로 소통했다. IT 부서에는 기술적 안정성과 확장성을, 재무 부서에는 장기적인 TCO(총 소유 비용) 절감을 도식화하고 초기 투자 비용을 줄일 수 있는 리스(Lease) 구매 방법을 제안했다. 또한 현업 부서에는 직관적인 UI/UX와 최소한의 교육으로도 새로운 시스템을 쉽게 사용할 수 있다는 것을 강조하면서 데모 동영상까지 제작하여 전달하였다.

결국 박 차장은 각 부서의 이해 관계를 조율하고, 그들의 내부적인 어려움까지 헤아려 맞춤형 지원을 제공함으로써, 고객사 내부의 모든 이해 관계자로부터 깊은 신뢰를 얻어 프로젝트를 성공적으로 수주했다.

4. 일관성(Consistency): '이 사람은 언제나 변함없다'

신뢰는 일관된 행동과 꾸준한 노력에서 나온다. 고객은 영업대표가 어떤 상황에서도 변함없이 믿을 수 있는 사람인지 확인하려 한다. 일관성을 보여 주려면 아래 세 가지가 필요하다.

첫째, 꾸준한 소통과 팔로우업(Follow-up)이다. 계약 전후를 막론하고 고객과의 소통을 꾸준히 유지해야 한다. 고객의 작은 문의에도 신속하게 응대하고, 정기적으로 안부를 묻거나 유용한 정보를 제공해야 한다.

둘째, 어려운 상황에 가장 먼저 뛰어들자. 도망가거나 회피하려 들지 말자. 문제가 발생했을 때 사람의 진정한 모습이 드러나게 되어 있다. 문제가 생겼을 때 회피하지 않고, 적극적으로 해결에 나서며, 고객의 편에 서서 문제 해결을 위해 노력하는 모습을 보여 주어야 한다.

셋째, 일관된 메시지를 유지하자. 말과 행동이 항상 일치해야 한다. 어제 한 말과 오늘 한 말이 다르거나, 약속했던 것과 다른 행동을 하면 신뢰는 순식간에 무너진다. 신뢰를 쌓기는 어려워도 무너지는 것은 한 순간임을 절대 잊어서는 안 된다.

사례: 위기 상황에서 고객을 끝까지 지원

한 소프트웨어 회사의 영업을 담당하는 김 이사는 고객사 'E사'에 핵심 솔루션을 납품한 지 1년이 채 되지 않아 큰 위기에 직면했다. E사의 서버에 심각한 오류가 발생하여 서비스가 마비되는 초유의 사태가 벌어진 것이다. 원인 분석 결과, 김 이사 회사의 소프트웨어 잘못이 아니었다.

김 이사는 주말임에도 불구하고 즉시 고객사로 달려갔다. 그는 기술팀과 함께 밤샘하며 문제 해결에 도움을 주었고, 고객사 담당자들에게 실시간으로 상황을 공유하며 불안감을 덜어 주려 노력했다. 김이사는 "저희가 가장 빠른 시간안에 시스템을 정상화하겠습니다. 걱정하지 마십시오"라고 말하며 고객을 안심시켰다.

결국 24시간 만에 시스템은 정상화되었고, 김 이사는 문제 해결 후에도 고객사를 찾아가 재발 방지 대책과 향후 시스템 안정화 계획을 상세히 설명했다.

E사 대표는 김 이사에게 "이런 위기 상황에서 당신만큼 우리를 진심으로 도와준 사람은 없었다. 당신 덕분에 우리가 이 위기를 넘길 수 있었다"며 깊은 감사를 표했다.

이후 E사는 김 이사 회사와 추가 계약을 체결했을 뿐만 아니라, 다른 기업들에게도 김이사를 적극적으로 추천하는 '옹호자(Advocate)'가 되었다.

가장 좋은 영업은 고객이 다른 고객에게 대신 영업해 주는 것이다. 이처럼 위기 상황에서의 적극적이고 헌신적인 지원은 고객과의 관계를 더욱 굳건히 하는 결정적인 계기가 된다.

5. 약속은 반드시 지켜야 한다

아무리 작은 약속이라도 반드시 지켜야 한다. "다음 주 화요일 오후 3시까지 제안서를 보내 드리겠습니다"라고 했다면, 무슨 일이 있어도 그 시간을 지켜야 한다. 작은 약속을 지키는 습관이 쌓여 큰 신뢰를 만든다. 특히 시간 약속의 경우에는, 고객과의 미팅 시간 최소 10분 전에 도착하여 준비하는 습관을 들이면 좋다. 나 같은 경우, 10분 전 화장실에 도착한다. 5분 동안 머리, 옷차림, 넥타이 신발 청결 상태를 챙긴다. 그리고 나머지 5분은 미팅의 목적과 끝났을 때 다음 미팅을 어떻게 잡을지, 그리고 고객을 만나서 처음 화제를 무엇으로 할지를 결정한다. 그러면 준비가 끝난다. 그리고 불가능한 약속은 절대 하지 않는다.

6. 경쟁사를 깎아내리지 말자

경쟁사에 대해 부정적으로 말하는 것은 신뢰도를 떨어뜨린다. 고객은 우리가 경쟁사의 단점을 말할 때, 우리의 단점도 생각한다. 오직 우리 솔루션이 제공하는 '가치'에만 집중하자. 경쟁사 단점을 언급하는 대신, "저희 솔루션은 경쟁사와 달리 고객사의 문제를 해결하는 데 최적화되어 있습니다."와 같이 차별점을 긍정적으로 설명하면 좋다.

7. 끊임없이 공부하자

시장은 변한다. 새로운 정보와 기술을 공부하고, 고객에게 지속적으로 새로운 통찰이 될 수 있는 정보와 자료를 제공하자. 고객사 미팅 전, 해당 산업의 최신 기술 동향, 시장 보고서를 찾아보고 고객과 만날 때 자료를 제공하자. "최근 ○○○ 산업에서 'AI 기반 개인화 서비스'가

주목받고 있는데, 리포트 한번 읽어 보시면 좋을 것 같아서 가져왔습니다."

신뢰를 구축했을 때 얻는 보상

'제품이나 서비스를 팔지 않고 여러분 자신의 신뢰를 파는' 세일즈 방식은 단기적인 성과를 넘어, 여러분의 커리어와 회사에게 큰 장기적인 보상을 가져다준다.

첫째, 지속적인 매출을 일으키고 고객 충성도를 올릴 수 있다. 신뢰는 가장 강력한 '고객 락인(Lock-in)' 효과를 가져온다.

- 반복 구매 및 확장 판매: 고객은 여러분을 믿기 때문에, 새로운 니즈가 발생했을 때 다른 경쟁사를 찾기보다 여러분에게 먼저 연락할 것이다. 이는 추가적인 제품 구매, 서비스 확장, 그리고 새로운 솔루션 도입으로 이어져 지속 가능한 매출을 창출한다.
- 낮은 고객 이탈률: 신뢰 관계가 깊은 고객은 쉽게 이탈하지 않는다. 경쟁사가 더 좋은 조건을 제시하더라도, 여러분과의 관계에서 얻는 안정감과 가치를 더 중요하게 생각한다.
- 강력한 레퍼럴(Referral) 마케팅: 만족한 고객은 우리의 가장 강력한 우군이 되어 같이 영업에 아주 큰 도움을 준다. 그들은 다른 잠재 고객들에게 여러분을 적극적으로 추천할 것이며, 이는 가장 효과적이고 비용 효율적인 마케팅 채널이 된다.

사례: 고객이 다른 고객을 소개해 줌

한 중소기업을 대상으로 솔루션 영업을 하던 최 과장은 자신이 판매한 제품도 아닌데, 고객사 시스템 문제가 발생하자 이를 지원하기 위해서 주말까지 반납하며 매달렸고 결정적인 도움을 주었다.

얼마 후, 고객사 CIO는 자신이 속한 중소기업 CIO 모임에서 최 과장을 소개했다. "우리 회사의 IT 문제는 최 과장 덕분에 완전히 해결됐습니다. 그는 단순히 솔루션을 파는 사람이 아니라, 우리 비즈니스를 자기 일처럼 고민하고 함께 해결해 주었습니다." 이 추천 한마디로 최 과장은 모임에 참석한 세 개 기업과 추가 미팅을 잡았고, 그 중 두 개 기업과 새로운 계약을 체결했다. 이처럼 신뢰는 가장 강력한 바이럴 마케팅이 되어 새로운 영업 기회를 추가로 창출 할 수 있다.

둘째, 가격 경쟁에서 벗어난 유리한 지위를 확보할 수 있다. 신뢰는 가격 경쟁의 늪을 벗어나게 한다. 경쟁사가 낮은 가격을 제시하더라도, 고객은 여러분과의 신뢰 관계를 쉽게 포기하지 않을 것이다. 여러분은 고객에게 '대체 불가능한 존재'가 되는 것이다.

셋째, 자신의 신뢰를 파는 것은 여러분 개인 브랜드 가치를 높일 수 있다. 고객들 사이에서 'ㅇㅇㅇ 문제를 해결하려면 ㅇㅇㅇ 세일즈맨을 찾아라'는 명성을 얻게 된다. 이는 여러분의 커리어를 한 단계 더 성장시키는 강력한 자산이 되는 것이다. 고객이 여러분을 먼저 찾게 된다. 이러면 정말 일할 맛 나고 직업 만족도를 크게 높이질 것이다.

사례: "당신이 향후 최소 3년 우리 회사의 영업을 담당해야 계약하겠습니다."

영업 현장에서 수많은 계약을 경험했지만, 나의 커리어에서 가장 큰 기쁨과 영광으로 기억되는 순간이 있었다. 그것은 단순히 거액의 계약을 성사시켰을 때의 성취감이 아니었다. 최종 협상 자리에서 고객사 임원이 저에게 내걸었던 하나의 조건, "이 프로젝트가 끝나는 향후 3년 동안, 당신이 우리 회사를 담당해야 합니다. 영업대표를 바꾸지 않는 조건으로 계약하겠습니다."

그 순간, 나는 내가 팔았던 것이 제품이나 서비스가 아니라, 오랫동안 쌓아 온 '나 자신에 대한 신뢰'였음을 깨닫게 되었다. 고객과의 첫 만남부터 최종 계약까지는 꼬박 2년이 넘는 시간이 걸렸다. 이 기간 동안 나는 단순히 제품 기능을 설명하는 영업사원에 머물지 않으려 노력했고 아래를 중점적으로 실천했다.

- 고객의 비즈니스에 대한 집착: 고객사의 사업보고서는 물론, 경쟁사의 동향, 산업 트렌드, 각종 리포트까지 읽고 숙지했다. 고객사의 점포, 물류, 판매상품, 전국 점포의 당일 매출 확인, 재고, 배송, 고객 분석, 그리고 새로운 기술 도입에 대한 고민까지 파고들었다. 미팅 때마다 고객사의 최신 뉴스를 언급하며 "최근 발표하신 ○○○ 전략에 저희 솔루션이 어떻게 기여할 수 있을지 고민해 봤다."라고 운을 떼곤 했다.
- 숨겨진 고통의 발굴: 고객사 실무진은 처음에는 "기존 시스템이 너무 복잡해서 개선이 필요하다"고만 말했다. 나는 '왜 복잡한가?',

'그 복잡성 때문에 어떤 문제가 발생하는가?', '그 문제가 해결되지 않으면 미래에 어떤 손실이 예상되는가?'를 끊임없이 질문했다. 그리고 실제로 서울과 지방의 점포들을 방문하여 물건도 사 보고 점주나 알바분들에게 시스템의 어려움이 무엇인지, 무엇을 개선하면 좋을지를 묻고 다녔다. 결국 '복잡한 시스템 때문에 점포들의 매출 데이터 수집의 지연, 누락 등으로 정확도를 떨어뜨리고, 이는 재고 비용 증가와 납기 지연으로 매출 기회 상실로 이어진다'는 근본적인 고통을 찾아냈다.

- 진정성 있는 관계 구축: 그 당시엔 소위 '삐삐'나 핸드폰이 없었던 시절이었다. 고객과의 연락은 사무실 전화와 FAX가 전부였다. 고객이 바쁘다고 얘기하고 안 만나 줄까 봐, 고객 회사의 경비실에서 전화하여 지나는 길에 인사드리고 간다고 하면서 고객을 열심히, 정말 열심히 만났고 끊임없이 대화하고 또 다음 미팅을 약속하고 헤어지곤 하였다. 우리 솔루션이 고객사의 문제를 치유할 수 있다는 믿음을 주려 노력했다. 솔루션의 한계점도 솔직하게 인정하고, 그 부분은 어떻게 보완할지 투명하게 설명도 했다.

- 가격 경쟁의 초월: 이 계약은 가격이나 기능 면에서 경쟁사가 더 유리한 조건을 제시했음에도 불구하고 성사되었다. 고객은 '누구를 믿고 함께 갈 것인가'가 가장 중요한 가치였고, 나는 그 신뢰를 얻어냈다.

- 장기적인 파트너십의 증명: 3년이라는 기간 동안 영업대표를 바꾸지 말아 달라는 요청은, 고객이 나를 단순한 일회성 거래 세일즈맨이 아닌, 자신들의 비즈니스 성공을 위한 장기적인 전략적 동반자

로 인정했다는 의미였다. 이는 B2B 세일즈가 추구해야 할 궁극적
인 목표이다.

이 경험은 나의 세일즈 커리어를 통틀어 가장 큰 영광으로 기억하는
순간이다. 그것은 내가 제공한 제품의 가치를 넘어, '나 자신'이라는 브
랜드의 가치를 고객에게 인정받은 순간이었기 때문이다. 신뢰는 숫자
로 측정할 수 없는 가장 강력한 경쟁 우위이자, 세일즈맨에게 주어지
는 최고의 보상이다.

결론적으로, 신뢰는 B2B 세일즈의 알파이자 오메가이다. B2B 세일
즈는 더 이상 제품이나 서비스의 기능과 가격을 비교하는 단순한 거래
가 아니다. 그것은 복잡한 기업 환경 속에서 고객의 '아픈 곳'을 진단하
고 '치유'하며, 나아가 그들의 '미래를 혁신'하는 여정이다. 이 모든 여
정의 시작이자 끝은 바로 '신뢰'이다. 신뢰를 바탕으로 고객의 문제를
해결하고, 그들의 비즈니스 성장을 돕는 진정한 파트너가 되자. 신뢰
가 곧 가장 강력한 무기가 될 것이며, 이는 여러분의 커리어와 고객사
의 성공을 동시에 이끄는 가장 확실한 길이다.

아래는 신뢰에 관한 명언들이다. 참고로 읽다 보면 신뢰가 얼마나
중요하고 쌓기가 어려운지 알 수 있다.

- 신뢰를 강화하는 데는 기술과 더불어 10년의 시간이 필요하다. -
  톰 피터스
- 신뢰 없이는 성공할 수 없다. 신뢰에는 성공하기 위해 얻으려고

노력하는 거의 모든 것이 담겨 있다. 부부관계든 친구관계든 혹은 사회적인 관계든 신뢰 없이 성공하는 인간관계를 본 적이 있는가? 그것은 기업도 마찬가지다. - 짐 버크

- 직장에서 가장 중요한 책무는 신뢰를 쌓는 것이다. - 로버트 에커트
- 책임을 부여한 뒤 당신이 신뢰한다는 사실을 알려주는 것 이상으로 도움이 되는 것은 없다. - 부커 T. 위싱턴
- 신뢰는 정말로 장기적인 성공의 열쇠이다. - 짐 버크
- 신뢰는 행동을 통해 쌓는 것이다. - 행크 폴슨
- 지금까지 세상에서 가장 가치 있고 영속적인 유일한 관계는 한 사람이 다른 사람을 신뢰할 수 있는 관계였다. - 사무엘 스마일스
- 항상 자신이 한 약속을 지켜라. 지기지 못할 약속은 절대 하지 마라. 신뢰를 쌓는 것은 어떤 의미에서는 모진 시련을 견뎌 내는 것과 같다. 비록 어렵더라도 자기 역할을 다하겠다는 것을 보여 줘야 한다. - 데니스 로스
- 사람들을 신뢰하라. 그러면 그들은 당신에게 충실할 것이다. 사람들을 위대한 사람으로 대하라. 그러면 그들은 위대함을 보여 줄 것이나. - 랠프 왈도 에머슨
- 조직은 힘이 아니라 신뢰의 바탕 위에서 만들어진다. - 피터 드러커
- 신뢰는 조직 내 사람의 만족도를 보여 주는 가장 중요한 지표이다. - 짐 쿠제스
- 신뢰는 기업 평판의 주춧돌이다. 그리고 그 결과 주주가치가 창조된다. - 로버트 에커트
- 신뢰를 고취하는 것은 리더의 첫 번째 임무이다. - 더글러스 R. 고넌드

거친 바다의 항해 방법

5장

'네이비 실(Navy SEALs)'처럼 훈련, 또 훈련하자

네이비 실(Navy SEALs)은 미 해군 소속의 특수부대로, 육·해·공 어디든 침투하여 모든 종류의 특수작전을 수행하는 정예 중의 정예 부대이다. 'SEAL'이라는 이름 자체가 Sea, Air, Land의 약자로, 바다, 하늘, 육지 모든 환경에서 작전이 가능함을 의미한다. 네이비 실은 제2차 세계대전 당시 미 해군의 '해군 전투 파괴팀(NCDU)'과 '해군 수중 폭파대(UDT)'에서 그 기원을 찾을 수 있다. 이 부대들은 해안 상륙 작전을 앞두고 장애물을 제거하는 임무를 주로 수행했다. 이후 1962년, 존 F. 케네디 대통령의 지시에 따라 현대적인 특수부대로서 네이비 실이 창설되었다. 네이비 실이 되기 위해서는 세계에서 가장 혹독한 훈련 중 하나로 알려진 BUD/S(Basic Underwater Demolition/SEAL) 훈련을 통과해야 한다. 이 훈련은 지원자의 신체적, 정신적 한계를 시험하며, 약 70% 이상의 지원자가 탈락한다고 한다.

IBM에 입사한 B2B 세일즈 신입 사원은 1년 동안 혹독한 교육을 받고서 겨우 현업에 배치된다. 오로지 교육만 1년이다. 그만큼 B2B 세일즈는 준비 기간이 많이 소요된다. 공부와 실전 훈련이 많이 필요한 부분이다. 특히 IT는 더욱 그러하다. 기술이 접목되기에 그렇다. 현업에 있으면서도 수시로 교육을 이수해야 한다.

삼성전자에 입사했을 때는 소위 '영입 임원(외부에서 경력으로 입사한 임원)' 교육을 받았다. 삼성의 교육센터에 입소하여 삼성의 역사, 업의 본질, 사업부 소개, 마케팅 및 세일즈 등의 교육을 받았다. 임원으로 입사한 덕에 자세한 실무 교육보다는 큰 그림 형태의 교육을 받았다. 물론 부장 이하 직원들의 교육 프로그램은 매우 다양하다. 기본 교육, 마케팅 교육, 영업 교육, 전략 기획 교육 등 수많은 교육 프로그램이 존재한다. 외국어 교육도 당연히 포함되고 레벨에 따라 참가하는 프로그램도 다르다.

삼성전자에 재미있는 훈련이 있다. 알다시피 해외 주재원은 매우 중요한 역할을 수행한다. 파견되는 나라에 부임하면 해외 법인에서 담당하는 제품군 사업을 책임지는 '사장' 역할을 한다. 매출과 손익을 책임진다. 따라서 뛰어난 인재를 파견한다. 그런데 이 주재원 후보들을 양성하기 위해 '지역 전문가' 프로그램을 운영한다. 주재원 후보가 될 수 있는 후보들을 1년 동안 특정 나라로 파견하는 것이다. 거의 전 세계로 파견한다고 보면 된다. 임무는 간단하다. 현지에 가서 현지 언어를 익히고 현지 문화를 익히는 것이다. 외국어 학당에 등록해서 배워도 된다. 그리고 문화를 익히기 위해 그 나라의 각 지역을 여행한다. 당연히 비용도 회사가 부담해 준다. 자신이 파견된 국가에 대해서 얼마나 많이 알게 되고 언어를 배우는 지는 오롯이 자신의 책임이다. 이 직원들이 향후 대부분 주재원으로 파견된다.

HP도 직원들 교육에 대단한 열정을 가지고 있었다. 입사 후 받아야 할 교육이 단계별로 셀 수 없이 많다. 신입 경력에 따라, 각 전문 분야별로 커리큘럼이 다양하다. 세일즈 임원으로 입사한 나는, 입사 한 달 만에 '글로벌 세일즈 임원 교육'에 참여해야 했다. 혼자서 미국의 달라스(Dallas)로 가서 북미 남미 호주 아시아 지역의 경력 임원들과 함께 교육을 받았다. 교육 내용은 주로 재무회계 분석, 그리고 고객의 문제와 우리의 가치를 연결하는 Case Study였고, 하루 두 번 Case Study를 하고 발표를 하는 세일즈 리더십 교육이었다. 약 2주를 교육받았다. 밤에 호텔에 돌아오면 Case Study를 읽어야 했다. 이 교육을 참가하기 전에 Self Study를 했는데 그 분량이 많아서 주로 주말에 공부했었다.

그 이후에도 해마다 영업 교육을 반드시 받아야 했다. 예외가 없었다. 모든 교육의 공통점은 고객에 대한 철저한 이해와, 고객에게 제공할 비즈니스 가치(혜택)를 다룬다는 것이다. 그래서 매번 재무회계, 고객의 니즈 분석, 경쟁사 분석, 차별화 전략, 그리고 우리의 솔루션과 그 솔루션이 제공하는 가치 맵 등의 주제로 이루어졌다.

재미있는 것은 세일즈 리더십 교육에 해외 유명 대학교 프로그램을 이용하는 것이다. 사장이나 고위급 임원 후보들이 하버드(Harvard) 비즈니스 스쿨을 활용하듯, 세일즈 리더십은 싱가포르 대학교와 손을 잡고 세일즈 심화 과정을 진행했다. 담당 교수가 배정되고 강의가 끝나면 과제를 준다.

이렇듯 모든 회사들이 임직원 교육에 많은 투자를 하고 있다. 특히

B2B 세일즈에 대한 교육은 상당하다. 그만큼 중요한 역할이기 때문이다. 아래 소개하는 교육 내용들은 IBM, 삼성전자, HP에서 교육받은 내용들 중 중요하다고 생각하는 부분들을 요약한 것이고 여러분과 공유하고 싶은 내용들이다.

IT 사관학교

내가 IBM에 입사했을 때 고참 영업대표들은 우리 신입들을 'IT 사관학교'의 생도라고 불렀다. 이는 단순히 입사 초기의 강도 높은 교육 때문 만은 아니었다. 그 별칭에는 IBM이 영업 인재를 양성하는 독특한 철학과 문화, 그리고 그 과정을 통해 탄생한 '진정한 전문가'에 대한 지부심이 담겨 있다. 마치 군사 사관학교처럼 체계적인 커리큘럼과 혹독한 훈련을 통해 신입 영업대표들을 업계 최고의 전문가로 키워냈기 때문이다.

IBM의 교육철학이 있었다. 영업은 '제품을 파는 것이 아니라, 고객의 비즈니스 문제를 해결하는 것'이라는 명제이다. 이 철학을 바탕으로 신입사원늘은 단순히 기술 스펙을 외우는 대신, 고객의 비즈니스를 깊이 이해하고 통찰을 찾아내는 훈련을 받는다. 이러한 철학이 있었기에 사회학과 철학과 중문학과 독어학과 도서관학과 등 경영이나 컴퓨터 전공이 아닌 사람들도 영업으로 입사했다. 컴퓨터 지식이 있는 사람이 아니라 개인의 잠재적 역량이 크다고 판단되는 사람들을 선택한 것이다. 지식은 공부해서 쌓으면 된다. 그러나 태도, 생각하는 힘, 역량 등은 아무리 공부를 시킨다고 해서 쉽게 바뀌지 않는다. 이 배경에는 '개인 존중(Respect for Individual)' 가치가 숨어 있다. 개인의 역량을 믿고 교육시키면 고객에게 분명 신뢰를 얻을 수 있다는 믿음. 그래서 운이 좋게도 나는 컴퓨터 지식도 없이 IBM에 입사할 수 있었던 것 같다. 나는 사관학교에 입학한 것이다. 훈련을 통해 고객의 비즈니스 문제를 해결하는 전문가 과정이다.

팔지 않는 방법

드디어 모두가 출근하고 싶어 하는 '여의도'로 입성했다. 하지만 내가 상상했던 영업의 세계가 만만치 않다는 것을 깨닫는 데 그리 오랜 시간이 걸리지 않았다. 입사 첫날을 잊을 수 없다. 당연히 입소(?)를 축하한다는 말을 듣기는 했지만, 곧바로 훈련 계획 과정을 소개받는 동안 '내가 회사에 입사한 것 맞아?'라는 생각으로 하루를 보낸 것 같다.

2-3개월 한국에서 단체로 교육받고, 1개월 동안 싱가포르 AP교육센터(Asia Pacific Education Center)에서 당해 입사한 외국인들과 같이 영어로 훈련을 받아야 했고, 이 과정을 3회 반복한다고 했다. 당시는 해외여행 자체가 자유화되어 있지 않아서 신혼여행도 비행기 타면 제주도가 유일한 시절이었다. (나도 신혼여행을 제주도로 다녀왔다.) 외국여행은 기대가 되었지만, 영어로 힘겹게 교육받고 시험보고 탈락하기도 한다고 했다. 탈락하면? 입사가 취소될 수도 있다.

교육은 제품 및 솔루션, 영업, 협상, 프레젠테이션, 프로젝트 수행 및 방법론 등 수십 가지의 교육을 여러 단계로 나누어 실시하는데, 이 중 많은 교육이 일방적인 내용 전달이 아닌, 워크숍, 실습 등의 참여형 교육이었다. 지금 생각해 보면 물고기를 잡는 방법을 가르쳐 주는 교육이라고 표현할 수 있을 것 같다.

하루하루가 정말 고되게 돌아갔다. 매일매일 교육 후 시험 그리고 과제로 이어졌다. 어느 날 강사님은 우리에게 최신 서버 제품에 대한 상세한 스펙을 외우게 한 뒤, 한 신입사원에게 이렇게 물었다.

"자, 이제 고객에게 가서 이 제품을 팔아 보세요. 여러분이 배운 스펙을 가지고 어떻게 팔겠습니까?"

우리는 자신 있게 제품의 성능, 처리 속도, 저장 용량 등을 줄줄이 읊었다. 나는 그때까지 그런 대답이 정답인 줄 알았다. 하지만 강사님은 고개를 절레절레 흔들며 말했다.

"그건 고객이 이미 다 알 수 있는 정보입니다. 여러분이 그렇게 말하는 순간, 고객은 '이 사람은 그냥 물건 파는 사람이구나'라고 생각하고 벽을 세울 겁니다. 우리는 제품을 팔러 온 게 아닙니다. 고객의 비즈니스 문제를 해결하러 온 겁니다. 가장 먼저 고객과 할 일은 '질문'입니다."

그 순간, 나는 망치로 머리를 맞은 것 같았다. 영업의 시작이 '질문'과 '듣는 것'이고 고객의 문제를 '이해하는 것'이라는 것이 머릿속에 깊숙이 각인되었다. 우리는 고객의 산업 동향을 분석하는 법, 재무제표를 읽는 법, 그리고 고객사의 비즈니스 문제를 파악하는 법을 배웠다. 우리는 제품을 파는 대신, 고객의 이야기를 들을 준비를 하는 법을 배웠다.

신입사원 기본교육이 끝나면 부서를 배치하지만 교육이 여기서 끝나는 것은 아니다. 부서 배치 후 신입사원 기본교육과 마찬가지로 남당 업무에 따라 부서별로 별도의 업무 교육이 진행되며, OJT, 코칭 등을 통해 선배들의 업무 경험을 전달받게 된다. 이후 세일즈 업무를 수행하면서 국내외에서 실시하는 다양한 교육에도 참가해야 했다.

실전 같은 시뮬레이션 훈련

IBM/삼성전자/HP 모두 교육의 하이라이트는 바로 '실전 시뮬레이션'이었다. 대부분 Case Study를 하면서 분석, 제안, 발표, 협상, Call(고객미팅) 등 실전에 필요한 내용들이었다. 이러한 훈련은 강사와 선배 영업대표나 임원이 '고객의 입장'이 되어 우리에게 질문을 하고 지적하고 평가를 하였다. 대부분의 교육이 '제안' '발표' '협상' '콜(고객 미팅)' '팀플레이' 등이었고 고객 분석과 솔루션 디자인은 기본적으로 수반되었다.

제안(Proposal)

제안서는 단순한 상품 소개서나 기술 설명서가 아니다. 그것은 고객이 겪고 있는 문제에 대한 깊은 이해를 바탕으로, 여러분이 어떻게 그 문제를 해결할 수 있는지, 문제가 해결되면 어떤 혜택이 있을지에 대한 스토리를 제시하는 것이다. 고객은 제품의 기술이 얼마나 뛰어난지에 관심이 없다. 과연 그 기술이 자신들의 문제를 어떻게 해결해 주고, 사업에 어떤 실질적인 도움을 줄 수 있는지에 관심이 있다. 따라서 제안서의 첫 문장은 "저희는 이런 기술을 가지고 있습니다"가 아닌, "고객님께서 현재 이러이러한 어려움을 겪고 계시다는 것을 잘 알고 있습니다"로 시작되어야 한다.

주어진 고객의 케이스 스터디(Case Study)를 읽고 제안서를 작성해야 했다. 당연 첫 단계는 고객의 상황을 정확하게 파악하는 것이었다. 아래의 내용을 이해하고 정리가 끝나야 제안서를 작성할 수 있다.

- 고객의 현재 상황은? (시장, 경쟁, 환경, 내부 구조 등)
- 고객이 겪고 있는 가장 큰 문제점은 무엇인가? (매출 감소, 비효율적인 업무 프로세스, 기술적 한계 등)
- 이 문제점을 해결하지 못하면 어떤 손실이 발생하는가? (시간, 비용, 기회 손실 등)
- 고객이 궁극적으로 원하는 결과는 무엇인가? (매출 증대, 비용 절감, 생산성 향상 등)

이러한 질문에 대한 답을 바탕으로, 제안서의 서론 부분에 고객의 문제점을 명확하고 공감할 수 있는 언어로 표현해야 한다. 고객은 여러분이 그들의 상황을 얼마나 잘 이해하고 있는지 확인하는 순간, 여러분의 제안에 귀를 기울이기 시작할 것이다.

근본 원인: '왜'를 5번 물으면 대부분 찾아지다

올바른 제안을 위해서는 근본 원인을 알아야 한다. 증상을 완화할 수는 있어도 재발 방지를 위해서는 근본 원인을 제거해야 한다. '5 Whys(다섯 번의 왜)'는 문제의 표면적인 이유를 넘어 숨겨진 진짜 원인을 찾아내는 데 매우 효과적이고 간단한 방법이다.

단순히 "왜?"라고 다섯 번 질문하는 것이 아니라, 대답에 대해 계속해서 "왜 그런가요?"라고 파고들며 문제의 본질에 접근하는 방식이다.

예를 들어, 한 고객의 프로젝트 사례를 '5 Whys' 기법으로 분석하면 다음과 같다.

표면적 문제: "데이터 통합 솔루션이 필요합니다."

- 왜 필요한가요? (1번째 '왜')

  "고객 데이터가 여러 시스템에 뿔뿔이 흩어져 있기 때문입니다."

- 왜 흩어져 있는 것이 문제인가요? (2번째 '왜')

  "매주 의사결정 대시보드를 위해 데이터를 모으는 데만 5일이 걸리고 있습니다."

- 왜 5일이나 걸리나요? (3번째 '왜')

  "필요한 데이터가 언제 어느 곳에 저장이 되어있는지를 수기로 정리하고 있거든요."

- 왜 수기로 정리를 하시죠? (4번째 '왜')

  "자동으로 분류하고 보여주는 시스템이 없어요."

- 왜 시스템이 준비되지 않았나요? (5번째 '왜')

  "기존 시스템과 새로운 시스템이 서로 연결이 안되어 있습니다."

이처럼 '5 Whys' 질문을 통해 표면적인 요구사항인 '데이터 통합' 뒤에 숨겨진 진짜 문제(고통)는 바로 '기존 시스템과 새로운 시스템이 서로 따로 작동하고 유기적으로 연결이 되어 있지 않아서 의사결정이 느려지고 직원들이 수작업으로 피로도가 쌓여 간다'라는 것을 발견할 수 있다. 올바른 질문을 계속 하다 보면 올바른 근본 원인을 찾아낼 수 있다.

사례: '고객 데이터 분석 시스템 도입 제안'

1. 문제 정의 및 솔루션 제안: 제안서의 첫 부분은 고객의 문제점을 명확히 짚어 주는 것에서 시작한다. 이 부분에서 고객이 "아, 이 사람들이 우리 회사의 고민을 정말 잘 이해하고 있구나"라고 느끼도록 만들어야 한다.

고객사 현황:

- 고객시(A 쇼핑몰)는 최근 몇 넌간 매출 성상 둔화에 직면하고 있다.
- 고객 행동 데이터(클릭, 구매, 검색 기록 등)는 방대하지만, 이를 분석하고 마케팅에 활용하는 데 어려움을 겪고 있다.
- 타겟 마케팅이나 개인별 추천 시스템이 부재하여, 마케팅 효율이 떨어지고 있다.

문제 정의: A 쇼핑몰의 가장 큰 문제는 방대한 고객 데이터를 효율적으로 활용하지 못해 고객 행동 패턴을 파악하지 못하고 있다는 점이다. 이로 인해 마케팅 전략이 '일반적인' 고객층에 머물러 있으며, 잠재 고객의 이탈을 막지 못하고 있다.

솔루션 제안· 저희 '고객 데이터 분석 시스템(Customer Data

Analysis System)'을 도입하여 고객사의 데이터를 실시간으로 분석하고, 개인화된 마케팅을 가능하게 합니다.

2. 솔루션 상세: 이제 제안의 구체적인 내용, 즉 우리의 솔루션이 어떻게 고객의 문제를 해결하는지 단계별로 설명한다.

가. 솔루션 특징

• 실시간 데이터 분석: 고객이 쇼핑몰에서 행동하는 모든 데이터를 즉시 수집하고 분석한다.

• AI 기반 개인화 추천: 고객의 과거 구매 이력과 관심사를 기반으로 맞춤형 상품을 추천하여 구매 전환율을 높인다.

• 자동화 마케팅 캠페인: 고객 세그먼트별로 최적화된 마케팅 메시지를 자동으로 발송한다.

• 직관적인 대시보드: 모든 분석 결과를 한눈에 볼 수 있는 대시 보드를 제공하여 의사결정을 돕는다.

나. 구현 방안

• 1단계(3~4주차): 데이터 연동 및 수집.

• 2단계(4~5주차): 데이터 분석 모델 구축 및 시험 가동.

• 3단계(테스트 완료 후): 개인화 추천 및 자동화 마케팅 시스템 정식 운영.

다. 기대 효과 및 투자 효과 분석(ROI): 단순한 시스템 도입을 넘어,

고객사의 매출 증대라는 실질적인 효과를 제시한다. (마케팅 클릭률 증가, 재방문율 증가 등등)

3. 결론: 성공을 향한 파트너십 제안

제안서의 마지막은 고객에게 확신을 심어 주고, 우리의 제안이 단순한 거래가 아닌 장기적인 파트너십임을 강조하는 것이 좋다.

"A 쇼핑몰이 직면한 문제는 단순히 기술적인 문제가 아니라, 새로운 고객 경험을 제공해야 하는 시장의 도전입니다. 저희 솔루션은 이 도전에 대한 가장 효과적인 해답이 될 것입니다. 저희 솔루션은 고객사의 현재 고민을 해결할 뿐만 아니라, 미래의 성장을 위한 강력한 기반이 되어 줄 것입니다. 저희는 단순한 공급자가 아닌, 고객사의 성공을 함께 만들어 갈 파트너가 될 준비가 되어 있습니다."

발표(Presentation)

발표는 제안서의 내용을 생생하게 전달하고, 고객과 직접 소통하며 신뢰를 쌓는 과정이다. 제안서가 '읽히는' 문서라면, 발표는 '들리는' 메시지여야 한다. 훌륭한 발표는 단순히 메세지를 전달하는 것을 넘어, 고객의 공감을 얻고, 궁극적으로 여러분과 '함께하고 싶다'는 마음을 이끌어 내야 한다.

성공적 발표는 복잡한 내용을 얼마나 단순하고 명확하게 전달하는지에 달려 있다. 슬라이드는 발표를 보조하는 도구일 뿐, 모든 내용을 담는 문서가 아니다. 핵심만 담는 미니멀리즘이 필요하다.

- 한 슬라이드에 한 가지 메시지: 여러 메시지를 한 슬라이드에 담지 않아야 한다. 메시지가 많을수록 집중도가 떨어진다.
- 텍스트는 최소화하자. 슬라이드는 발표자가 말할 내용을 요약한 키워드와 이미지 위주로 구성한다. 텍스트가 많으면 고객은 여러분의 말을 듣기보다 슬라이드를 읽는 데 집중하게 될 것이다.
- 시각적 표현을 활용하자. 복잡한 데이터나 프로세스는 그래프, 도표, 아이콘 등을 활용해 직관적으로 표현한다. "백문이 불여일견"이라는 말을 기억하자.

발표 스크립트는 고객 중심의 스토리텔링이 되면 좋다. 발표는 제안서의 '구두 버전'이 아니다. 고객의 눈을 보며 그들의 문제를 어떻게 해결하는지를 이야기처럼 들려주어야 한다. 차트를 보면서 읽는 것은 절대 해서는 안 된다.

- 서론: 고객의 문제점을 공감하자. 발표를 시작하며 고객이 겪는 어려움에 대해 먼저 언급하자. "최근 매출 성장 둔화로 고민이 많으실 것입니다."와 같이 공감하는 말로 고객의 마음을 열자.
- 본론: 솔루션의 가치를 전달하자. 여러분의 솔루션이 어떻게 그 문제를 해결할 수 있는지 설명하자. 이때 기술적인 세부사항보다는 '솔루션을 통해 고객이 얻게 될 가치(혜택)'에 초점을 맞추자.
- 결론: 행동을 요구하자(Call to Action). 발표의 마지막은 명확하

게 다음 단계로 넘어갈 수 있는 메시지로 마무리해야 한다. "저희
솔루션을 통해 고객님의 목표 달성을 도울 준비가 되어 있습니다.
다음 주 중 미팅을 통해 더 자세한 논의를 드리도록 하겠습니다.
무슨 요일이 가장 편하실는지요?"와 같이 다음 미팅을 구체적으로
확정해야 한다.

아래는 몰입도를 높일 수 있는 서론, 본론, 결론에 들어갈 내용의 구
성이다. 이 구조를 통해 고객의 집중을 유지하고 논리적인 흐름을 만
들어 보자.

가. 서론(약 10%)

- 인사 및 자기소개: 발표자와 회사, 발표 주제를 간결하게 소개한다.
- 발표 목적: "저희는 오늘 고객님의 A라는 문제를 해결하기 위한 혁
  신적인 솔루션을 제안하고자 이 자리에 섰습니다"와 같이 발표의
  목적을 명확히 밝혀야 한다.
- 안건 제시: 오늘 논의할 핵심 안건(문제, 솔루션, 기대 효과 등)을
  간략히 제시하여 고객이 발표의 전체 큰 그림을 이해하게 한다.

나. 본론(약 80%)

- 문제점 심화: 고객의 문제점을 구체적인 사례나 데이터를 통해 더
  깊이 파고든다.
- 솔루션 제안: 여러분의 솔루션이 이떻게 그 문제를 해결하는지 설
  명한다. 시각적 자료(데모 영상, 스크린샷, 그래프 등)를 적극 활

용하자.

- 경쟁 우위: 경쟁사와 차별화되는 우리 솔루션의 강점을 명확히 제시한다.
- 기대 효과: 고객이 얻게 될 수익 증대, 비용 절감, 생산성 향상 등 구체적인 가치를 제시하여 설득력을 높인다. 타 고객의 사례를 숫자화하면 더욱 설득력이 있다.

다. 결론(약 10%)

- 요약 및 핵심 메시지: 발표 내용을 3가지 이내의 핵심 메시지로 요약하여 다시 한번 더 강조한다.
- 질의응답: 고객의 질문을 경청하고, 진솔하고 명확하게 답변한다. 모르는 질문이 나오면 솔직하게 인정하고, "확인 후 다시 말씀드리겠습니다"라고 답하는 것이 좋다.
- 다음 단계 제안: 발표 후의 구체적인 행동 계획(예: 시범 운영, 추가 미팅 등)을 제시하고 의견을 물어 동의를 이끌어 낸다.

언젠가 이와 같은 내용으로 교육을 이수한 후 실제 발표를 해야 하는 수업이 생각난다. 우리는 팀별로 가상의 고객사에게 제안을 해야 하는 과제가 주어졌다. 고객사의 업종, 규모, 당면한 문제, 예산 규모 등 모든 설정이 실제와 비슷했고, 선배 영업대표들과 강사님들이 고객사 경영진, 실무 담당자 역할을 맡았다. 그들은 모두 철저한 '고객'이었다. 우리는 제안서를 작성하고 고객에게 발표를 해야 했다. 우리 팀은 밤을 새워 제안서를 작성했고, 발표 연습을 수차례 반복했다.

발표 당일, 잔뜩 긴장한 채 발표를 시작했다. 하지만 우리 발표는 시작부터 난관에 부딪혔다.

"지금 발표는 너무 지루합니다. 다시 하세요!"
"그게 고객의 문제와 무슨 상관이죠? 그래서 고객이 얻는 가치가 무엇입니까?"
"재무 담당자는 ROI(투자수익률)를 궁금해할 겁니다. 그 질문에 어떻게 대답하겠습니까?"

강사님과 선배 영업대표들은 냉정하고 날카로운 질문을 쏟아내며 우리를 압박했다. '이게 진짜 고객 미팅이었으면 어땠을까?'라는 생각이 머리를 스쳤고, 발표를 하던 우리는 미세하게 떨고 있었다. 시뮬레이션은 단순히 발표 연습이 아니었다. 실제 고객 미팅에서 일어날 수 있는 모든 변수와 상황을 가정하며 고객의 표정, 말투, 숨겨진 의도까지 파악하는 방법을 훈련하는 과정이었다.

발표(Presentation)를 잘 하는 방법들도 교육받았다. 발표 순서를 정하는 방법, 차트를 만드는 방법, 시간 분배, 표정관리, 시선관리, 차트를 보지 않고 설명하기, 제스처, 억양, 목소리 크기, 호흡하기, 핵심 메시지 강조 방법, 첫 문장 만들기 등 거의 전문가를 만드는 과정이었다. 우리는 발표가 단순히 뛰어난 제품의 기능을 나열하는 것에서 벗어나, '고객사의 문제를 파악하고 어떻게 해결할 지, 우리 제품이나 서비스가 어떤 가치를 제공하는가? 어떻게 비즈니스를 성장시킬 것인가?'

라는 명확한 메시지를 담아야 한다는 것을 알게 되었다. 발표 중 소위 'Objection Handling(이의 제기 대응)' 방법도 배우게 되었다. 고객의 질문에 순간 당황하지 말고 고객에게 질문의 내용이 맞는지 '역으로 질문'을 하면서 답을 생각하는 방법이다. 발표가 있는 날에는 거울 앞에 서서 연습을 하곤 했다. 발표는 화려한 슬라이드를 보여 주는 기술이 아니었다. 그것은 고객의 비즈니스 언어로 소통하며, 우리의 제안이 고객의 미래를 어떻게 바꿀 것인지를 설득하는 스토리텔링이었다. 고객의 CEO에게 발표를 해야 한다고 하자. 200페이지가 넘는 기술 제안서가 있다면 단 10장의 슬라이드만 준비할 수 있어야 한다. 슬라이드에는 복잡한 기술 스펙 대신, 고객사의 '문제' '문제해결 방안' '우리가 제공하는 가치(혜택)'를 담는 스토리가 있어야 한다.

1. 문제 정의: "사장님, 현재 생산 라인의 잦은 고장은 연간 10억 원의 손실을 초래하고 있습니다."
2. 비전 제시: "저희 솔루션은 생산 라인의 가동률을 99% 이상으로 끌어올려, 연간 손실을 획기적으로 줄일 수 있습니다."
3. 가치 증명: "이는 곧 10억 원의 비용 절감 효과를 가져올 것이며, 이를 통해 시장 점유율을 확대할 수 있습니다."

발표는 '고객의 언어'로 'Key Message'를 전달해야 한다. 복잡한 기술 스펙보다 '비용 절감'과 '매출 증대'라는 비즈니스 가치가 더 중요하고, 단순한 정보 전달이 아니라, 고객의 입장에서 그들이 얻을 수 있는 '진정한 혜택'을 전달하는 설득의 과정인 것이다.

발표를 할 때마다 나는 아래 3가지를 반드시 먼저 명확하게 하고 준비한다.

첫째, '왜' 발표를 해야 하는가?
둘째, 누구에게 발표를 할 것인가?
셋째, 고객에게 전달할 Key Message는 무엇인가?

협상(Negotiation)

상대방 모두가 만족해야 훌륭한 협상이다. 협상에 대해서만 3일 동안 교육을 받은 적이 있었나. 서로 나른 나라 세일즈 리더들이 모여서 교육을 받는데 문화가 달라서 그런지 생각하는 방향도 다양했다. 그러나 우리들의 결론은, '협상은 단순히 누가 더 많이 얻는가를 겨루는 싸움이 아니다. 진정한 협상은 양쪽 모두가 만족할 수 있는 상생의 결과를 만들어 내고, 장기적인 파트너십을 구축하는 것이 최상이다.'라는 것이었다. 딜을 하다 보면 가격이나 지원 조건 등에서 협상이 필요할 때가 많다.

1. 협상의 핵심: 상대방의 '진짜' 관심사 파악하기

성공적인 협상은 상대방의 진짜 목표와 관심사를 이해하는 것에서 시작된다. 고객이 단순히 가격을 깎고 싶어 하는 것처럼 보일 수 있지만, 그 이면에는 다른 이유가 있을 수 있다.

- 고객의 진짜 목표: 고객은 왜 이 계약을 원하는가? (비용 절감? 기술 혁신? 시장 선점?)
- 내부적인 압박: 고객사 내부에 어떤 압박(상사의 요구, 예산 제한)이 있는가?
- 우선순위: 가격 외에 다른 어떤 요소(납기, 사후 지원, 기술 지원 등)가 중요한가?

이러한 질문에 대한 답을 미리 파악하면, 가격 인하라는 한 가지 조건에만 얽매이지 않고, 더 창의적인 해결책을 제시할 수 있을 것이다.

2. 협상의 3단계 전략: 준비, 실행, 마무리

가. 준비 단계(Planning)

협상의 80%는 준비에 달려 있다. 철저한 준비는 협상 테이블에서 자신감을 주고, 유연하게 대처할 수 있는 힘을 준다.

- 목표 설정: 내가 얻고자 하는 최소한의 목표와 최대한의 목표를 명확히 설정해 놓는다.
- 대안 마련(BATNA): 협상이 결렬되었을 때 내가 취할 수 있는 최선의 대안(Best Alternative to a Negotiated Agreement)을 준비한다. BATNA는 협상력을 높이는 가장 강력한 무기이다.
- 고객 정보 분석: 고객사의 재정 상태, 경쟁 상황, 담당자의 권한 수준 등을 철저히 조사한다.
- 예상 질문 및 답변 준비: 고객이 던질 수 있는 예상 질문을 미리 생

각해 보고, 논리적이고 설득력 있는 답변을 준비한다. (예: "왜 귀
사 솔루션이 더 비쌉니까?" → "저희 솔루션은 초기 비용이 높을
수 있지만, 장기적으로 운영 비용을 획기적으로 절감합니다. 그
근거는…")

나. 실행 단계(Execution)

협상은 단순한 주고받기가 아니다. 진솔한 대화와 설득의 과정이다.

- 경청하고 질문하기: 고객의 제안을 일단 경청하고, 그들의 제안이
  나온 배경을 이해하기 위해 질문한다. "혹시 이 가격을 제안하신
  특별한 이유가 있으신가요?"와 같이 질문해 보자.
- 가치 기반의 논리 전개: 가격을 깎는 대신, 솔루션의 가치를 강
  조한다. "가격은 10% 높지만, 타사 고객의 사례를 보면 생산성은
  30% 향상이 예상됩니다. 결국 3개월 안에 투자 비용을 회수할 수
  있습니다."와 같이 정량적인 가치를 제시한다.
- 유연하게 대안 제시: 고객이 원하는 바를 모두 수용할 수 없다면
  다른 대안을 제시한다. (예: "할인은 어렵지만, 6개월간 무료 기술
  지원을 제공하겠습니다" 또는 "SW라이선스 수량을 줄여서 초기
  비용을 낮추는 방안은 어떠십니까?")
- 감정 통제: 협상 과정에서 감정적 대응은 절대 금물이다. 불만이나
  실망을 드러내는 대신, 차분하고 논리적인 태도를 유지해야 한다.

다. 마무리 단계(Closing)

성공적인 협상은 합의를 통해 신뢰를 쌓는 과정이다.

- 합의 내용 재확인: 합의된 모든 내용을 그 자리에서 다시 한번 확인한다. 구두 합의는 오해를 낳을 수 있으므로, 핵심 내용은 문서로 정리하는 것이 좋다.
- 감사 표현: 협상 과정에서 보여 준 고객의 협조에 대해 감사를 표현한다. 이는 긍정적인 관계를 유지하는 데 필수적이다.
- 파트너십 강조: 마지막으로 "이번 계약을 통해 귀사의 성공에 기여하고 앞으로도 든든한 파트너가 되겠습니다"와 같이 관계를 다지는 메시지로 마무리한다.

사례: '고객 데이터 분석 시스템' 협상

상황: 고객사(A 쇼핑몰)가 예산 초과를 이유로 솔루션 도입 비용 15% 인하를 요청한 상황.

우리의 준비:
- 목표: 가격 5% 인하 까지만 수용.
- BATNA: 가격 인하 대신, 1년간 무료 기술 지원 또는 추가 인력 투입을 제안.
- 고객 분석: 고객사는 매출 증대가 시급하지만, 올해 예산이 부족하다는 내부 사정을 파악함. 담당자가 가격에 대한 압박을 심하게 받고 있음.
- 협상 대화(가상 시나리오):

고객사 담당자: "제안해 주신 솔루션의 가치는 충분히 이해했습니다. 하지만 내부 예산 문제로 인해, 제안하신 금액에서 15% 인하

가 가능할지 문의드립니다."

나: "말씀해 주셔서 감사합니다. 저희도 귀사의 어려운 상황을 충분히 이해하고 있습니다. 이번 딜은 전략적으로 귀사에 제안한 가격이어서 더 이상의 할인이 어렵습니다. 양해 부탁드립니다."

고객사 담당자: "그렇다면 저희도 도입이 어려울 것 같습니다. 다른 대안을 찾아봐야 할 것 같네요."

나: "잠시만요. 가격이 가장 큰 걸림돌이라면, 저희가 다른 방식을 제안드리겠습니다. 가격 인하 대신, 저희 전문 인력이 솔루션 도입 후 6개월간 매주 직접 방문하여 시스템을 최적화하고, 데이터 분석 전략을 함께 수립해 드리는 것은 어떠십니까? 이 서비스는 보통 유료로 제공되지만, 귀사와의 장기적인 파트너십을 위해 무상으로 지원하겠습니다. 이를 금액으로 환산하면 15% 할인 금액보다 더 큽니다."

고객사 담당자: "음… (생각). 6개월간의 직접 지원이라면, 저희 내부 인력의 부담도 줄고 솔루션의 효과를 더 빨리 볼 수 있을 것 같네요."

나: "맞습니다. 저희의 궁극적인 목표는 귀사의 매출을 증대시키는 것입니다. 저희 솔루션의 가치를 최대한으로 활용하실 수 있도록 저희가 적극적으로 돕겠습니다. 이 제안에 대해 어떻게 생각하십니까?"

고객사 담당자: "좋습니다. 이 방안으로 내부적으로 검토하겠습니다. 저희에게 큰 도움이 될 것 같네요."

결과적으로 이 협상은 가격 인하라는 단일 조건에 얽매이지 않고, 새로운 협상 카드를 제시함으로써 고객의 진짜 니즈를 충족시키고 성공적으로 마무리할 수 있었다.

재미난 과제가 있었다. 대형 금융사 프로젝트를 수주하며 가격 협상을 해야 하는 상황이었다. 고객사는 시스템 도입을 결정했지만, 예상보다 높은 가격에 난색을 보였고, 고객사의 재무 담당자는 가격을 20% 이상 낮춰 주지 않으면 프로젝트 진행이 어렵다고 말하는 상황이다. 단순히 가격을 낮춰 주면 당장 계약을 성사시킬 수는 있었지만, 이는 수익성을 크게 해치는 상황이다. 어떻게 할 것인가가 큰 과제였다. 여러분은 어떻게 하겠는가? 우리가 배운 대로 하면 먼저 질문을 해야 한다.

"왜 고객은 20% 가격 할인을 원하는가? 그들이 가진 진짜 고통은 무엇인가?" 우리는 가격 자체의 문제보다는, 고객사의 '연간 IT 예산'이라는 근본적인 제약에 초점을 맞췄다. 고객사의 예산이 빠듯하다면, 가격을 낮추는 것 외에 다른 방식으로 고객의 부담을 덜어 줄 수 있지 않을까? 우리는 고객에게 다음과 같은 새로운 제안을 했습니다. "가격을 20% 낮추는 대신, 솔루션 도입을 2단계로 나누어 진행하시죠. 1단계에서는 핵심 시스템을 먼저 구축하고, 1년 뒤에 나머지 시스템을 도입하는 겁니다. 이렇게 하면 고객사는 연간 예산에 맞춰 부담 없이 프로젝트를 진행할 수 있습니다."

교육 담당 강사는 좋은 대안을 제시했다며 후한 점수를 주었다. 협상의 프레임을 '단순 가격'에서 '고객의 예산 문제'로 확장하는 방법을 제안한 것이다.

주도권을 잡기 위해서는 프레임을 전환해야 한다. 협상의 시작은 종종 상대방이 제시하는 조건(예: '우리는 이 가격 이상은 줄 수 없습니다')에 갇히곤 한다. 협상의 프레임을 바꾸는 기술이 필요하다. 가격이라는 '단순한 숫자'에 갇히지 않고, '장기적인 관계'나 '비즈니스 가치'라는 더 큰 그림으로 프레임을 전환하는 것이다. 고객이 '가격'을 얘기할 때, '가치'로 얘기를 전환하는 것이다. "이 솔루션이 비싸다고 느끼실 수 있습니다. 하지만 이 솔루션은 단순히 비용을 지출하는 것이 아니라, 향후 5년간 20억 원의 비용 절감 효과를 가져올 수 있는 전략적 투자입니다." 고객이 '제품 스펙'을 이야기할 때, 우리는 '비즈니스 목표'를 얘기해야 한다. "이 서버의 성능이 중요한 것이 아닙니다. 경쟁사 대비 뛰어난 안정성을 가신 이 서버를 통해 고객사의 생산 라인 가농률을 99%까지 끌어올리고, 100% 납기를 맞추는 것이 이 프로젝트의 진짜 목표입니다."

결론적으로, 가격 이외의 가치를 찾아내고 가치에 근거한 프레임을 전환하는 것이 상대방이 생각하지 못했던 새로운 가치를 발견하게 하고, 이를 통해 양측 모두가 만족할 수 있는 결과를 만들어 낼 수 있다라는 것을 배웠다.

콜(Call, 고객 미팅)

영업대표는 단순히 고객을 만나는 사람이 아니다. 모든 만남을 계획히고, 그 결과를 체계적으로 분석하여 다음 행동을 결정하는 '전략가'

이다. 영업 현장에서는 이 역할을 수행하기 위한 두 가지 핵심 도구가 있었다. 바로 콜 플랜(Call Plan)과 콜 리포트(Call Report)이다. 고객과의 미팅(Call) 훈련을 정말 많이 했다. 연습할 때마다 Call Taker(미팅 상대방)의 수많은 지적들을 수정하고 반복하다 보니 습관이 되어서 미팅 전문가가 되는 느낌이었다.

1. 콜 플랜: 성공적인 미팅을 위한 설계도

콜 플랜은 고객을 만나기 전에 작성하는 일종의 '미팅 설계도'이다. 이 문서는 단순한 미팅 준비가 아니라, 고객과의 대화를 '문제 해결'의 프레임으로 이끌기 위한 핵심 도구이다.

- 고객 정보 및 상황 요약: 고객사명, 미팅 참석자(고객/자사), 고객의 현재 상황(문제점, 예상 니즈)을 간략하게 정리한다.
- 미팅 목표(Objective): 이번 미팅을 통해 영업대표가 얻고자 하는 목표를 명확히 작성한다. 예: "고객사의 A 프로젝트 예산 담당자를 파악한다", "현재 직면한 가장 큰 문제에 대해 3가지 이상 질문한다."
- 고객의 기대(Expectation): 고객이 이번 미팅에서 얻고 싶어 하는 것은 무엇인지 예상하고 대비한다. 예: "우리 솔루션의 기능들을 경쟁사와 비교하고 싶어한다."
- 준비된 질문(Question List): 문제의 근본 원인을 파악하기 위한 질문들을 미리 준비한다. 특히 '왜?'라는 질문을 통해 고객의 표면적인 문제를 깊이 파고들 수 있도록 구성한다.

“현재 IT 인프라에서 가장 불편한 점은 무엇인가요?”

“그 불편함이 비즈니스에는 어떤 영향을 미치고 있나요?”

“만약 그 문제가 해결된다면, 어떤 새로운 기회를 얻을 수 있을까요?”

• 제안 내용(Proposed Solution): 고객의 예상 문제에 대해 준비해
  간 ‘잠정적인’ 해결책을 요약한다. 이는 확정된 제안이 아니라 대
  화를 시작하기 위한 가이드라인이다.

2. Call(실제 미팅)

이제 실제 고객과의 미팅(call)을 수행해 보자. 숱하게 연습하고 또
연습했다.

• 1단계: Rapport(대화 분위기를 좋게 하는 처음 문장들) 구축(시작
  15초). 이는 상대방의 마음을 열게 하고 대화에 몰입하게 하는 행
  위이다.
  - 예시 1: “안녕하세요, 실장님. 잘 지내셨죠? 오늘 바깥 날씨가 너
    무 좋습니다. 벚꽃이 만발합니다. 최근에 벚꽃 구경 좀 하셨어
    요? [고객의 대답] 아, 그러셨군요. 저도 들어본 곳입니다. 하지
    만 가보지는 못했습니다. 거긴 어떠셨어요?”
  - 예시 2: “안녕하세요, 실장님. 여기 올 때 운전 중에 들었는데 B
    사에 대한 얘기 들으셨나요? B사가 C사를 인수한다고 하던데
    요? 어떻게 된 일인가요? 왜 인수하죠?”

• 2단계: 니즈 파악(대화의 70%)

이 단계에서는 우리가 말하기보다 고객의 말을 듣는 것이 더 중요하다. 열린 질문과 경청을 통해 고객의 진짜 고민과 니즈를 파악해야 한다.

- 예시 1(현재 상황 파악): "지난번 잠깐 재고 관리 업무 때문에 골치가 아프다고 언급하셨는데 가장 어려운 점은 무엇인가요? 혹시 과도한 수작업이나 데이터 불일치와 같은 문제는 없나요?"
- 예시 2(문제의 영향력 파악): "만약 이 문제를 해결하지 못한다면, 어떤 영향이 있을까요? 혹시 생산성 저하나 납기 지연과 같은 위험이 예상되나요?"
- 예시 3(의사결정 구조 파악): "이러한 문제를 해결할 방법을 찾고 계신가요? 그렇다면 어느 부서에서 검토하고 있나요? 만약 이 문제를 해결할 솔루션이 있다면 어떤 분이 최종 결정을 내리나요? 예산 담당자나 기술팀 리더의 의견도 중요할 것 같은데요."

• 3단계: 솔루션 제안(대화의 20%)

고객의 언어로 제안하기: 파악한 니즈를 바탕으로 솔루션을 제안한다. 이때, 고객이 사용했던 단어를 활용하면 훨씬 더 효과적이다.

- 예시 1(고객의 문제와 직접 연결): "고객님께서 '과도한 수작업' 문제를 말씀해 주셨는데, 저희 솔루션은 AI 기반으로 데이터 입력 및 검증을 자동화하여 담당자의 업무 부담을 획기적으로 줄일 수 있습니다."
- 예시 2(성공 사례 활용): "저희가 유사 산업의 다른 고객사와 협업했을 때, 도입 첫 달 만에 재고 관리 시간이 70% 단축되었습니

다. 이는 납기 준수율을 높이는 데 직접적인 영향을 미쳤죠."

- 4단계: 마무리 및 후속 조치(마지막 15초)

다음 단계 명확화: "말씀해 주신 내용을 바탕으로 더 자세한 자료를 이메일로 보내 드리고, 다음 주에 미팅을 통해 논의를 이어 가도록 하겠습니다."와 같이 다음 행동을 구체적으로 제안한다.

 - 예시 1(명확한 일정 제안): "혹시 다음 주 수요일 오전 10시에 30분 정도 시간을 내주실 수 있을까요? 저희 솔루션의 간단한 데모를 보여 드리겠습니다."

 - 예시 2 (책임감 있는 마무리): "오늘 미팅에서 논의된 내용을 바탕으로 제가 먼저 이메일을 보내 드리겠습니다. 궁금하신 점이 생기면 언제든 편하게 연락 주세요."

- 5단계: 후속 이메일 발송: 미팅 직후(당일 이내) 콜의 핵심 내용을 요약한 이메일을 보낸다.

제목: "[회사 이름] - [고객사 이름] 미팅 요약 및 다음 단계 제안"

본문: "오늘 [○ ○ ○] 문제에 대해 깊이 있는 이야기를 나눌 수 있어 좋았습니다. 고객님께서 특히 '수작업으로 인한 생산성 저하'를 가장 큰 문제로 말씀하셨는데, 저희 솔루션이 이 부분을 어떻게 해결하는지 다음 미팅에서 자세히 설명 드리겠습니다. 제안 드린 대로, 다음 주 [요일] [시간]에 [장소]에서 만나 뵙도록 하겠습니다. 감사합니다."

이 모든 과정을 콜(Call) 할 때 마다 반복하면 여러분은 아주 훌륭한 습관을 하나 가지게 된다.

3. 콜 리포트

콜 리포트는 미팅이 끝난 직후 내부적으로 작성하는 '항해 일지'와 같다. 미팅의 성패를 냉철하게 분석하고, 다음 단계로 나아갈 구체적인 계획을 세우는 데 필수적인 기록이다.

- 미팅 결과 요약(Summary): 미팅에서 논의된 핵심 내용과 결과를 간략하게 정리한다. 대체적으로 요약은 미팅 일자 및 시간, 만난 고객, 원래의 Call 목적과 결과, 토의 내용으로 구성된 1 Page Summary를 사용한다.
- 새롭게 알게 된 정보(New Information): 고객의 진짜 고통, 의사결정 구조(결정권자), 경쟁사 동향 등 미팅에서 새롭게 파악한 중요한 정보들을 기록한다.
- 고객의 반응(Customer's Reaction): 내 질문이나 제안에 대한 고객의 반응은 어떠했는지 구체적으로 기록한다. 긍정적, 부정적 반응을 모두 기록하여 다음 전략 수립에 활용한다.
- 다음 단계(Next Steps): 미팅 결과를 바탕으로 고객과 내가 각각 무엇을 해야 할지 구체적으로 작성한다. 예: "다음 주까지 A 솔루션의 데모 자료를 전달한다", "2주 뒤에 고객사 B 담당자와 미팅 일정을 잡는다."
- 팀원들과 공유(Report Sharing): 콜리포트가 완성되면 고객과 연관된 동료들, 그리고 향후 같이 작업을 해야 할 사람들에게 리포트

를 공유한다.

이렇듯 콜 리포트는 개인의 성과를 기록하는 노트이면서 동시에 팀원 간의 지식과 전략을 공유하는 핵심 도구이다.

콜 플랜과 콜 리포트를 작성하는 습관은 영업 활동을 단순한 '발로 뛰는 일'에서 데이터와 정보 기반의 전략적 활동으로 변화시키는 첫 걸음이었다. 이 두 가지 도구는 실제 영업을 할 때도 항상 적용하였다.

팀 플레이(Team Play)

IBM과 I IP는 진 세계를 무대로 기업용 김퓨터 기술의 혁신을 이끌던 거대 기업들이다. 시간이 흐를 수록 고객들은 단순한 기계가 아닌, 자신들의 문제를 해결해 줄 종합적인 솔루션을 원한다. 이에 IBM과 HP는 단순히 하드웨어(컴퓨터)를 판매하는 것을 넘어, 소프트웨어와 컨설팅 서비스까지 아우르는 복잡한 비즈니스 모델을 제안하기 시작했다.

이러한 복합적인 요구를 충족시키기 위해선, 한 명의 천재적인 영업 사원이 모든 것을 해결하는 방식으로는 불가능하다. 영업 담당자는 고객의 요구를 파악하고, 기술 전문가는 그에 맞는 시스템을 설계하며, 솔루션 담당자는 최적의 솔루션을 조합하는 등, 각자의 전문성을 가진 전문가들이 유기적으로 협력해야만 한다.

'팀 플레이' 문화는 이러한 시대적, 사업적 배경에서 탄생했다. 이는 단수히 '함께 일하자'는 구호가 아니다. 급변하는 기술 환경 속에서 '혼자 일하는 천재'의 시대는 이미 저물었다. 고객의 문제를 해결하기 위해선 데이터 처리, 시스템 통합, 보안 등 여러 분야의 깊은 지식이 필요하고, 이는 한 사람이 모두 갖출 수 없다. 이 문제를 해결하기 위해 개인의 역량보다 팀의 시너지를 극대화하는 조직 문화가 필요하다.

원 팀(One Team)의 원칙

IBM과 HP는 '팀 플레이'를 실현하기 위해 '원 팀(One Team)'이라는 강력한 원칙을 세웠다. 이는 영업, 기술, 솔루션 마케팅, SW등 부서 간의 경계를 허물고 하나의 목표를 향해 움직이는 개념이었다. 고객이 복잡한 문제를 가지고 찾아왔을 때, 각 전문 분야의 전문가들이 서로 협업을 해야 했다.

예를 들어, 한 고객사가 새로운 전사적 자원관리(ERP) 시스템 도입을 고민한다면, 영업 담당자는 고객의 비즈니스 목표를 이해하고, 기술 전문가는 기존 시스템과의 호환성을 분석하며, 솔루션 담당자는 가장 적합한 솔루션을 찾는 등 각자의 역할을 수행했다.

이 모든 과정이 '원 팀'이라는 강력한 구심점 아래에서 진행되었고, 고객의 모든 문제를 해결해 줄 수 있는 하나의 통합된 팀이 필요했다.

팀 성과를 중시하는 평가와 보상 시스템

'팀 플레이' 문화는 단순한 협력을 넘어, 실제 성과 평가와 보상 시스템에도 깊이 뿌리내렸다. 개인의 실적뿐만 아니라 팀 전체의 기여도를 중요하게 평가한다. 만약 어떤 팀원의 개인 업적이 뛰어나더라도, 팀 전체의 목표 달성에 기여하지 못했다면 높은 평가를 받기 어렵다. 이는 직원들 간의 서로의 성공을 돕고 협력하는 문화를 자연스럽게 유도하기 위함이다. 보상 역시 팀의 성공에 초점을 맞추어, 팀 전체가 목표를 달성했을 때 주어지는 보너스나 인센티브 제도를 운영한다. 이러한 시스템은 '나 혼자' 잘하는 것보다 '우리 모두'가 함께 성공하는 것이 더 가치 있다는 인식을 직원들에게 확고히 심어 줄 수 있다.

결론적으로, IBM과 HP가 수십 년간 글로벌 기술 시장을 선도할 수 있었던 비결은 단순히 뛰어난 기술력에만 있지 않았다. 그것은 바로 '팀 플레이'라는 강력한 문화에 있었다. '팀 플레이'는 단순한 협력을 넘어, 고객의 복잡한 문제를 해결하고, 끊임없이 변화하는 시장에서 혁신을 지속하는 강력한 동력이었다. '원 팀' 원칙은 부서의 벽을 허물었으며, 팀 성과를 중시하는 평가는 협력의 가치를 높였다. 오늘날의 기업 환경은 더욱 복잡하고 빠르게 변화하고 있다. 인공지능(AI), 클라우드 컴퓨팅, 데이터 분석 등 다양한 기술이 융합되는 시대에는 '팀 플레이'의 가치가 더욱 중요해지고 있다.

'팀 모의 전투 훈련': 동료를 적으로 만나다

훈련 방식 중 인상 깊었던 것은 바로 '팀(Team)' 시뮬레이션이었다. 이는 실제 영업 제안 발표 전에 내부적으로 진행되는 일종의 '모의 전투'였다.

먼저, 제안서를 작성한 팀(A)이 제안을 발표하고 다른 영업대표들로 구성된 팀(B)은 경쟁사의 입장에서 우리의 제안을 철저히 공격한다.

"이 시스템을 도입했을 때 예상치 못한 비용이 발생한다면 어떻게 하실 겁니까?"

"경쟁사의 솔루션은 더 저렴한데, 고객사가 굳이 A팀의 솔루션을 선택해야 할 이유가 뭡니까?"

"이 솔루션은 고객사의 기존 시스템과 호환되나요? 만약 호환되지 않는다면, 모든 시스템을 교체할 비용을 어떻게 책임지실 겁니까?"

B팀은 끈질기게 약점을 파고든다. 고객의 입장이 되어 가장 날카로운 질문들을 던지는 것이다. 처음에는 당황하고 말문이 막히기도 했지만, 이 과정을 거치면서 A팀의 제안서는 점점 더 완벽해지는 것이다. 예상 질문에 대한 답변을 미리 준비하게 되었고, 우리의 약점을 보완하는 방법을 찾게 되었다.

이러한 모의 전투는 실제 고객 미팅에서 마주할 수 있는 모든 상황에 대비하는 최고의 훈련이었다. B팀의 공격을 통해 우리는 스스로를 객관적으로 바라볼 수 있었고 강점을 더욱 명확하게 할 수 있었다.

Case Study와 야간 자율학습: 평생학습의 시작

IBM과 HP의 교육 프로그램 중 가장 핵심적인 훈련인 Case Study는, 실제 비즈니스 환경에서 마주치는 다양한 문제 해결 방법을 다루었다. 단순히 기술적인 지식을 전달하는 것을 넘어, 고객의 진짜 문제와 니즈를 파악하고, 팀원들과 협력하며, 예상치 못한 난관을 극복하는 과정을 생생한 시나리오를 통해 배웠다. 아주 간단한 예를 하나 들어 보자.

사례: 영업 이익은 오르는데 현금이 없는 'A사'의 딜레마

A사는 중견 가전제품 제조업체로, 최근 3년간 매년 매출액과 영업 이익이 꾸준히 성장하고 있었다. 회사의 성장세에 만족한 경영진은 생산 설비 확장을 위해 솔루션을 의뢰했다. 이들은 "성장하는 매출에 맞춰 생산량을 늘리고 싶다"며 효율적인 생산 관리 시스템(MES: Manufacturing Execution System) 도입을 요청했다. 그냥 보통 같으면 '그래, 우리가 가지고 있는 MES 솔루션을 적당한 가격에 제안하면 되겠네'라고 생각할 수 있었다. 그러나 우리 팀은 평소 배운 대로 Case Study에 있는 재무제표를 분석하기 시작했다.

구분	전전기	전기	당기
매출액	1,000억 원	1,200억 원	1,400억 원
영업이익	50억 원	65억 원	80억 원
당기순이익	40억 원	50억 원	60억 원
매출채권	150억 원	210억 원	280억 원
재고자산	200억 원	250억 원	320억 원
현금 및 현금성 자산	50억 원	40억 원	30억 원

겉으로 보기에 A사는 매우 건강해 보였다. 여러분은 어떻게 보이는가? 그런데 자세히 항목들을 해석해 보면, 우리는 재무제표에서 두 가지 이상 신호를 발견했다.

1. 매출채권 급증: 매출액이 40% 증가하는 동안 매출채권(고객에게 받아야 할 돈)은 87%나 급증했다. 이는 A사가 제품을 팔고도 제때 대금을 회수하지 못하고 있다는 뜻이다.

2. 재고자산 급증: 매출액 증가율(40%)보다 훨씬 높은 비율(60%)로 재고자산이 늘고 있었다. 이는 잘 팔리지 않는 물건들이 창고에 쌓이고 있다는 의미이다.

3. 현금성 자산 감소: 영업 이익이 늘어났음에도 불구하고, 회사에 남아 있는 현금은 오히려 줄어들고 있었다. 기업의 성장을 나타내는 지표인 영업 이익이 '숫자'로만 존재하고, '현금'으로 전환되지 않고 있는 심각한 상황이었다. 물론 일시적 대규모 현금 지출이 있었는지도 살펴보았지만 그런 경우는 없었다.

경영진이 요청한 것은 '생산량 증대'였지만, 재무제표가 보여 주는 진짜 문제는 '비효율적인 영업 및 재고 관리로 인한 현금 흐름 악화'였다. 매출채권이 쌓이고 재고가 늘어나는 상황에서 무턱대고 생산 설비를 확장하는 것은 오히려 회사의 재무 건전성을 더 악화시킬 수 있었다.

우리는 생산량 증대보다 더 시급한 문제가 있음을 경영진에게 설명했다. 즉, '돈을 잘 벌고 있지만, 그 돈이 쌓이지 않고 계속 밖으로 새고 있다'는 점을 데이터로 보여 주었다.

우리 팀은 경영진의 요청을 전면 수정하여 다음과 같은 단계별 솔루션을 제안했다.

• 1단계 단기 솔루션: 영업 효율성 개선을 위한 통합 고객 관계 관리(CRM) 시스템 도입하고 영업팀의 고객 관리 및 채권 회수 프로세스를 자동화하여 미수금을 줄인다. 또한 수주 예측 정확도를 높여

불필요한 생산을 줄이고 재고 비용을 절감한다.

- 2단계 중기 솔루션: 생산 및 물류 통합을 위한 공급망 관리(SCM) 시스템을 도입하여 수요 예측 및 재고 관리 시스템을 구축하여 재고 과잉 및 결품을 방지한다. 또한 생산 계획을 영업 및 재고 데이터와 연동하여 팔릴 물건만 효율적으로 생산한다.
- 3단계 장기 솔루션: 생산 설비 확장을 위한 스마트 공장을 구축하여 단기 및 중기 솔루션으로 현금 흐름을 안정화한 후에, 비로소 효율적인 생산 설비 확장을 위한 MES 도입을 도입한다.

이러한 제안은 고객에게 분명 새로운 가치를 제공하는 것이다. 단순이 영업 이익이라는 표면석인 숫자에만 십중했지, 현금 흐름이라는 본질적인 문제를 놓치고 있었던 것이다. 우리 팀은 고객의 표면적 요청을 그대로 수용하는 대신, 재무적인 관점에서 고객의 진짜 문제를 찾아내고, 그에 맞는 단계적이고 근본적인 솔루션을 제시함으로써 고객에게 신뢰를 얻을 수 있는 것이다.

사례: 예상치 못한 프로젝트 난관 극복하기

프로젝트는 살아 있는 생명체와 같다. 계획대로 완벽하게 진행되는 경우는 거의 없다. 기술적 결함, 예상치 못한 예산 문제, 그리고 가장 다루기 어려운 '사람'의 문제가 프로젝트의 발목을 잡기도 한다.

중견 제조기업인 C사의 전사적 자원 관리(ERP) 시스템 구축 프로젝트는 모두가 기대하는 프로젝트였다. C사 경영진은 "업무 효율성을 획기적으로 높이겠다"며 진폭적인 지원을 약속했다. 그러나 프로젝트가 시작된 지 얼마 지나지 않아 예상치 못한 난관에 부딪혔다.

프로젝트를 진행하던 중, 현장 부서인 생산관리팀에서 불만이 터져 나오기 시작했다. 새로운 ERP 시스템 도입으로 기존에 사용하던 익숙한 엑셀 기반의 업무 방식이 사라질 것이라는 소문이 퍼졌고, 이들은 "새로운 시스템은 너무 복잡하고 배우기 어렵다"며 거부감을 드러냈다. 반면, 재무팀은 "낭비되는 비용을 절감하기 위해 시스템을 빨리 도입해야 한다"며 프로젝트의 신속한 진행을 요구했다.

생산관리팀의 비협조적인 태도와 재무팀의 압박 사이에서 프로젝트는 진척을 보이지 못하고 좌초될 위기에 처했다.

근본 원인 파악: '왜' 그들은 반대하는가?

이 상황을 해결하기 위해 우리 팀은 몇 사람은 생산, 몇 사람은 재무 역할을 맡기로 하고 인터뷰를 하기로 했다. 기술적인 문제 해결을 잠시 멈추고, '사람'에 집중했다. 우리는 양 부서의 실무자들을 개별적으로 만나 인터뷰를 진행했다.

- 생산관리팀의 숨은 속마음: "우리가 쓰는 엑셀 양식은 우리 업무에 최적화된 방식이다. 새로운 시스템이 이걸 다 담아낼 수 있을까?", "시스템을 배우는 데 시간이 너무 많이 걸려서, 기존 업무를 처리할 시간이 부족할 것 같다.", "우리 의견은 전혀 반영되지 않는 것 같아."
- 재무팀의 입장: "생산팀이 매일 수기로 작성하는 보고서를 취합하느라 너무 많은 시간이 낭비된다. 시스템으로 자동화하면 비용을

크게 줄일 수 있다."

이 인터뷰를 통해 우리는 생산관리팀이 단순히 변화를 거부하는 것이 아니라, '불안감'과 '소외감'을 느끼고 있다는 것을 알게 되었다. 그들은 자신들의 노하우가 무시당하고, 새로운 시스템에 적응하지 못할까 두려워하고 있었다.

솔루션 제시: 기술을 넘어선 '공감'의 접근법

우리는 단순한 시스템 도입을 넘어, '프로젝트의 성공은 모든 이해관계자들의 공감을 얻는 데 있다'는 결론을 내렸다. 다음과 같은 해결책을 세시했나.

1. 맞춤형 교육 및 프로그램: 생산관리팀을 위해 1대1 맞춤형 컨설팅 프로그램을 추가했다. 시스템의 기본 기능뿐만 아니라, 기존 엑셀 작업 내용을 새로운 시스템에 어떻게 효율적으로 접목할 수 있는지 상세히 안내했다.

2. 프로세스 반영: 생산관리팀의 기존 엑셀 양식 중 중요하고 효율적인 부분은 새로운 시스템에 커스터마이징 기능으로 반영했다. 이는 그들의 전문성을 존중한다는 메시지를 전달하는 것이다.

3. 지속적인 수통 채널 구축: 양 부서의 실무 대표자를 포함한 정기적인 회의체를 만들었다. 프로젝트 진행 상황을 투명하게 공유하고, 현장의 의견을 즉가적으로 수렴하는 창구를 미련했디.

이러한 노력 덕분에 생산관리팀의 반발은 점차 줄어들었고, 그들은 프로젝트의 중요한 일원이 되었다. C사 경영진은 이 위기 상황에서 우리가 기술적인 능력뿐만 아니라, 사람을 다루는 능력 또한 갖추고 있다는 점을 높이 평가했다.

사례에서 얻는 교훈은 '사람이 프로젝트의 핵심이다' 였다.

이처럼 매주 우리는 고객의 비즈니스와 관련된 Case Study를 읽고, 다음날 아침 토론을 통해 내용을 공유했다. 그것도 영어로 Case가 주어졌다. 잠이 모자랐다. 동기들끼리 페이지를 나누어서 읽고 부분을 모아서 전체를 이해하는 잔재주도 시도해 보았지만 앞부분부터 읽지 않으면 중간을 이해할 수 없을 때가 많아서 결국은 처음부터 각자 읽어야 했다. 특히 경영상 재무제표와 손익계산서를 해석할 때는 경영학과 출신들의 도움을 받아야 하는 경우도 있었다.

이러한 Case Study와 야간 자율학습은 우리에게 단순히 지식을 쌓는 것을 넘어, '고객의 다양한 문제에 대해 어떻게 하면 좋은 솔루션을 제시할 수 있을지를 끝없이 고민'하게 만드는 훈련이었다. 영업대표들은 고객보다 더 고객을 이해하고 더 고민하는 습관을 가져야 한다.

멘토십 문화: 멘티를 강하게

많은 회사들이 멘토링 제도를 운영하고 있다. IBM, 삼성전자, HP도 모두 이 제도를 운영한다. 세일즈 멘토링은 단순히 솔루션의 특징이나 세일즈 기법을 가르치는 것이 아니다. 고객사의 복잡한 의사결정 구조를 이해하고, 담당자의 진짜 고민을 파악하며, 장기적인 파트너 관계를 구축하는 노하우를 전수하는 과정이다. 아래 사례를 통해 세일즈 멘토링이 어떻게 이루어지는지 살펴보자.

1. 멘토링 시작: '고객사'와 '담당자'를 동시에 이해하자

B2B 세일즈는 회사를 상대로 하지만, 실제로는 '사람'을 설득하는 일이다. 멘토(Mentor)는 멘티(Mentee)에게 고객사의 기술적 요구 사항뿐만 아니라, 고객사 담당자의 개인적인 목표와 압박감을 이해하도록 도왔다.

사례: 기술적 요구사항과 담당자의 개인적 목표

- 상황: 멘티가 고객사 IT 팀장과 첫 미팅을 앞두고 있다. 고객사는 노후화된 서버를 교체하고 싶어 했다. 멘티는 서버의 기술 사양만 줄줄이 외웠다.

- 멘토의 조언: "잠깐, 고객사 IT 팀장의 진짜 고민이 뭘까? 단순히 성능 좋은 서버를 원하는 게 아닐 거야. 그의 상사는 '비용 절감'을 요구하고, 팀원들은 '업무 효율'이 높아지기를 바랄 거야. 그리고 팀장 자신은 '실패에 대한 책임'을 지기 싫어하겠지. 미팅에서 성능 얘기만 하지 말고, '비용 절감'과 '운영 효율성 향상'을 통해 팀장의 성과를 어떻게 도울 수 있는지에 초점을 맞춰 봐."

- 결과: 멘티는 미팅에서 서버 성능 대신, '기존 서버 대비 20% 전기료 절감', '유지보수 시간 50% 단축' 등 팀장의 KPI(핵심성과지표)와 직결되는 가치를 제시했고, 팀장이 신뢰를 얻어 다음 미팅을 쉽게 잡을 수 있었다.

2. 협상 단계: '가격' 뒤에 숨겨진 '진짜 문제'를 찾아라

앞부분에서 얘기했듯이, 고객이 "너무 비싸다"고 말할 때, 이는 단순히 가격을 깎고 싶다는 의미가 아닐 때가 많다. 멘토는 멘티에게 '숨겨진 문제'를 파악하는 방법을 가르친다.

사례: 예산 문제 뒤에 숨은 '불확실성'

- 상황: 멘티가 고객사 구매팀과 협상 중이다. 고객은 솔루션이 좋다고 인정하면서도 "예산이 부족하다"며 20% 가격 인하를 요구한다.
- 멘토의 조언: "가격이 유일한 문제일까? 혹시 다른 우려는 없을까? 고객은 솔루션 도입 후 '진짜로 효과가 있을까?' 혹은 '우리 직원들이 새로운 시스템을 잘 사용할 수 있을까?'라는 불확실성 때문에 가격에 민감한 걸 수 있어. 가격을 깎지 말고, 그들의 불안을 해소해 주는 카드를 꺼내 봐."
- 결과: 멘티는 가격 인하 대신, "솔루션 도입 후 6개월간 전문 엔지니어의 무상 기술 지원과 직원들을 위한 무료 교육 프로그램을 운영하겠다"고 제시했다. 고객은 솔루션의 성공적인 안착을 보장받았다는 확신을 가졌고, 결국 가격 인하 없이 계약을 협상을 마무리하였다.

3. 클로징 단계: '단기적 계약'보다 '장기적 관계'를 우선하자

성공적인 세일즈는 계약서에 서명하는 순간 끝나는 것이 아니고 시작이라는 것을 안다. 멘토는 멘티에게 계약 이후에도 고객과의 관계를 지속하는 방법을 가르친다.

사례: 계약은 곧 시작이다.

- 상황: 멘티가 어렵게 클라우드 솔루션 계약을 따냈다. 그는 계약을 축하하며 멘토에게 자랑했다.

- 멘토의 조언: "축하해! 그런데 아직 끝난 게 아니야. 지금부터 진짜 시작이야. 고객이 솔루션을 성공적으로 활용하고, 만족해야 종점이지. 그렇지 않으면 다음 재계약은 없어. 지금 당장 고객사 담당자에게 연락해서, 솔루션 도입 시 고려할 부분이 더 없는지, 교육이 더 필요한 부분은 없는지 물어봐. 있다면 해결책을 제시해 줘."

- 결과: 멘티는 멘토의 조언을 따랐고, 고객에게 계약사항이 아님에도 불구하고 추가로 고객의 직원들을 대상으로 프로젝트 소개와 교육을 실시하기로 하였다. 고객은 계약 후에도 지속적으로 관심을 가져 주는 것에 깊은 인상을 받았다. 1년후, 고객사는 기존 솔루션에 추가적인 기능을 도입하였다.

멘토는 나를 질책하는 대신, 함께 문제의 해결책을 찾고 다음 기회를 준비하는 데 집중했다. 진정한 멘토링이 무엇인지 알게 되었다.

교육과 훈련은 끝나지 않는다

여러 회사에서 오랜 교육기간동안 훈련한 시간은 나에게 단순히 영업 기술을 배우는 기간이 아니었다. 그것은 '진정한 전문가'로 거듭나는 과정이었다. 나는 이 훈련들을 통해 다음과 같은 것을 얻었다.

- 고객의 비즈니스를 꿰뚫어 보려는 습관: 제품의 기능이 아닌, 항상

고객의 본질적인 문제를 이해하려는 노력을 하고 있다.

- '할 수 있다'라는 자신감: 어떤 어려움이 닥쳐도, 팀과 함께 하면 해결할 수 있다는 믿음을 얻었다.
- 지속적인 학습의 중요성: 끊임없이 변화하는 시장에서 살아남기 위해선 평생 학습해야 한다는 것을 깨달았다.
- 성장하는 동반자: 함께 배우고 성장하는 동료와 멘토의 중요성을 알게 되었다.

나는 더 이상 '제품을 파는 사람'이 아니다. 고객의 성공을 위해 함께 고민하고 해결책을 제시하는 '문제 해결사'이다. 교육과 훈련은 정신적 근육을 키워 준다. 이 근육은 훈련할 수록 강해진다. 그러나, 그만 두는 순간 근육은 곧 없어진다. 그래서 계속 훈련해야 한다.

어카운트 플래닝(Account Planning)

어카운트 플래닝은 고객의 비즈니스와 당면 과제를 깊이 이해하고 문제 해결방법을 모색하고 고객과 여러분 회사가 함께 성장할 수 있는 전략과 계획 그리고 Action Plan(실행방안)을 도출하는 과정이다.

B2B 기업들은 매년 연말(다음해 Plan)이나 년초(당해 년도 Plan)에 주요 고객에 대해서 비즈니스 플랜을 세운다. 과거 IBM은 이 Plan을 고객과 함께 세우게 했다. IBM 측은 영업대표, 담당 임원, 시스템 엔지니어, 솔루션 담당자 등 많은 직원들이 함께 참여하고, 고객 측에서는 CIO(Chief Information Officer)와 전산기획, 실무 담당자들이 같이 참여를 하게 된다. 방해를 받지 않기 위해서 외부 시설을 이용하기도 한다. IBM은 고객의 비즈니스 컨설턴트 역할을 수행하는 데 초점을 맞춘다. 기업 환경이 어떻게 변화할 것인지, 어떻게 대응을 해야 할 지 등을 먼저 화두를 던지고 논의를 시작한다. 결과물은 방향과 전략을 수립하고 이를 위한 Action Plan(해야 할 일들)과 진척도를 체크하는 주기적 미팅을 구체적으로 확정 짓는 것이다. 또한 이에 따른 예산두 같이 토의한다. 이러면? 고객과 IBM 모두 한 해의 살림살이를 어떻게 운

영할 지 대략 그림이 그려진다.

HP는 고객과 함께 세우지는 않는다. 대신 영업대표나 영업 담당 임원이 구성원들과 함께 계획을 세운 후 내부 경영진에게 보고를 하고 승인을 받는다. 대형 고객인 경우(예를 들면 삼성그룹), 글로벌 어카운트(고객) 이어서 승인 절차도 복잡하다. 이 보고를 통해서 인력을 보강할 것인지, 마케팅 비용을 더 투자할 것인지, 본사의 기술 도움이 필요한지 등을 논의하고 결정한다.

삼성전자도 전략회의시 B2B 핵심고객에 대한 어카운트 플래닝을 수행하고 보고한다. 그리고 핵심 고객을 위한 새로운 제품이나 서비스를 공급할지 여부를 결정한다. 삼성전자는 상품기획부터 생산까지 가능하기 때문에 특정 고객의 요구에 유연하게 대처할 수 있다.

이 Plan은 해마다 반복적으로 시행하면서 고객과 장기적인 파트너십을 만들어 가는 중요한 도구이다.

고객 분석

성공적인 어카운트 플래닝은 철저한 고객 분석에서 시작된다. 이 단계에서는 고객의 모든 것을 파악해야 한다. 그래야만 전체적인 그림을 그리면서 전략적 방향을 설정할 수 있기 때문이다.

- 고객 조직도 및 의사결정권자 정보를 파악한다. 고객사의 조직 구조, 핵심 부서, 의사결정권자(예: CEO, CIO, 현업 부서장)의 영향

력을 분석한다. 그리고 고객의 조직도와 주요 의사결정 라인을 시각화하여, 누가 어떤 결정을 내리고 여러분 제안에 어떤 영향을 미칠지 한 눈에 파악할 수 있도록 표시한다. 예를 들면, 최종 결정권자, 영향력 행사권자, 실무 담당자 등으로 구분하는 것이다.

- 고객사의 재무 및 비즈니스 성과 분석(매출 및 이익 분석)을 해야 한다. 고객사의 연간 보고서, 재무제표, 시장 점유율 데이터 등을 분석하여 현재 비즈니스 상태를 이해한다. 대부분 우리나라 기업들은 12월 결산에 3월 공표이기 때문에 내부 추정치를 사용한다. 내부추정치는 12월 중순 ~ 1월 중순이면 가능하다(세금계산서, 비용들을 마감).

- 환경 및 시장 분석이 필요하나. SWOT 분석을 동해 고객사 내부의 강점(Strengths), 약점(Weaknesses)과 외부의 기회(Opportunities), 위협(Threats) 요소를 분석하여 고객사의 현 위치와 상황을 파악한다. 또한 고객사의 경쟁 현황을 분석하여 고객이 직면한 경쟁 우위 확보 과제를 이해해야 한다.

- 고객의 핵심성과지표(KPI)를 파악한다. "고객의 성공을 어떻게 측정할 것인가?"에 대한 부분이다. 고객의 비즈니스 목표(예: 생산성 20% 향상, 신규 고객 15% 유치)가 있었다면 여러분의 솔루션과 연결하여 구체적으로 어떻게 기여하는지도 따져 봐야 한다. 그리고 이 솔루션을 통해 고객의 어떤 비즈니스 문제를 해결하고, 어떤 혜택(재정적, 운영적)을 제공하는지 한 눈에 보여 줄 수 있는 가치 맵(Value Map)을 그려 본다.

사례: 금융사

- 분석 및 진단: 어느 금융사가 레거시 시스템의 비효율성, 신규 서비스 출시 지연, 경쟁사 대비 낮은 고객 접근성의 문제를 안고 있었다. 영업팀은 금융사의 IT, 금융상품 개발, 영업 부서 등 주요 조직의 의사결정권자를 파악하고 라인을 분석했다. 특히 '디지털 전환'을 추진하는 CIO와 미래 사업을 고민하는 COO를 핵심 이해관계자로 설정하였다. 그리고 핵심 KPI(예: 신규 앱 다운로드 수, 비대면 계좌 개설율)를 파악하여, 이 수치를 향상시킬 수 있는 솔루션을 구체화하였다.

- 솔루션 제안: 영업팀은 솔루션으로 '클라우드 기반 핀테크 플랫폼 구축'을 제안하기로 하였다. 이 플랫폼은 하이브리드 클라우드 시스템, AI 기반 고객 분석 엔진, 블록체인 기반 보안 솔루션을 포함하고 있다.

- 가치 맵(Value Map): 고객에게 제공되는 가치는 운영 비용 15% 절감, 신규 서비스 출시 기간 6개월 단축이다. 비즈니스 측면으로 새로운 핀테크 시장 선점, 개인화된 금융 서비스 제공으로 고객 만족도 향상도 가능하다. 그리고 기술적으로는 시스템 안정성 및 보안 강화, 확장성 높은 IT 인프라 서비스를 제공한다.

사례: 항공사

- 분석 및 진단: B 항공사는 최근 고객 만족도 하락과 높은 운영 비용 문제에 직면해 있다. 영업팀은 IT 부서장, 고객 서비스 총괄 부사장, CEO를 핵심 의사결정권자로 파악했다. 그리고 이들의 주요

KPI가 '고객 불만 접수 건수'와 '콜센터 응대 시간'이라는 것을 확인하고, 이 지표를 개선하는 데 초점을 맞추기로 결정하였다.

- 솔루션 제안: 영업팀은 'AI 기반의 통합 고객 관리 솔루션'을 제안했다. 이 솔루션은 항공권 예약부터 탑승 수속까지 모든 과정을 AI가 분석하고, 고객의 문의에 실시간으로 응대하며, 복잡한 문제는 자동으로 상담원에게 연결해 주는 기능을 포함한다. 단순 챗봇만 운영하는 경쟁사와는 차원이 다른 솔루션을 제안했다.
- 가치 맵 (Value Map): 고객에게 제공되는 가치는 콜센터 운영 비용 30% 절감, 상담원 20% 재배치, 콜센터 응대 시간 50% 단축, 고객 불만 접수 건수 40% 감소, 경쟁사 대비 고객 만족도 우위 확보이다.

사례: 병원('파트너와 함께하는 어카운트 플래닝')

- 분석 및 진단: 영업팀은 IT 솔루션 업체(파트너사)와 함께 새로운 고객인 대형 병원을 공략하기로 했다. 그 병원은 노후화된 의료 시스템과 불안정한 IT 인프라 때문에 어려움을 겪고 있었다. 영업팀은 단독으로 직접 병원을 방문하는 대신, 파트너사 담당자와 협력하여 병원 컨설팅을 진행했다. 해당 병원은 보안 문제와 함께 환자의 대기 시간 단축을 위한 데이터 처리 속도 향상을 원한다는 것을 파악했다. 병원이 현재 사용하고 있는 경쟁사의 서버와 스토리지 장비가 오래되어 잦은 오류가 발생하고 있다는 것도 확인했다.
- 솔루션 제안: 영업팀은 자사의 고성능 서버와 스토리지를, 그리고 파트너사는 자사 SW인 병원 관리 시스템(HIS)을 제안했다.

• 가치 맵(Value Map): 고객에게 제공하는 가치는 환자 정보 처리 속도 2배 향상으로 대기 시간 단축, 에너지 효율성이 높은 장비 도입으로 전기료 15% 절감, 그리고 3중의 보안 체계 구축을 통한 정보 보호였다.

• 공동 영업: 벤더 영업팀은 병원 IT 담당자에게 직접 영업하기보다, 파트너사에게 기술 전문가와 데모용 장비를 제공하여 파트너사가 통합 제안을 성공적으로 할 수 있도록 도왔다. 또한, 파트너를 도와서 병원 경영진에게 '벤더와 파트너사가 함께 제공하는 안정적이고 효율적인 의료 IT 인프라'라는 가치를 전달했다. 벤더는 이처럼 파트너가 영업을 잘하도록 돕는 역할을 통해 서로 상생 관계를 유지할 수 있다.

위의 사례들처럼 벤더(IBM, HP, 삼성전자 등)사가 직접 고객을 관리하고 직접 영업을 할 경우에는 Account Planning을 벤더사의 영업팀에서 하지만, 파트너사가 고객을 직접 관리하고 영업을 한다면 파트너사를 도와서 공동으로 플래닝을 하는 것이 효과적이다.

아래는 어카운트 플래닝 템플릿 샘플이다.

어카운트 플랜 샘플: [고객사 이름]
1. 개요 (Executive Summary)
• 고객사 이름:
• 고객사 담당자:

- 고객사의 20xx년 목표 및 주요 KPI:

- 우리 회사의 목표: 20xx년 1년간 [고객사 이름]과의 비즈니스 목표. (예: 솔루션 판매를 통해 50억 원 매출 달성 및 추가 프로젝트 기회 발굴)

- 영업팀의 성공 지표(KPI):

  - [고객사 이름]의 비즈니스 목표 달성에 우리가 어떻게 기여할 것인가? (예: 운영 비용 15% 절감, 생산성 20% 향상)

  - 우리의 영업 목표 달성(예: 솔루션 A, B, C 구축)

2. 고객사 분석(Customer Analysis)

- 고객사 개요:

  - 주요 사업 영역:

  - 기업 규모 및 재무 상태: (예: 매출, 순이익, 시장 점유율 등)

  - 현재 당면 과제: (예: 노후화된 IT 시스템, 경쟁 심화로 인한 비용 압박)

  - 비즈니스 목표: (예: 디지털 전환 가속화, 신규 시장 진출)

  - 강점과 약점

- 시장 환경:

  - [고객사 이름]이 속한 산업의 현재 동향 및 미래 예측 (예: AI 기술 도입 가속화, 친환경 규제 강화)

  - 기회와 위협

- 조직도 및 의사결정권자 분석:

  - CEO(최고 경영자).

관심사: 장기적인 성장, 시장 경쟁력 강화

영향력: 높음

- CIO(최고 정보 책임자):

관심사: IT 시스템의 안정성, 보안, 효율성

영향력: 높음

- CFO(최고 재무 책임자):

관심사: IT 시스템 도입 비용, ROI

영향력: 높음

- 현업 부서장(예: 생산팀장):

관심사: 생산성 향상, 현장 문제 해결

영향력: 중간

3. 고객의 경쟁사 분석(Client's Competitor Analysis)

- 경쟁사 분석:

  - 경쟁사 1: [경쟁사 이름]
  - 강점: (예: 강력한 브랜드 이미지)
  - 약점: (예: 높은 가격)
  - 경쟁사 2: [경쟁사 이름]
  - 강점: (예: 빠른 기술 도입)
  - 약점: (예: 불충분한 고객 지원)

4. 가치 제안 (Value Proposition)

- 고객의 문제점: (예: 노후화된 시스템으로 인한 잦은 다운타임)

- 우리의 솔루션: (예: 클라우드 기반의 통합 생산 관리 시스템)
- 제공 가치 (Value Map):
  - 재정적 가치: (예: 운영 비용 15% 절감, 유지보수 비용 30% 절감)
  - 비즈니스 가치: (예: 생산성 20% 향상, 신규 제품 출시 기간 6개월 단축)
  - 기술적 가치: (예: 시스템 안정성 및 보안 강화, 확장성 용이)

5. 해야 할 일들(Action Plan)

- 단기 목표 (1-3개월): 솔루션 도입 필요성 인식하기
  - 솔루션 데모 또는 PoC(Proof of Concept) 진행
- 중기 목표 (4-6개월): 솔루션 도입 계약 체결
  - [고객사 이름]의 구체적인 요구사항 정의
  - 제안서, 견적, 계약
- 장기 목표 (6개월 이후): 장기적인 전략적 파트너십 구축
  - 솔루션 구축 및 성공적인 운영 지원
  - 추가 프로젝트 기회(Up-selling, Cross-selling) 발굴
- 고객과 주기적 진척도 체크 미팅: 매월 둘째 주 수요일 10:00 고객사 회의실

6. 리소스 및 담당자 (Resources & Action Owner)

- 어카운트 매니저: [영업대표]
- 기술 지원 담당자: [기술지원]
- 마케팅 지원: [마케딩 담당자]

여러분들도 어카운트 플래닝을 어떤 형태로든지 하고 있을 것이다. 만약 머릿속으로만 하고 있다면 한 번 템플릿에 기록해 보자. 여러분 스스로가 고객을 대상으로 한 해 어떻게 비즈니스 해 나갈 것인지 정리가 될 것이다.

7장

키맨(Key Man)과 관계를 구축하고 관리하자

이제 여러분은 조직도에서 누가 Key Man이고 어떤 역할을 하는지를 알고 있다. 물론 기존 고객이라면 여러분은 이미 관계를 유지하고 있고 신뢰도 쌓여 있으리라 생각한다. 여기에서는 아직 깊은 관계를 구축하지 못한 Key Man을 상대로 관계를 구축하는 방법을 알아보자.

Key Man을 탐구하라

성공적인 관계 구축의 첫 걸음은 상대방에 대한 깊은 이해에서 시작된다. 직위나 회사 정보가 아니라, 그들의 '개인적인 관심사'와 '고민'을 파악하는 것이 중요하다.

- 정보 수집의 다각화: 인터뷰 기사, 소셜 미디어 활동, 동문 커뮤니티, 취미 관련 모임까지 살펴보면 인간적인 연결 고리를 찾을 수 있다.
- Key Man이 현재 어떤 문제에 직면해 있는지를 파악해야 한다. 예를 들어, IT 부문장이라면 '새로운 기술 도입의 어려움'이나 '보안

문제'에 대한 고민을 하고 있을 가능성이 높다.

- 사례: 한 IT 보안 솔루션 세일즈맨은 고객사의 CISO(정보보호 최고 책임자)를 만나기 위해 상당 시간을 정보탐색에 투자했다. 그는 CISO가 올린 SNS 게시글에서 평소 '데이터 보안'과 관련된 컨퍼런스에 자주 참석하고, 특히 특정 기술에 대해 깊은 관심을 보인다는 것을 알아냈다. 세일즈맨은 해당 기술과 관련된 최신 논문과 업계 동향을 정리해 첫 미팅 자료로 준비했고, CISO는 자신과 같은 전문적인 대화가 가능한 세일즈맨에게 깊은 인상을 받았다. 당연히 자연스럽게 CISO와 지속적인 미팅을 가졌고, 결국 딜을 성사시켰다.

가치 있는 정보를 제공하자

만남에서 '무엇을 팔 것인가'가 아니라 '가치 있는 무엇을 제공할 것인가'에 집중해야 한다. '아, 이 세일즈맨은 앞으로 나에게 도움이 될 것 같아' 라는 생각을 가지게 해야 한다.

- 맞춤형 정보 제공: 고객의 비즈니스나 고민과 관련된 유용한 정보(예: 업계 보고서, 경쟁사 동향 분석 자료, 성공 사례)를 정리하여 이메일, 카톡, 메시지로 보낸다. 그런데 이미 고객이 너무도 잘 알고 있는 부분이 아닌지는 반드시 체크해야 한다. 더 이상 정보도 아니고 오히려 시간을 빼앗긴다면 관계 구축과는 멀어지는 것이다.
- 사례: 고객의 경쟁사 분석으로 만남을 성사시킨 한 컨설턴트는 제조 기업의 전략 기획 본부장과의 미팅을 위하여 고객의 경쟁사에

대한 심층 분석 보고서를 작성했다. 보고서에는 시장 점유율, 신제품 동향, 그리고 본부장이 당면한 과제에 대한 해결책이 포함되어 있었다. 이메일을 보낼 때 제목을 '경쟁 현황 분석 및 전략 제언'으로, 구체적인 가치 제안임을 확실히 했다. 본부장은 이 보고서에 흥미를 느끼고 흔쾌히 미팅을 수락하였다.

지속적인 만남을 만들어 가자

첫 만남이 성공적이었다면, 이제는 노력이 필요하다. 일회성 만남으로 끝나지 않고, 지속적인 만남과 꾸준한 소통을 통해 고객의 마음속에 여러분의 이미지가 자리 잡는 것이 중요하다. 회사 업무뿐만이 아니고 개인적인 관심사에 대한 소통 역시 중요한 역할을 한다.

- 정기적인 소통 채널을 만들자: 정기적으로 뉴스 레터를 보내거나, 고객의 관심사와 관련된 정보를 보내주는 등 계속해서 소통을 유지해야 한다.
- 새로운 사건에 대해 먼저 분석하자: 고객이 필요로 할 것 같은 정보를 예측하고 미리 제공하라. 예를 들어, 새로운 규제가 발표되었다면, 해당 규제가 고객사의 비즈니스에 어떤 영향을 미칠지 글로벌 사례들을 모아 분석한 자료를 보내 주는 것이다.
- 사례: 한 금융 솔루션 세일즈맨은 첫 미팅 후, 고객이 언급했던 개인적인 관심사(예: 연극)를 기억했다. 그는 한 달 뒤, 고객이 관심 있어 하는 기사와 함께 "지난번 말씀하셨던 연극, 벌써 예매가 끝나 가네요. 아직 예약 안 하셨으면 서둘러야 할 것 같습니다."라는

짧은 안부 메시지를 보냈다. 이는 고객에게 자신이 단순한 영업 대상이 아닌, 인간적인 관계로 기억하고 있다는 인상을 주고, 친밀감을 형성하는 데 매우 도움이 된다.

이처럼 새로운 관계를 구축하는 과정은 고객에 대한 관심, 가치 있는 첫 접촉, 그리고 꾸준한 소통의 연속이다.

고객이 감동할 만큼 진심을 보이자

여러분이 진정으로 고객의 문제를 해결하려고 노력하고, 딜에 대해 진심이라면, 고객은 반드시 여러분의 진심과 열정을 알게 된다.

사례: 고객이 감동하면 상황이 바뀐다

어느 여름날 끝자락. 때마침 태풍이 시작되는지 비바람이 점점 심해지고 있었다. 부산의 한 유통업체 고객사를 방문하는 날이었다. 이른 아침 김포공항에서 부산으로 향했고 고객과의 미팅을 성공리에 끝내고 서울로 돌아와 퇴근 무렵 사무실에 도착하였다.

부장님께 그날 미팅을 보고하려고 갔는데, 나를 보자 마자 갑자기 "어, 왔어. 수고했네. 그런데 지금 바로 광주에 다녀와야겠어." 라고 말했다. 광주의 한 윈백(Win Back) 고객이 있는데, 당장 내일이 RFP(Request for Proposal 제안요청서)를 받는 날이었고, 같이 영업을 하는 파트너사의 정보에 의하면 CIO가 우리회사를 배제하겠다는 정보를 들었다는 것이다. RFP를 받지 못하면 제안조차 할 수가 없어서 반드시 RFP를 받아야 하는 상황인 것이다.

다행히 마지막 편 항공기 운항이 가능하고 빈자리가 있다하여 급히 다시 김포공항으로 향했다.

심하게 흔들리는 비행기 안에서 많은 생각을 할 수밖에 없었다. 고객사는 이미 다른 경쟁사로 마음을 굳힌 듯했고, 제안할 기회조차 주지 않겠다고 결정한 것 같다는 생각에 사로잡혔다. 어떻게 CIO를 만나지? CIO는 무슨 생각으로 우리를 배제한다는 것인가? 어떻게 해야 RFP를 받을 수 있지? 우리 회사가 줄 수 있는 가치는 무엇이고 짧은 시간에 어떻게 전달하지? 설득을 못하면 어떻게 하지?

공항에 도착했을 때, 태풍은 점점 심해지고 있었다. 빗줄기는 옆으로 쏟아졌고, 바람은 온몸을 휘청거리게 만들었다. 겨우 택시를 타고 도착한 고객사 건물 앞, 시간은 밤 9시를 훌쩍 넘기고 있었다. 건물로 들어가 전산실로 향할 때는 다리가 떨리고 있었다. 야간 담당자는 CIO가 조금 전 약속이 있어 이미 퇴근을 했다고 했다. 한참을 멍하게 있다가 "서울로 그냥 갈수는 없다. 집으로 찾아가자"는 생각이 들었다. 다행히 집 주소를 알고 있었던 것이다.

고객의 집에 도착하니 10시가 다 되어 갔다. 9시 전에 약속이 있어 나갔다고 했으니 늦을 거라 생각하고 기다리기로 했다. 주위는 어둠에 잠겨 있었고, 비바람에 우산은 거의 무용지물이었다. "곧 오시겠지" 하면서 기다린 지 1시간이 넘어 11시를 넘기고 있었다. 포기하고 돌아갈까 하는 생각이 간절했다. 비에 흠뻑 젖어서 한기까지 느껴졌다. "조금만 더 기다려 보자" 하고 대문 처마 밑에 조금이라도 비를 피하고 있는데 드디어 고객이 나타났다. 순간 정신이 번쩍 났다.

"아니, 박 대표, 무슨 일입니까? 왜 여기서 비를 맞고 있습니까?" 놀

라면서 묻는 고객이 왜 그렇게 반가운지. 이차 저차 얘기를 했다. 고객
은 잠시 침묵하더니, 다음 날 아침 사무실로 와서 다시 얘기하자고 하
면서 그날 밤은 마무리되었다.

다음 날, 나는 미팅을 가졌고 다시 한번 우리의 가치를 설명하고 "꼭
한번 기회를 주십시오. 실망시켜 드리지 않겠습니다." 말했고, 그 날
결국 우리는 RFP를 받을 수 있었다.

결과는? 우리는 훌륭한 제안서를 제출했고 기존 사용중인 경쟁사를
물리치고 수주하였고 이후 고객과 굳건한 파트너십을 맺게 되었다.

영업은 무모하다시피 달려들 줄도 알아야 하고 깡으로 버티기도 하
면서 끝까지 포기하지 않아야 한다. 조그마한 불씨를 소중히 살려내면
큰 불이 되듯이 말이다. 최고의 기술이나 가장 낮은 가격이 아닌, 바로
'진심'과 '열정'이 고객의 마음을 움직인다.

사례: 실무자도 '그림자 의사결정권자이다.'

어느 고객사의 경우이다. Key Man인 CIO가 벤더사의 영업대표와
만나려고 하지 않는 분이었다. 사전에 오해의 소지를 없애고 아래 실
무진의 의견을 존중해 주는 분이셨다. CIO를 리서치 했으나, 워낙 조
용하신 분이라 SNS 활동도 안하고 주위의 연결고리를 찾기도 어려웠
다. 실무자와 솔루션의 가치로 승부를 걸어야 하는 상황이었다. 그리
고 기존 사용중인 시스템은 경쟁사가 오래전에 구축한 시스템이고 실
무자는 바꿔야 할 이유가 없는 상황이었다.

실무자와 미팅을 계속 하였지만, 어느 것 하나 시원하게 의사 결정할
수가 없었다, "상사에게 보고하겠다"는 말만 반복하며, 정작 '윗분'이나

Key Man과의 만남은 성사되지 않았다. 답답한 상황이었다.

일단 실무자를 '우리 편'으로 만들어, 그들이 Key Man에게 우리를 추천하도록 유도해야 한다고 결정을 내렸고 방향을 틀었다.

일단, 실무자들의 고민을 찾기 시작했다. 실무자들은 시스템을 모니터링하는 하는 분야에서 어려움을 가지고 있었다. 시스템이 잘 돌아가고 있는지 살펴보기 위해서 너무 많은 단계를 거쳐야 하고 자동화되어 있지도 않았다. HW는 물론 SW 종류와 Version도 한 눈에 볼 수가 없었다. 시스템 성능이 느려지거나 순간 정지되었을 때도 원인을 파악하지 못했다.

우리는 동종 업계 타사 성공 사례를 찾기 시작했고 자료를 만들고 샘플 리포트도 모아서 실무자들에게 전달하기 시작했다. 그리고 상사에게 보고할 수 있는 자료와 샘플 보고서를 정성껏 만들어 제공하였다. 그리고 만일 우리의 모니터링 시스템을 도입한다면 실무자가 편할 수 있고 생산성이 30%이상 향상된다는 것을 수치화하여 제공하였다. '보고 자료'를 제공한 것이다.

실무자는 결국 Key Man에게 보고를 하였고 Key Man은 "그러면 이 자료를 만든 사람을 직접 만나 보겠다."라고 하였고 Key Man과의 만남이 성사되었다.

결론은? CIO와 만남을 철저히 준비한 우리는 그 이후 Demo, PoC(Proof of Concept)를 거쳐서 결국 수주하였고 지속적인 파트너십을 유지했다. 실무자의 고통을 해결해 줄 솔루션을 제공하면서 실무자가 '이 세일즈맨은 믿을 만하다'고 느끼게 만든 전략이 주효했던 것이다.

사례: 만나 주지 않는 Key Man과의 만남

어느 고객이 생각난다. 이 고객사도 이미 경쟁사의 제품과 서비스를 도입하여 잘 사용하고 있었다. 기존 경쟁사와 관계도 나쁘지 않았다. 그래서 그런지 그분과의 첫 만남을 가지기가 무척 어려웠다. 당연히 정보를 리서치 하였고 다행히 그분과 가까운 지인을 찾아냈다.

한 여름의 토요일, 모두가 주말의 여유를 즐기고 있을 때, 나는 양재 한 복판에서 영업대표와 함께 고객을 기다리고 있었다. 목표는 바로 고객사의 Key Man과의 첫 만남을 성사시키는 것이었다. 여러 차례 시도했지만 번번이 무산되었던 만남. 마지막 기회라 생각하고, 지인에게 만남 주선을 요청했다.

고객의 반응은 시큰둥했다고 한다. 지인은 고객에게 "주말이고 어차피 이 근처에 있다고 하니 그냥 간단히 인사만 하죠."라고 하면서 고객을 설득했고 우리에게 조금 더 기다리라고 했다.

한 시간, 두 시간, 그리고 세 시간이 흘렀다. 영업대표의 얼굴에는 초조함이 서려 있었다. "그냥 다음에 다시 시도하시죠…"라고 말했지만, 나는 고개를 흔들고 조금 더 기다려 보자고 했다.

3시간이 조금 넘어서 기다림 끝에 드디어 고객과 지인이 나타났다. 고객의 표정에는 '도대체 왜 이렇게까지 기다리는 거지?'라는 의아함과 함께, 끈기에 대한 놀라움이 교차하고 있었다. 나는 땀으로 흠뻑 젖은 셔츠를 정리하면서 "이사님, 귀한 주말 시간을 내주셔서 정말 감사합니다. 지금 진행하시는 프로젝트에 꼭 참여하고 싶어서 만나 뵙고 싶었고 분명 저희 솔루션이 마음에 들 것이라고 확신합니다. 한 번만 기회를 주십시오"라고 얘기를 건넸다. 혹시나 그냥 자리를 뜰지 몰라서 간략하게 핵심만 전달한 것이다.

고객은 잠시 나의 눈을 쳐다보더니, "이왕 이렇게 된 거… 그냥 간단히 저녁 식사나 같이 하시죠." 그것은 3시간 동안 한결같이 기다린 우리 진심에 대한 고객의 응답이었다. 저녁 식사 자리에서 나는 억지로 비즈니스 이야기를 꺼내지 않았다. 부담을 많이 주면 판이 깨질 수도 있다는 생각이었다. 대신, 고객의 관심사와 취미에 대해 진솔하게 대화를 나눴다. 우리는 고객의 이야기에 귀 기울였고, 자연스럽게 인간적인 유대감을 느끼기 시작했다. 식사가 끝나고 헤어질 때, 고객은 악수를 건네면서, "다음 주 화요일 오후 2시에 회사로 한번 오세요, 그리고 간단히 솔루션을 소개해 주세요"라고 했다. 우리는 속으로 쾌재를 불렀디.

그날 저녁 식사는 단순한 한 끼가 아니었다. 견고했던 고객의 마음을 열게 한, 관계의 시작이었다. 이후 나는 꾸준히 고객과의 만남을 지속했고, 결국 솔루션을 공급하는 데 성공했다.

이 이야기는 B2B 세일즈에서 중요한 것이 무엇인지를 말해 준다. 그렇다. 바로 '인내'와 '진심'이다. 3시간의 기다림은 단순한 시간이 아니라, 우리의 열정과 진심을 고객이 인정해 준 경험이었다.

사례: 바쁜 임원들을 한자리에 모으다

B2B 세일즈에서 내기입 고객을 상대하는 것은 거대한 성벽을 오르는 것과 같다. 득히, 여러 임원들과 관계를 맺고 신뢰를 쌓는 일은 막대한 시간과 노력을 필요로 한다. 더구나 임원들이 바빠서 정말 만나기기 쉽지 않나.

우리 고객 중에 업계를 선도하는 큰 기업이 있었다. 내가 리더인 만큼 나의 역할 중 하나는 고객의 임원들과 좋은 관계를 구축하면서 소통 통로를 유지해야 하는 것이다. 규모가 큰 만큼, 프로젝트를 결정하는 임원들 또한 여러 명이었고, 그들 한 명 한 명을 개별적으로 만나는 것은 거의 불가능에 가까웠다. 그들은 매일같이 쏟아지는 업무와 회의로 분 단위의 시간을 쪼개 쓰는 사람들이었고, 나는 그들의 일정에 끼어들 틈을 찾기 어려웠다. 기존의 1:1 방식만으로는 많은 임원들을 만나기가 어렵다는 것을 깨닫고 나는 새로운 접근법을 고민했다.

'이 분들이 가장 필요로 하는 가치는 무엇일까?' 그 답은 '정보'였다. 빠르게 변화하는 IT 환경 속에서, 임원들은 항상 최신 기술동향과 시장 변화에 대한 정보를 찾아야 했다. 우리는 고객사에 제안을 했다.

"바쁘신 임원분들을 각자 찾아뵙기보다, 시간을 아껴 드릴 방법을 고민했습니다. 관련 임원분들과 아침 식사를 하시면서, 단 30분 만에 IT 트렌드의 핵심만 업데이트해 드리는 '조찬 포럼'을 열어 드리고 싶습니다. 회사 근처에서 식사를 하시는 동안 저희 전문가들이 IT 트렌드, 최신 기술 및 동향을 브리핑해 드리겠습니다."

처음에는 반신반의하던 고객사 임원들도, '바쁜 시간을 뺏지 않고 유용한 정보를 얻을 수 있다'는 제안에 흥미를 보였다. 그렇게 첫 조찬 포럼이 성사되었다. 우리는 고객의 비즈니스에 맞는 IT 트렌드 자료를 정말 열심히 준비했다.

조찬 포럼은 성공이었다. 30분이라는 짧은 시간 동안, 우리 팀은 인공지능, 클라우드, 보안 등 임원들이 가장 궁금해하는 주제를 간단하고 명확하게 전달했다. 임원들은 식사를 하면서 자연스럽게 발표에 집중했고, 발표가 끝난 후에는 "그렇다면 우리 회사에는 이 기술을 어떻게 적용할 수 있을까요?"와 같은 구체적인 질문들을 쏟아냈다.

이 조찬 포럼은 단순한 정보 공유의 자리를 넘어, 관계와 신뢰를 쌓는 중요한 통로가 되었다. 임원들은 우리 팀을 '귀찮은 영업'이 아닌, '비즈니스 성장에 도움이 되는 전문가'로 인식하기 시작했다. 포럼 이후, 더 깊은 대화를 위해 개별 미팅을 고객이 먼저 요청했고, 그 과정에서 우리는 각 임원의 니즈와 고민을 정확히 파악할 수 있었다.

조찬 포럼으로 시작된 관계는 결국 견고한 신뢰로 이어졌고, 우리 팀은 여러 프로젝트를 성공적으로 수주할 수 있었다.

이 사례는 B2B 세일즈에서 고객의 마음을 얻는 가장 확실한 방법이 무엇인지 보여 준다. 그것은 바로 '고객의 성공을 돕는 파트너'라는 인식을 심어 주는 것이다.

사례: CIO와 핵심 간부들의 마음을 얻다, '기술 교류회'

B2B 세일즈에서 CIO와 핵심 간부들의 마음을 동시에 얻는 것은 가장 큰 난제 중 하나이다.

누구 한 명의 지지자를 얻는다고 해서 프로젝트가 성사되는 것이 아니고, 많은 Key Man들의 공감을 얻는 것이 필수적이다. 기존의 개별 미팅 방식으로는 이들의 복잡한 니즈와 요구사항을 모두 파악하고 충족시키기 쉽지 않았다.

우리는 생각했다. '이들을 한자리에 모으고, 우리가 제공할 수 있는 가장 큰 가치를 보여 줄 수 있는 방법은 무엇일까?' 그 답은 비로, '우리

회사의 기술력과 전문성을 총체적으로 보여 주는 자리'를 만드는 것이
었다.

고객사에게 분기별로 '기술 교류회'를 개최할 것을 제안했다.
'Technology Forum'이라는 제목을 달았다. 이 자리에는 고객사의 CIO
와 핵심 간부들, 그리고 우리 팀과 미국 본사의 기술 전문가(그루,
Guru)들을 초청했다. 이 포럼의 목적은, 양사가 기술적 지식과 비전을
공유하고, 상호 간의 협력 가능성을 모색하는 것이었다. 고객사가 IT
기술을 다루는 회사였기에 서로 관심이 많았다.

고객사 임원들은, 본사의 전문가들이 직접 참여하여 최신 기술 동향
을 공유하고, 자신들의 비즈니스 문제에 대해 논의해준다는 제안에 점
차 마음을 열었다. 그렇게 첫 기술 교류회가 시작되었다.

기술 교류회는 형식적인 발표 자리가 아니었다. 각 세션은 고객사의
비즈니스에 직접적으로 관련된 주제로 구성되었고, 발표 이후에는 자
유로운 토론 시간이 이어졌다. 고객사 임원들은 평소 궁금했던 기술적
문제들을 직접 본사 전문가들에게 물어보았고, 본사 그루(GRU)들은
그들의 질문에 대해 깊이 있는 답변과 통찰을 제공했다.

이 과정에서 우리는 고객사의 진정한 고민과 숨겨진 니즈를 파악할
수 있었고, 고객사 임원들은 우리 회사를 단순한 벤더가 아닌, 미래를
함께 논의하고 혁신을 이끌어갈 파트너로 인식하기 시작했다.

기술 교류회는 분기마다 정기적으로 개최되었고, 회를 거듭할수록
참석자의 범위가 넓어지고 교류 내용도 다양해졌다. 이는 우리 팀이
고객사 내에서 신뢰를 쌓는 결정적인 계기가 되었다.

재미있는 인간관계의 숫자 법칙들!

출처는 다양하다. 100% 동감한다.

123 법칙

123 법칙은 1번 얘기하고 2번 듣고 3번 눈을 맞추자는 것이다. 또는 1분간 내가 얘기했다면 2분간 상대방의 이야기를 들어주고 그 시간 동안 세 번 이상 눈을 맞춘다는 것이다. 어떻게 해석을 하든지, 적게 말하고 진지하게 많이 듣는 기술을 훈련하자는 것이다. 소통을 위해 가장 중요한 것은 상대방에게 공감을 보여 주는 경청이다.

248 법칙

248 법칙은 내가 다른 사람에게 두 개를 받고 싶으면 네 개를 주어야 하고, 네 개를 받고 싶으면 여덟 개를 주어야 한다는 것이다.

369 법칙

369 법칙은 인간관계에서 3번 정도 만나야 잊혀지지 않고, 6번 정도 만나야 마음의 문이 열리고, 9번 정도 만나야 친근감이 느껴지기 시작한다는 것이다. 사람들은 이러한 단계를 이해하지 못하고 처음 만난 사람에게 서너 차례 연락과 접촉을 시도하다가 포기하는 경우가 대부분이다. 좋은 관계를 만들려면 369법칙을 명심하고 최소한 9번 이상은 꾸준하게 만남과 연락을 지속하자.

751 법칙

751 법칙은 확률의 법칙이 작용한다. 평균적으로 새로운 사람 70명을 만나서 개인적인 관심과 접촉을 주고받으면 그 중에서 5명 정도의 사람과 알고 지내는 관계가 되고, 1명과 친한 관계가 된다.

911 법칙

911의 법칙은 9번을 잘했으면 그 다음 10번, 11번째도 잘 하도록 조심해야 한다는 뜻이다. 흔한 일이지만 처음 만난 사람들끼리 조금만 친해지면 말이나 행동에 조심성이 없어지게 된다. 그러다 보면 자신도 모르게 상대방의 감정을 상하게 만들고 결국 좋았던 인연이 어느새 좋지 못한 인연으로 바뀌게 될 수 있다는 것이다. 좋은 관계를 이어 가려면 9번 잘했을 때부터 실수나 잘못이 생기지 않도록 경계하라는 뜻이다.

8장

'선장'처럼 생각하고 행동하자

영업대표는 '선장'이다

2000년대 초반까지만 해도 B2B 세일즈는 '개인의 능력'에 따라 많은 부분 성패가 갈렸다. 뛰어난 말솜씨와 인맥, 그리고 강철 같은 체력을 가진 영업사원이 혼자서 고객을 만나고, 기술을 설명하며, 가격을 협상하는 경우가 많았다. HW 딜이 많아서 이기도 했다. 마치 모든 짐을 싣고 거친 바다를 홀로 항해하는 '단독 범선' 같았다. 하지만 복잡한 기술이 서로 융합되고, 고객의 요구가 다양화되면서 이러한 '나 홀로 항해'는 더 이상 통하지 않게 되었다. 수주라는 항구에 도착하기 위해서는 영업 외에도 기술, 재무, 법률, 마케팅 등 다양한 부서의 전문가들로 이루어진 팀이 하나가 되어 움직여야 한다.

영업은 하나의 배에 승선한 승무원들의 협업이다

영업사원을 '영업대표(Sales Representative)'라 부르던 이유도 바로 여기에 있다. 영업대표는 고객을 위한 솔루션이라는 배를 이끌어 목적지까지 안전하게 도착하게 하는 '리더'의 역할을 담당한다. 팀을 선박의 승무원에 비유하면 그 의미는 더욱 명확하다.

- 기술 엔지니어/솔루션 아키텍트: 항해의 방향을 잡고 전체 선박의 성능을 모니터링하고 문제를 파악하며 해결책을 제시하는 '항해사'와 '갑판장'과 같다. 가장 복잡하고 중요한 기술적 난관을 헤쳐 나가며, 고객의 니즈를 현실적인 기술로 구현해 내는 핵심 역할을 수행한다.
- 재무팀/법률팀: 선박의 엔진을 관리하고 연료를 보급하는 '기관사'와 '보급관'처럼 항해의 지속 가능성을 책임져야 한다 계약 조건, 최종 가격 승인 등 사업의 뼈대를 이루는 중요한 부분을 조율하여 선박이 안정적으로 운항되게 해야 한다.
- 마케팅팀/리서치팀: 바다의 흐름을 읽고 새로운 항로를 찾는 '탐험가'와도 같다. 시장 분석을 통해 새로운 목적지를 발견한다.

각 승무원 개개인이 아무리 뛰어난 능력을 가졌더라도, 각자의 맡은 역할을 잘 수행해야만 배가 성공리에 '수주'라는 항구에 도달할 수 있다.

선장의 역할: 무사히 항해를 이끈다

그렇다면 선박의 '선장'인 영업대표는 어떤 역할을 해야 할까? 선장은 직접 돛을 올리거나 엔진을 정비하지 않는다. 그는 바다의 지도를 완벽히 이해하고, 각 팀원들이 최고의 역량을 발휘할 수 있도록 독려하고 지시하고 조율해야 한다. 영업대표의 리더십에 따라 선박의 운명, 즉 프로젝트의 수주 여부가 결정된다.

사례: '선장 없는 배'의 비극

한 국내 중견 기업에서 전형적인 '단독 범선' 스타일의 성격이 강한
김 부장이 대규모 IT 시스템 구축 프로젝트 관련 영업을 지휘했다. 그
는 탁월한 영업력을 바탕으로 고객사의 핵심 관계자와 빠르게 신뢰를
구축하는 데 성공했다. 고객이 제시한 예산에 맞춰 파격적인 할인을
제안하고, 기술팀과 상의 없이 6개월 내 완료라는 납기일을 약속하며
계약에 긍정적인 신호를 얻어냈다.

하지만 프로젝트 내부 리뷰가 시작되자 배가 흔들리기 시작했다.

- 재무팀과의 난관: 김 부장이 제안한 할인율은 선박의 연료를 크게
  낭비하는 수준이었다. 재무팀은 "이 가격으로는 항해를 계속할 수
  없다"며 승인을 해 주지 않았다.
- 기술팀과의 난관: 고객이 요구한 기술 스펙은 기존 시스템과의 연
  동 문제로 6개월 내 완공이 불가능했다. 기술팀은 김 부장에게 "왜
  우리가 갈 수 없는 목적지를 약속했느냐"며 거세게 항의했다.
- 고객과의 신뢰 문제: 김 부장의 말만 믿었던 고객사는 기술팀과 재
  무팀의 얘기를 전해 듣고 김 부장을 불신하기 시작했다. 항해 자
  체에 의문을 제기하기 시작했다.

결국 이 프로젝트는 무산되었다. 영업의 귀재라 불렸던 김 부장은
모든 것을 혼자 결정하는 독선적 방식으로 진행하다가 오히려 팀의 역
량을 분산시켰고, 이로 인해 전체 프로젝트의 '무사 항해'를 망가뜨린
것이다. 그는 훌륭한 '단독 범선'이었지, 팀의 항해를 이끄는 '선장'의

역할을 수행하지 못했기 때문에 좌초의 비극을 맞이한 것이다.

항해사와 갑판장

'항해사'와 '갑판장'은 가장 섬세하면서도 강한 역량을 발휘하여 전체 항해를 담당하는 두 축이 된다. B2B 영업에서 기술 엔지니어와 솔루션 아키텍트가 바로 이 역할을 한다. 고객의 복잡하고 까다로운 기술적 요구사항을 이해하고, 이를 실현 가능한 솔루션으로 만들어 내는 핵심 주체이다. 고객 앞에서 우리 회사의 역량을 증명하고 신뢰를 얻는 것은 이들의 손에 달려 있다고 해도 과언이 아니다.

영업대표는 기술 전문가를 단순히 '고객 미팅에 데려가는 사람'으로 여기면 안 된다. 이들이 '기술 전문가'로서 최고의 능력을 발휘할 수 있도록 준비하고 조율하는 역할을 한다. 먼저 선장은 항해 지도(고객 니즈)를 공유해야 한다. 미팅 전, 고객이 가진 문제점과 비즈니스 목표를 기술팀에게 상세히 공유해야 한다. 단순히 "서버를 바꿔야 한대요"가 아니라, "서버의 노후화로 데이터 처리 속도가 떨어져 고객 불만이 늘고 있습니다. 목표는 30%의 성능 향상과 20%의 운영 비용 절감입니다"처럼 구체적인 배경을 설명하는 것이 중요하다.

기술팀은 기술적 스펙을 나열하는 데 익숙하다. 영업대표는 이를 고객의 비즈니스적 관점으로 풀어내는 통역을 해야 한다. "이 기술은 데이터 처리 속도를 향상시켜 고객 불만을 줄일 수 있습니다"처럼, 기술의 장점을 고객이 이해하고 공감할 수 있는 '가치'로 변환시키는 것이다.

사례:

어느 제조사의 클라우드 전환 프로젝트를 수주하기 위해 한 엔지니어와 협업했던 적이 있었다. 그 엔지니어는 매우 유능했지만, 고객 앞에서 지나치게 전문 용어를 사용하고 세부 스펙만 설명하려는 경향이 있었다.

첫 미팅 후, 나는 그 엔지니어에게 한 가지 제안을 했다. "다음 미팅에서는 제가 먼저 고객의 비즈니스 문제를 짚어 주고, 우리 솔루션이 그 문제를 어떻게 해결하는지 큰 그림을 설명할게요. 그 다음에, 엔지니어께서 고객이 가장 궁금해할 만한 기술적 질문에만 집중해서 명확하게 설명해 주면 좋겠습니다." 다음 미팅에서 나는 '원가 절감'과 '운영 효율화'라는 고객의 핵심 니즈를 재차 확인하며 프레젠테이션을 시작했다. 그리고 "이를 위해 저희 회사의 클라우드 솔루션을 제안하겠습니다."라고 말한 후, 엔지니어에게 순서를 넘겼다. 사전 조율을 마친 엔지니어는 이제 막연한 기술 스펙이 아닌, 고객의 니즈에 직접적으로 부합하는 솔루션의 핵심 기능과 그 효과를 간결하게 설명했다. "이 솔루션은 기존 인프라와 완벽하게 동기화 되므로 데이터 이관 리스크를 최소화히고, 초기 운영 비용을 획기적으로 술일 수 있습니다."라고 설명했다. 이런 것들이 사소해 보여도 고객에게 일관된 '가치, 혜택'을 인식하게 해주는 매우 중요한 요소이다.

기관사와 보급관

재무팀과 법률팀은 선박의 엔진을 책임지는 '기관사'와 '보급관'과 같다. 배가 항해하는 동안 엔진이 멈추면 안 된다. 이들이 여할은 프로젝트의 시작과 끝을 책임지는 두 축이다. 아무리 기술적으로 뛰어난 솔루션이라도 재무적으로 타당성이 없거나 법률적 리스크가 있다면 프로젝트 자체가 좌초될 수 있기 때문이다. 재무팀은 마진율, 수익성, 현금 흐름을 관리하며, 법률팀은 계약 조건, 규제 준수, 그리고 잠재적 분쟁을 방어해야 한다.

훌륭한 영업대표는 이들을 '승인의 벽'이나 '까다로운 내부 부서'로 간주하지 않는다. 소위 '뒷다리 잡는 부서'라고 생각해서는 안 된다. 이들은 계약의 수익성과 안정성을 지켜 주는 파트너이자, 고객과의 협상에서 숨겨진 카드를 제공해 주는 중요한 선원이다. 영업대표는 딜 초기부터 예상되는 가격의 민감성이나 복잡한 계약 이슈를 재무팀 법률팀과 미리 논의해야 한다. 이는 마치 항해가 시작되기 전에 선박의 엔진 상태와 연료량을 점검하는 것과 같다. 그리고 가격 협상 시 고객이 할인을 요구할 것임을 미리 예상하고, 고객에게 '총소유비용(TCO)' 절감이나 장기적인 수익성을 강조할 수 있는 논리를 개발해야 한다. 고객의 예산 제약은 이해하되, 우리의 수익성 또한 포기할 수 없고 역으로 우리의 수익성 때문에 고객의 예산을 마음대로 늘릴 수도 없다.

사례:

어느 글로벌 기업과의 시스템 공급 계약을 추진한 적이 있었다. 고객은 매우 공격적인 가격과 함께 대금 납부 기한을 120일로 연장해달라고 요구했다. 이는 회사 내부 정책(60일)상 허용될 수 없는 조건이었고, 담당 재무팀은 즉각 난색을 표했다. 재무팀과 고객 사이에서 조율이 필요했다.

우리는 먼저 고객에게 120일이라는 긴 납부 기한을 요구하는 이유를 물었다. 단순히 비용을 늦게 지불하려는 것이 아니라, 그들 내부의 회계 정책 때문임을 파악했다. 우리 회사의 재무 담당자를 만났다. "납부 기한 연장은 우리 회사가 매우 민감하게 생각하는 부분인 것을 잘 압니다. 하지만 고객사의 현금 흐름 정책도 매우 중요합니다. 이 문제를 해결하기 위해 납기 전 일부 금액을 먼저 결제하는 방식은 어떨까요?" 이 제안을 들은 재무팀은 "만약 선금으로 총액의 일부를 먼저 받게 된다면, 나머지 금액의 납부 기한을 120일까지 연장하는 것에 긍정적으로 검토할 수 있다"는 유연한 답변을 내놓았다. 결국 우리는 30% 선금과 70% 120일 결제로 합의했다.

유지보수팀

선박이 목적지에 도착한 후, 지상의 유지보수 팀은 선박의 전체적인 정비와 보수를 통해 다음 항해를 준비한다. B2B 영업에서 수주 이후 성공적인 프로젝트가 완료되면 시스템이 중단 없이 잘 가동되도록 유지보수 팀이 모니터링 하고 예비 점검을 해야 한다. 이를 통해 고객 만족도를 제고하고 지속적인 관계를 유지해야 한다.

'단독 범선' 스타일의 영업사원은 계약서에 서명하는 순간 모든 역할이 끝났다고 생각한다. 하지만 '선장'은 이때부터가 진짜 시작임을 안다. 그는 선박이 목적지에 안전하게 정박하도록 돕고, 고객이 예상치 못한 난관에 부딪혔을 때 가장 먼저 달려와 문제를 해결해 주는 '총괄 책임자'의 역할을 수행한다.

9장

예상치 못한 폭풍우를 대비하자

항해 중에는 예상치 못한 폭풍우가 언제든 발생할 수 있다. 이미 모든 것이 결정된 것 같았던 프로젝트가 갑자기 변경되거나, 고객사의 의사결정자가 갑자기 바뀌거나, 경쟁사에서 파격적인 제안을 들고 나타나기도 한다. 이러한 순간에 '선장'의 의사결정에 따라 항해가 지속되거나 좌초한다. 대부분 아래 3가지 종류이 폭풍우를 경험한다.

첫째, 기술적 오류가 발생할 수 있다.

계약이 성사되고 솔루션이 도입되는 과정에서 선박의 엔진에 문제가 발생하는 것이다. 기술적 오류가 발생하는 경우이다. 이때 가장 중요한 것은 신속하고 투명한 소통이다. 문제가 발생하면 즉시 고객에게 상황을 알리고 '긴급 상황 모드'로 전환한다. 모든 선원들은 비상대기를 하면서 선장의 지시를 기다린다. 선장은 기관사, 갑판장 등 가장 적합한 전문가를 즉시 투입하여 원인 파악과 해결책을 찾는다. 그러면서 고객에게 진행 상황을 실시간으로 알리면서 문제를 해결하기 위해 총력을 다하고 있음을 보여 주어야 한다. 예를 들어 "오류의 근본 원인은 A이며, 해결책으로 B를 시도하고 있습니다. 예상 완료 시점은 오늘 오후 6시입니다"처럼, 진행 상황을 주기적으로 업데이트하며 고객과의 연결을 유지해야 한다. 상황 종료시에는 원인, 해결 내용, 그리고 재발 방지 대책을 전체적으로 정리하여 보고하여야 한다.

둘째, 고객사의 내부 상황이 크게 바뀔 수 있다.

고객사 의사결정자가 바뀌거나, 예산이 갑자기 삭감되는 경우도 있다. 난감하다. 선장에게 여러가지 큰 도전 중 하나이다. 이럴 경우에는 항로가 바뀔 수도 있다. 목적지를 다시 확인해야 한다.

즉, 새로운 담당자를 만나 그들의 비즈니스 목표와 니즈를 다시 파악해야 한다. 기존의 제안내용이 바뀔 수도 있기 때문이다.

셋째, 경쟁사가 파격적인 제안을 하는 경우이다.

경쟁사가 저렴한 가격으로 판을 흔들 때, '단독 범선'은 가격을 깎는데만 집중하지만, '선장'은 이때 가격 경쟁이 아닌 가치 경쟁으로 판을 바꾸려고 한다. "저희 솔루션은 초기 비용은 조금 높을 수 있지만, 3년 간의 총 운용비용을 계산해 보면 오히려 저희 비용이 훨씬 저렴합니다." "도입부터 운영, 사후 관리까지 모든 과정에서 최고의 전문가들을 일정 시간 상주시키고 본사의 최고의 기술진들과 'Hot Line'을 열고 문제 발생 시 즉시 대응할 것이고, 그 분들이 분기에 한번씩 방문하여 기술 교류회를 가지면서 미래를 준비하도록 하겠습니다."와 같은 가격 정면 대응이 아닌 프레임을 바꿔서 대응하는 것이다. 고객의 눈앞에 있는 가격이 아닌, 미래에 발생하는 비용까지 고려하는 방법이다. 그리고 리스나 '사용 후 지불' 등 여러 가지 방법을 생각할 수 있다.

이러한 돌발 상황을 단순히 '골치 아프고 성가신 문제'라고 생각하면 제대로 된 대응 방안을 만들기 쉽지 않다. 오히려 고객에게 우리 팀의 진정한 역량을 증명하고, 더욱 깊은 신뢰를 구축할 수 있는 기회로 생각해야 한다. 선장은 리더이다. 유연성과 용기를 가지고, 모든 팀원들을 조율하여 예상치 못한 폭풍우를 극복하고 항구에 성공적으로 도착해야 한다. 위기를 비즈니스 기회로 만드는 것. 이것이 바로 위대한 영업대표가 가져야 할 역량이다.

지금까지 우리는 B2B 영업대표가 단순히 제품을 파는 사람이 아니라, 복잡한 비즈니스 환경 속에서 다양한 전문가들을 조율하는 선장임을 살펴보았다. 기술 전문가의 섬세한 항해, 재무와 법률팀의 견고한 엔진, 그리고 프로젝트팀과 유지보수팀의 완벽한 정비까지, 모든 항해는 선장의 뛰어난 리더십 아래서 완성된다.

이제 성공적인 '선장'이 되기 위해 갖춰야 할 필수적인 역량들을 알아보자.

첫째, 통찰력과 공감 능력이다. 훌륭한 선장은 눈에 보이는 파도 너머 바다의 흐름을 읽어야 한다. 마찬가지로 영업대표는 고객이 말하는 요구사항 너머에 있는 숨겨진 비즈니스 문제를 파악해야 한다. 고객이 경쟁사의 성공 사례를 언급하며 "우리도 똑같은 솔루션을 원한다"고 말한다면 고객의 진짜 의도는 '증명된 안정성'일 수도 있다. 또한 회사 내부 팀원들의 입장과 고충에 공감하는 능력도 필수적이다. 기술팀의 야근, 재무팀과 법률팀의 까다로운 절차, 마케팅팀의 자료 부족 등 모든 팀의 현실을 이해하고 존중해야만, 그들의 진심 어린 협력을 이끌어 낼 수 있다. 그 직원들은 나 말고도 많은 영업대표들을 상대한다는 것을 잊으면 안 된다.

둘째, 유연성과 용기이다. 거친 바다에서는 예상치 못한 변수가 언제든 발생할 수 있다. 엔진이 멈출 수도 있다. B2B 영업도 마찬가지이다. 예상치 못한 기술적 문제, 갑작스러운 경쟁사의 등장, 고객사의 내부 의사결정 번복 등 수많은 변수가 존재한다. 이때 영업대표는 유연하게 대처하며, 모든 문제에 대해 책임을 지겠다는 용기를 보여줘야 한다. 어차피 '영업'이 책임진다. 문제 해결을 프로젝트팀에 미루거나, 가격 문제를 재무팀 탓으로 돌리는 것은 '단독 범선'의 변명일 뿐이다. 선장은 선박과 항해의 모든 문제를 책임지게 되어 있다.

셋째, 소통으로 모든 팀을 하나로 엮는 역량이다. 선박의 모든 선원이 아무리 유능해도, 서로 다른 방향을 향한다면 배가 산으로 간다. 영업대표는 끊임없는 소통을 통해 모든 팀원들을 한 방향을 향하게 해야 한다. 고객에게는 '하나의 목소리'를 내야 하고 이를 위해서는 선장은 기술, 재부, 마케팅, 프로젝트 및 유지보수팀 등 각 팀의 언어를 이해하고, 이를 고객의 언어로 재구성하여 전달하는 능력이 필요하다.

훌륭한 영업대표는 위 세가지 역량을 가지고 모든 팀원들이 그들의 역량을 100% 발휘하게 만드는 '선장'인 것이다.

PART 3

높이 나는 새가 넓게 멀리 본다

10장

좁은 시야의 함정

B2B 세일즈 세계에서 단기적인 성과는 매우 강력한 중독성을 가지고 있다. 하나의 딜 규모가 수억, 수십억 원에 달하기 때문에, 그 성취감이나 패배감은 마음속에 커다란 자부심이나 깊은 상처를 준다. 나역시 매 분기, 매년 성취감을 느끼고 싶었고, 많은 인센티브를 받고 싶었다. 그런데 단기적인 성과를 쫓다 보니 놓치는 것들이 많았음을 알게 되었다.

사례: '제품 스펙' 딜

한 대형 고객사에 네트워크 장비 딜을 진행했다. 고객사가 요구하는 기술 스펙에 완벽히 부합하는 제품을 제시하며 '기능'과 '성능'으로 승부했다. "저희 제품은 경쟁사 대비 속도가 10% 더 빨랐고, 안정성도 뛰어납니다". 이러한 스펙의 우수성을 끈질기게 어필했고, 결국 딜을 성사시켰다. 그런데 제품이 설치되고 얼마 후, 고객사는 타 경쟁사로부터 장비 운영을 자동화하고 관리 효율성을 높여 줄 수 있는 '소프트웨어 솔루션'을 구매하였다. 나는 당황했다. "아니, 저희도 그 솔루션이 있는데, 왜 저희에게는 기회를 안 주고 경쟁사 제품을 구매하셨나요?"

고객은 "이런, 몰랐네요. 그 솔루션은 다른 회사만 가지고 있는 줄 알았죠. 한참 전부터 솔루션 전문회사와 데모도 하고 PoC도 하고 있었는데 왜 모르셨어요?"라고 말했다. 나는 고객이 던져준 '제품 스펙'이라는 틀 안에 갇혀, 그들의 추가적인 문제를 보지 못했던 것이다. 솔루션을 가지고 있으면서도 팔지 못한 것이다.

왜 이렇게 좁은 시야의 함정에 빠졌는지 생각해 보자.

첫째, '오만한 생각이다'. 한때 나의 유일한 영업의 가치는 '목표 달성'이었다. 오직 그 목표를 위해 밤낮없이 달렸고, 딜을 수주하면서 잔난 체하면서 지냈다. 하지만 고객사가 원하는 것은 우리의 상품이나 서비스가 아닌, 고객의 성공이었다. 고객의 비즈니스 문제를 우리가 제공하는 솔루션을 통해 해결하고 고객이 만족해야만 영업의 성공이라는 것을 깨달았다.

한때 촉망받던 프로그래머였던 한 후배가 있었다. 그는 대학 시절부터 뛰어난 코딩 실력으로 유명했다. 입사 후에도 오직 코딩 역량 향상에만 몰두했다. 매일 밤낮으로 새로운 프로그래밍 언어를 익히고, 복잡한 알고리즘을 파고들었다. 그의 실력은 회사에서도 정평이 나 있었고, 많은 사람들이 그를 '천재'라 불렀다. 그러나 문제는 팀워들과 소통이 안되는 것이었다. 회의 시간에는 자신의 의견만 고집했고, 다른 동료들의 아이디어를 무시하기 일쑤였다. 공동의 목표를 달성하기 위해 서로 협력하는 팀워크의 가치를 이해하지 못했다. 그의 탁월한 개인 역량(사실 코딩 역량임)에도 불구하고 팀 프로젝트는 번번이 이려움을 겪었다. 그의 코드는 완벽했지만, 다른 팀원들의 코드와 유기적으로 결합되지 못했고, 그의 독단적인 행동은 팀 분위기를 해쳤다. 회사 내에서 그는 '기술은 뛰어나지만 함께 일하고 싶지 않은 사람'으로 낙인 찍혔고, 중요한 프로젝트에서 점차 소외되기 시작했다. 그 후배는 자신의 코딩 능력이라는 '오만함'에 갇혀, 관계의 중요성이나 협업의 가치를 모르는 함정에 빠져 있던 것이다.

둘째, '내 입장'만의 함정이다. 가족이나 친구와의 관계에서도 우리는 종종 '내가 옳고 너는 틀리다'는 이분법적 사고에 갇히곤 한다. 경험상, B2B 세일즈에서도 마찬가지였다. 고객사와의 계약에서도 고객이 특정한 조건을 요구하는 경우가 많다. 그런데 그 조건들이 우리 회사의 정책과 상충되어 '우리 회사의 입장'을 고수하다 보니, 계약이 늦어지고 프로젝트에 악영향을 끼친 적이 있다. '고객의 입장'을 우선 순위로 두었다면 분명 새로운 돌파구를 찾아냈을 것이다. '내 입장'을 먼저 생각하는 좁은 시야는 상대방의 입장을 보지 못하게 만들고, 이로 인해 소중한 관계들을 잃게 된다.

현재의 '구글'이 존재하지 않을 수도 있었다. 1990년대와 2000년대 초반, 야후는 인터넷 포털 시장의 절대 강자였다. 야후는 뉴스, 이메일, 채팅 등 다양한 서비스를 제공하는 '포털'로서의 정체성에 매우 강한 자부심을 가지고 있었다. 그러던 중, '검색'이라는 단일 기능에 집중한 구글이라는 신생 기업이 등장했다. 구글이었다. 구글의 창업자 래리 페이지와 세르게이 브린은 자신들의 검색 기술을 '야후'에 팔고 싶어 했지만, 야후는 그 제안을 거절했다. 당시 '야후'의 경영진은 "사람들은 단지 검색만 하고 싶어 하지 않는다. 야후처럼 다양한 정보를 한 눈에 볼 수 있는 포털을 원한다"는 입장을 고수했다. 그들은 검색 엔진이 인터넷의 핵심이 될 것이라는 미래를 전혀 예측하지 못했고, 자신들의 '포털 중심' 사고방식에 갇혀 있었다. 결국 야후는 '구글'이 검색 시장을 완전히 장악하는 것을 속수무책으로 지켜봐야 했다. 검색 시장에서 밀린 야후는 이후에도 방향을 잡지 못하고 여러 사업에 손을 댔지만, 예전의 명성을 되찾지 못하고 몰락의 길을 걸었다.

셋째, 고객의 성공보다 '딜 계약'과 연봉에 집중하는 함정이다. 당연히 '딜'에 집중해야 한다. 그러나 고객의 성공은 '딜 하나'가 결정하는 것이 아니고 '전체 솔루션'이 결정한다. 고객이 성공하면, '딜들(전체 솔루션)'이 많을 것이고, 그러면 당연히 인센티브나 연봉도 많아진다.

'넷플릭스'는 직원들에게 연봉 협상이나 인센티브에 집중하기보다, '최고 수준의 성과를 내는 인재'가 되라고 끊임없이 강조하고 있다. 넷플릭스의 인재 관리 철학은 "적절한 보상(Adequate Pay)이 아닌, 업계 최고 수준의 보상(Top of Market Pay)을 지급한다"는 것이다. 이 원칙은 직원들이 자신의 가치를 증명하기 위해 돈을 쫓아 이직을 고민하는 대신, 현재 회사에서 자신이 맡은 일에 최선을 다해 탁월한 가치를 창출하도록 유도한다. 돈에 초점을 맞추지 않고, 오직 자신의 역량과 성과를 높이는 데 집중하면, 회사는 그에 상응하는 최고 수준의 보상을 알아서 제공하겠다는 것이다. 이로 인해 넷플릭스 직원들은 단기적인 연봉 협상에 매달리기보다, 자신의 전문성을 키우고 탁월한 성과를 내는 데 몰입할 수 있는 것이다.

시야를 확장하는 방법들

시야를 넓히기 위해서는 의식적인 노력이 필요하다. 단순히 더 많은 것을 '보는' 행위를 넘어, 더 넓은 관점에서 세상을 '이해'하는 능력을 키워야 한다. 하루아침에 이런 능력이 생기지 않는다. 생각하는 틀을 바꿔야만 가능한데 그 틀은 아래와 같은 방법들로 바꿀 수 있다. 기본적으로 생각의 틀은 반복적인 훈련에 의해 바뀐다.

첫째, 새로운 경험을 즐기는 것이다. 안정적이고 익숙한 환경은 편안함을 주지만, 시야를 좁히는 원인이 되기도 한다. 새로운 곳으로 여행을 가거나, 평소 해 보지 않던 새로운 취미를 경험하거나, 다른 직무를 경험해 보는 등 스스로를 낯선 환경에 노출시키려 노력하고 그것들을 즐겨 보자. 가 보지 않은 등산 코스, 낯선 도시로의 여행, 목적지 없이 해변가를 걷다가 해가 떨어지면 가 본 적 없는 민박집에서 하룻밤 머물기, 멀리 떨어진 시골의 오일장 구경하기, 안 해 본 운동하기, 아이쇼핑 등을 해 보자. 난 이제 이러한 새로운 경험을 혼자서도 잘 즐긴다. 그냥 배낭 하나 메고 버스 종점에서 또 다른 버스를 타기도 한다. 문득 생각나면 대학로 마로니에 광장을 찾아 버스킹 공연을 관람하기도 한다. 배우들의 리얼한 연기를 실시간으로 볼 수 있는 연극도 종종 즐긴다. 뭐든 새로운 경험에 도전해 보자. 분명 몰랐던 새로운 내용으로 여러분의 뇌가 살아 움직일 것이다. 회사에서는 세일즈 이외에 마케팅, 전략 기획, 그리고 아시아태평양 지역본부에서 일한 적도 있다. 다양한 나라의 직원들과 같이 일하다 보니 그들의 다양한 문화를 알게 되고 우리와 다른 사고 방식도 알게 되었다. 나와 생각이 다르다고 해서 그들이 '틀린 것이 아니고 다른 것이다'를 일찌감치 깨닫게 되었다.

둘째, 독서이다. 시공간을 초월해 수많은 사람들의 경험과 지혜를 흡수하는 가장 강력한 도구이다. 직접 경험하지 못한 수많은 경험들이 담겨 있다. 당연히, 익숙한 분야의 책만 읽는다면 시야 확장에 큰 도움이 되지 않는다. 특정한 분야의 지식이 깊어질 뿐이다. 과거 나는 오랫동안 자기계발서와 경제 서적을 많이 읽어 왔다. 어느 날 서점에서 우연히 뇌과학에 관한 책을 읽게 되었고, 인간의 행동과 심리에 대한 내용들이 눈에 들어오기 시작했다. 이후 나는 심리학, 역사학 등 다양한 분야의 책을 읽기 시작했다. 덕분에 복잡한 비즈니스 문제를 해결할 때 사람들의 심리를 더 정확하게 파악하려고 했고 효과가 있있다. 그리고 과거의 사건이나 사실들을 통해 내가 고민하는 문제를 대입하여 성찰해 보기도 하였다. 과거의 교훈들이 현재에도 적용할 수 있는 내용들이 많다.

셋째, '왜?'라는 질문을 습관화하자. '왜'라는 질문은 어떤 문제나 현상의 표면적인 증상을 넘어 문제의 근본 원인을 파악하게 도와준다. 문제의 본질을 이해하고 사고력을 키움으로써, 기존의 틀을 벗어나 새롭고 효과적인 해결책을 찾을 수 있는 능력을 길러 준다. 미국에 있는 토머스 제퍼슨 기념관의 대리석이 심하게 부식되는 문제가 발생했다. 방문객의 불만이 제기되었고, 비둘기 똥이 원인이라고 생각하여 비둘기에게 먹이를 주는 것을 금지하는 등의 조치를 취했지만, 문제는 해결되지 않았다. 기념관장이 '왜?'라는 질문을 반복하며 문제의 근본 원인을 찾기 위해 '5 왜(5 Why)' 기법을 적용했다. 마침내 근본 원인을 발견하였고 문제를 해결했다.

'왜' 대리석이 부식되는가? → 비둘기 때문이었다.

'왜' 비둘기가 심각한 문제를 일으키는가? → 많은 비둘기가 기념관 주변에 모여서 똥을 싼다.

'왜' 비둘기가 기념관 주변에 모이는가? → 야간에 기념관이 비춰지면서 곤충들이 모이고, 곤충을 먹으러 비둘기가 찾아온다.

'왜' 야간에 기념관이 비춰지는가? → 조명 때문이다.

'왜' 조명을 켜 두는가? → 밤에 빛을 켜 두는 것이 상징적 의미가 있다고 생각했다.

결국 조명 시간을 늦추는 것으로 이 문제를 해결했다. 이처럼 '왜?'라는 질문을 반복해서 던지는 과정을 통해 표면적인 해결책이 아닌 근본적인 원인을 찾아 문제를 해결할 수 있었다.

넷째, 다양한 사람들과 '의도적으로' 연결하자. 우리는 보통 비슷한 직업, 관심사, 배경을 가진 사람들과 어울린다. 하지만 시야를 넓히려면 의도적으로 다른 부류의 사람들과 교류하는 것이 중요하다. 다른 분야의 전문가, 다른 세대, 다른 문화를 가진 사람들과 교류하면, 내가 미처 생각하지 못했던 새로운 관점과 아이디어를 얻을 수 있다.

다행히 내가 담당하는 고객들은 다양한 산업 분야에 분포되어 있었다. 제조, 금융, 서비스, 유통, 관공서 등 다양한 분야에 있었고 덕분에 많은 산업에 종사하는 사람들과 친분을 맺었고, 서로 다른 관점과 생각들도 알게 되었다. 그리고 고객들을 서로 연결해 주는(내가 연결 고리가 되어) 모임들을 주선했고 고객들의 반응이 아주 좋았다. 평소 생각하지 못했던 관점에서 서로를 이해하다 보니 각 산업의 정보와 새로운 아이디어들을 서로 공유하는 계기가 된 것이다.

내가 마케팅 팀장이었을 때는, 우연히 비영리 단체에서 자원봉사를 하게 되었는데, 그곳에서 사회복지사, 예술가, 환경 운동가 등 다양한 사람들을 만났다. 이들과의 대화를 통해 광고 위주의 브랜드 마케팅에서 벗어나 '사회적 가치'를 창출하는 마케팅의 가능성을 발견하였고, 이후 그는 사회적 캠페인을 마케팅에 접목하기도 하였다.

넓게 보는 세일즈

오직 고객의 요구사항(RFP)에만 집중하는 세일즈맨은 고객이 진짜로 원하는 숨겨진 니즈를 놓치기 쉽다. 고객이 "A 제품을 사고 싶어요"라고 말할 때, A 제품을 파는 데만 몰두하면 고객이 왜 A를 원하는지, A 외에 다른 더 좋은 해결책은 없는지 파악하지 못한다. 이는 결국 가격 경쟁의 덫에 빠지거나, 고객에게 최적의 솔루션을 제공하지 못해 딜을 놓치는 결과를 낳는다.

세일즈맨이 구체적으로 어떻게 시야를 확장할 수 있는지 살펴보자.

첫째, 시장의 흐름을 읽는 큰 그림을 읽어야 한다. 대부분의 세일즈맨은 눈앞의 경쟁사와 고객만 본다. 진정한 고수는 그 너머를 본다. 바로 시장 전체의 흐름과 미래를 읽는 '큰 그림'이다. 고객이 속한 산업이 어떤 방향으로 나아가고 있는지 이해하면, 고객에게 단순히 '제품'을 파는 것이 아니라 '미래를 대비하는 솔루션'을 고민할 수 있다.

사례:

한 중소기업의 IT 솔루션 세일즈맨은 자신의 회사 제품이 업계 최고라고 자부하고 있었다. 이미 많은 고객이 그 회사의 제품을 사용하고 있었다. 자신만만했다. 고객 미팅에서도 오직 제품의 기능과 성능을 강조했다. 그런데 고객은 "클라우드 기반의 솔루션도 있나요?" "인공지능을 접목할 계획은 없나요?"라는 질문을 던졌다. 당연히 준비를 하지 못한 이 세일즈맨은 질문에 명확하게 답하지 못했다.

반면, 경쟁사 A사의 세일즈맨은 달랐다. 그는 매일 산업 보고서를 읽고, 관련 기술 뉴스를 꼼꼼히 챙겼다. 그는 인공지능과 빅데이터 기술이 곧 제조 산업의 생산성을 혁신적으로 바꿀 것이라는 확신을 가졌다. 그는 고객을 만날 때 단순히 제품을 설명하는 대신, "미래의 공장은 데이터 기반으로 운영될 것입니다. 지금 저희 솔루션은 클라우드와 AI로의 전환이 가장 용이한 솔루션입니다. 미래의 기술 변화에 대비하는 발판으로 삼을 수 있습니다."라고 말했다. 고객은 A사의 솔루션이 구축과 더불어 미래에 대한 투자를 하는 것처럼 느꼈다. 그는 제품의 기능에만 갇히지 않고, 시장 전체의 흐름을 읽는 넓은 시야 덕분에 계약을 할 수 있었다.

둘째, 경쟁사를 꿰뚫어 보는 '전략적' 분석이다. "경쟁사를 이기는 가장 좋은 방법은 경쟁사보다 더 좋은 제품을 제안하는 것이다"라는 말은 절반만 맞다. B2B 세일즈에서는 고객에게 '경쟁사보다 더 나은 가치'를 제공하는 것이 더 중요하다.

사례:

한 기업용 소프트웨어 세일즈맨은 경쟁사가 자사보다 훨씬 비싸다고 생각했다. 그는 고객에게 "저희 제품은 성능이 뛰어나면서도 가격이 저렴합니다!"라고 강조했다. 하지만 고객은 오히려 경쟁사의 비싼 제품을 선택했다. 왜? 그는 경쟁사의 숨겨진 강점을 놓치고 있었다. 그는 경쟁사의 제품이 비싼 대신, 압도적인 사후 서비스와 기술 지원을 제공한다는 사실을 몰랐었다. 고객은 초기 비용이 비싸더라도 문제 발생 시 빠르게 해결해 주며 새로운 소프트웨어 출시 시 무료로 업그레이드를 제공하는 경쟁사에게 더 점수를 주었던 것이다.

셋째, 고객사의 숨겨진 '내부 환경' 분석이다. B2B 세일즈에서 계약은 한 명의 결정권자에 의해 이루어지지 않는다. 여러 부서의 이해관계자들이 복잡하게 얽혀 있다.

사례:

한 물류 솔루션 세일즈맨은 고객사의 구매 담당자와 매우 좋은 관계를 유지하고 있었다. 그는 구매 담당자가 원하는 조건을 모두 맞춰 주었고, 계약은 거의 성사 직전이었다. 하지만 마지막 단계에서 계약이 무산되었다. 그는 'IT 부서의 반대'라는 결정적인 장애물을 놓치고 있었다. IT 부서의 담당자는 새로운 솔루션이 기존 시스템과 호환되지 않고 보안 문제에 취약하다고 판단했다. 이 솔루션이 도입되면 자신들의 업무 부담이 가중될 것이라고 우려했던 것이다. 이 세일즈맨은 구매 담당자에게만 소통하며 IT 부서의 존재를 간과했고, 그들의 우려를 해소하려는 노력조차 하지 않았다.

반면, 경험 많은 경쟁사 베테랑 세일즈맨은 달랐다. 그는 구매 담당자뿐만 아니라 IT 부서, 재무팀, 심지어 최종 의사결정권자까지 만나며 노력했다. 그는 각 부서의 숨겨진 니즈와 우려를 파악했다. IT 부서에는 "기존 시스템과의 완벽한 호환성을 보장하고, 저희 전문가가 이미 테스트를 완료하였습니다."라고 말했다. 재무팀에는 "초기 비용은 높지만, 3년 후에는 운영 비용이 획기적으로 절감됩니다"라며 장기적인 이점을 강조했다. 당연 계약이 성사되었다.

이처럼 좁은 시야의 함정에서 벗어나는 것은 결코 쉬운 일이 아니고 부단한 노력이 필요 하다. 하지만 일단 습관화되면 여러분은 이미 '세일즈맨'이 아니고 '세일즈 리더'로 성장하고 있는 것이다. 넓은 시야는 문제를 통찰하는 힘, 새로운 기회를 발견하는 능력, 그리고 타인과 진정으로 공감하는 힘을 얻게 해 준다.

11장

전략과 기획의 힘

조금 더 정교하게 넓게 멀리 보려면 전략과 기획이 필요하다. 넓게 멀리 봤으면 목적지에 도착하기 위해서 무엇을, 어떻게, 언제, 누가, 어느 영역에서, 왜 하는지 계획을 세워 실행해야 한다. 회사차원의 전략과 기획은 매우 중요하다. 회사의 중장기 전략 수립, 신규사업 검토, M&A, 해외협력 및 직접 진출, 대규모 시설투자 등은 어느 누가 혼자서 결정할 사항이 아니고 시장 및 고객 분석, 경쟁 분석, 기술 트렌드, 산업 분석, 수요 예측, 사업현황 분석 등 엄청난 조사업무가 필요하고 다양한 시나리오와 ROI 분석이 수반되는 큰 프로젝트 형태로 대표이사와 관련 임원진들 모두가 참가하여 진행된다.

영업 차원에서도 전략과 기획은 반드시 필요하다. 특히 세일즈를 담당하고 있는 영업대표는 대고객, 그리고 내부의 여러 팀들과의 협업을 통해 개인의 성과가 나타나므로 매일 매일 전략과 실행 진도를 체크하고 필요시 전략을 수정하고 기획도 수정해야 한다.

전략과 기획의 차이

전략(Strategy)은 "왜(Why) 우리가 이 일을 해야 하는가?"에 대한 사명을 먼저 정의하고 단·장기적으로 기업(또는 나의 영업)의 목표 달성을 위해서 나아가야 할 큰 방향을 설정하는 것이다. 전략은 시장, 경쟁 환경, 시장의 트렌드, 수요 예측, 기술 변화, 내부 역량 등을 종합적으로 분석하여 한정된 자원을 효과적으로 배분하는 것에 초점을 둔다. '전쟁에서 이기기 위한 큰 그림'과 같다고 할 수 있다.

기획(企劃, Planning)의 사전적 의미는 '일을 꾀하여 계획(計劃)'하는 것이다. 쉽게 풀어 쓰면 "언제(When) 무엇을(What) 얼마의 비용(Cost, Investment)으로 어떻게(How) 할 것인가?"에 대한 구체적인 실행 방안을 준비하는 활동이다. 전략을 실행 가능한 계획으로 구체화하고, 세부적인 목표, 일정, 예산, 실행 주체 등을 결정한다. 기획은 전략에서 설정한 방향을 현실로 만들기 위한 실무적인 단계로, '전쟁에서 승리하기 위해 병력을 언제, 어디로 이동시키고, 어떤 무기를 사용할지'를 정하는 것과 비슷하다. 전략이 올바른 방향을 제시했다면, 기획은 그 방향으로 나아가기 위한 상세한 도로들을 만드는 것이다.

따라서 전략과 기획은 떼려야 뗄 수 없이 한 몸이 되어야 한다. 그래서 많은 회사들이 '전략 기획'이라는 명칭을 함께 붙여서 사용한다. 전략만 세우고 실행을 하지 않으면 전략을 세울 필요가 없다.

전략 기획 담당자에게 필요한 역량은 크게 다섯 가지로 정리할 수 있다.

첫째, 분석적이고 논리적 사고이다. 단순히 보이는 현상만 보는 것이 아니라, 다양한 정보를 바탕으로 복잡한 상황을 정확하게 이해하고 분석하여 올바른 통찰(Insight)을 도출해 내야 한다. 그리고 문제의 근본 원인을 파악하고 해결 가능한 방법들을 찾아내는 논리적 사고가 필요하다.

둘째, 창의적 사고이다. 먼저 과거의 경험이나 기존 관념에 얽매인 사고에서 벗어나야 한다. 현장에서 나오는 정보에 민감히고, 대다수가 인정하는 논리를 반대로 생각해 보는 역발상도 필요하다. 급변하는 시장 환경에서 남들이 보지 못하는 새로운 기회를 발견해야 한다.

셋째, 실행력이다. 아무리 좋은 전략이라도 실제 행동으로 옮기지 않으면 의미가 없다. 구체적인 목표와 계획을 세우고, 목표를 달성하기 위헤 포기하지 않고 끈기 있세 추신하는 힘이 필요하다.

넷째, 커뮤니케이션 능력이다. 어찌 보면 가장 중요한 능력이다. 복잡하고 어려운 전략을 쉽게 이해하고 공감하도록 명확하게 전달하는 능력이다. 소통을 통해 모두가 한 방향을 바라보게 만들어야 한다. 그래야 실행력을 확보할 수 있다.

다섯째, 리더십이다. 팀원들에게 비전을 제시하고 동기를 부여하며, 변화를 주도적으로 이끌어 가는 능력이다. 리더십을 통해 조직 전체가 전략을 성공적으로 실행하도록 이끌 수 있어야 한다.

그런데, 위의 5가지 역량을 잘 살펴보면 B2B 세일즈에 필요한 역량들과 일치한다. 그렇지 않은가? 시장 고객 경쟁 분석을 위한 분석적 사고, 협상 과정이나 솔루션을 제안 시 교착 상태에서 새로운 시도로 빠져나오려는 창의적 생각, 고객과의 약속을 지키고 가치를 제공하기 위한 실행력, 고객 앞에서는 회사를 대표하고 회사 내부에서는 고객을 대표해서 소통을 해야 하는 소통 능력, 계약을 수주하고 프로젝트를 성공리에 끝내며 새로운 고객 및 시장을 개척하는 리더십. 공교롭게도 전략 및 기획자가 가져야 할 역량이 B2B 세일즈가 가져야 할 역량과 대부분 겹친다. 뒤집어 생각해 보면 세일즈는 기본적으로 전략가이다.

글로벌 기업의 전략은 어떠할까? 대부분 글로벌 기업의 큰 그림과 전략은 본사 차원에서 이루어지고 완성된다. 미국이 본사인 회사(IBM, HP)들은 가장 시장이 큰 미국 시장과 미국 고객을 대상으로 전략을 세운다. 그리고 뼈대가 완성되면 각 나라의 지사나 리전(Region 아시아, 유럽 등)의 피드백을 받아서 전략을 확정한다. 크게 보면 한국의 IT 시장은 평균적으로 본사 총 매출액의 2~3%를 차지한다. 소규모이다. 이 말은 한국 시장과 고객의 상황이 본사의 전략 수립에 거의 영향을 미치지 않는다는 얘기이다. 즉, 본사에서 수립된 전략을 대부분한국에서 수용하고(당연 필요한 부분은 약간의 수정이 있을 수도 있

다) 지사에서는 사실상 기획의 단계로 바로 간다. 나라마다 지역마다 문화와 환경이 다르다 보니 기획은 다를 수밖에 없다. 예를 들어, 어느 나라는 광고를, 어느 나라는 컨퍼런스 등 이벤트를, 어느 나라는 온라인과 e-Mail을 중점적으로 마케팅 캠페인을 디자인할 수 있다. 즉, 로컬(각 국가)은 기획력이 중요하다.

그러나 고객을 상대로 하는 영업 전략은 다양할 수밖에 없다. 고객의 현 수준, 규모, 사업의 특성, 시장의 변화 등에 따라 접근 방법이 다르기 때문이다. 당연히 본사에서 추진하는 전략이 특정 고객군들에게는 적합하지 않을 수 있다. 어느 고객은 해당 산업의 법규 때문에 클라우드 시스템을 도입할 수 없고, 어느 고객은 Data의 정확성이 확보되지 않으면 AI를 활용할 수 없을 수도 있다. 고객에 대한 전략 수립은 순전히 영업대표의 가장 중요한 임무이다.

딜 클로저(Deal Closer)를 넘어 전략가가 되자

B2B 세일즈에서 성공을 논할 때, 우리는 흔히 '계약을 살 따내는 능력'을 생각한다. 하지만 단기적인 성과에만 매달리는 '딜 클로저'는 언젠가 한계에 부딪힌다. 진정으로 지속 가능한 성장을 만들어야 하고, 팀을 이끄는 리더로 성장하기 위해서는 '전략가'의 시각을 가져야 한다.

그렇다면 세일즈의 '전략'과 '기획'은 무엇인가?

- 전략(Strategy): 시장의 상황과 예상되는 변화, 경쟁사의 움직임, 새로운 기술 및 트렌드, 회사의 강점 약점, 외부의 기회와 위협 등을 분석하여 과연 '어떤 고객군을 공략할 것인가?', '어떤 제품이나 서비스를 주력으로 어떤 가치와 혜택을 제공할 것인가?'와 같은 큰 그림을 그리는 것이다.
- 기획(Planning): '어떻게 전략을 실행할 것인가?'에 대한 구체적인 행동 계획(Action Plan)을 세우는 일이다. 전략이라는 큰 방향이 정해지면, 이를 달성하기 위해 '이번 달에는 어떤 고객을 만나고, 어떤 자료를 준비하며, 어떤 순서로 제안할 것인가?'를 세부적으로 준비해야 한다.

결국, 전략 없이 기획만 하는 것은 목적지 없이 도로를 만드는 것과 같고, 기획 없이 전략만 세우는 것은 목적지는 정해졌는데 도로가 없는 것과 같다. 전략과 기획은 수레의 양바퀴처럼 함께 움직여야 한다.

전체적인 시장 및 기회 분석 방법들

영업대표는 고객이 요청하는 것에 대해 반응하는 수동적인 존재가 아니라, 시장의 흐름을 먼저 읽고 고객에게 새로운 가치를 제시할 수 있는 '선도자'가 되도록 노력해야 한다. 당연히 고객이 시장과 관련된 모든 세세한 정보들을 영업대표 보다 더 많이 알고 있겠지만(꼭 그렇지만은 않다) 최소한 서로 대화가 가능한 수준이 되어야 한다. 이를 위해서는 산업 보고서, 기술 트렌드, 정부 정책 변화, 매크로 경제 현황 등 거시적인 데이터를 먼저 분석할 줄 알아야 한다. 아래의 것들이 대부분의 회사에서 많이 사용하는 방법들이고 나 역시 이러한 분석등을 활용하는 방법을 배웠다.

PESTLE 분석

Political(정치), Economic(경제), Social(사회), Technological(기술), Legal(법률), Environmental(환경) 요소를 분석하여 시장의 거시적 환경을 파악하는 방법이다. 미국의 트럼프 대통령의 횡보, 인플레이션, 고령화 저출산, AI/AR/VR, 노란봉투법, 지구 온난화 및 탄소배출 등 다방면으로 살펴보아야 한다.

P: 정치적 요인(Political)

정치적 요인은 정부 정책, 규제, 관세, 무역 협정 등이다. 예를 들어, 정부의 디지털 전환 및 지원 정책으로 정부가 공공 부문과 기업의 디지털 전환을 촉진하기 위한 보조금이나 세제 혜택을 제공하면, 클라우드 서비스나 데이터 분석 솔루션 도입이 가속화된다. 관련 IT 기업 입장에서는 새로운 시장 기회가 생기는 것이다. 또는 특정 국가 간의 무역 분쟁이나 고율의 관세 부과는 IT 하드웨어 공급망에 영향을 미쳐 서버, 네트워크 장비 등의 가격을 불안정하게 만들 수 있다. 이는 클라우드 서비스 비용 상승으로 이어질 수도 있다.

E: 경제적 요인(Economic)

경제 상황은 기업의 투자에 직접적으로 큰 영향을 미친다. 경기 침체기에는 기업들이 비용 절감을 최우선으로 고려하므로, 기존 IT 시스템을 클라우드로 전환하여 고정 비용을 줄이려는 경향이 강해질 수도 있다. 이는 클라우드 서비스 기업에게는 오히려 기회가 될 수 있다. 또는 인플레이션으로 IT 인력의 인건비가 상승하고, 환율 변동이 심하면 서버나 소프트웨어 라이선스 구매 비용이 불안정해진다.

S: 사회적 요인(Social)

사회적 문화적 트렌드는 기업의 업무 방식과 IT 솔루션 도입에 영향을 준다. 코로나19 팬데믹 이후 확산된 원격 근무 트렌드는 기업들이 화상회의, 협업 툴, 원격 보안 솔루션 등 클라우드 기반의 IT 솔루션을 적극적으로 도입하게 만들었다. 이는 코로나 기간 동안 B2B IT 시장의 성장을 견인한 핵심 요인이었다.

T: 기술적 요인(Technological)

기술 발전은 B2B 시장 자체를 끊임없이 변화시키고 있다. 생성형 AI(Generative AI) 기술은 기업의 마케팅, 고객 지원, 데이터 분석 등 다양한 업무를 자동화하고 있다. AI 기반 CRM(고객 관계 관리), RPA(로봇 프로세스 자동화) 챗봇 솔루션에 대한 수요가 대폭 증가하고 있다. 한편 클라우드 기술이 보편화되면서 데이터 처리 속도와 효율성을 높이는 엣지 컴퓨팅(Edge Computing) 기술이 주목받고 있다. 이는 자율주행, 스마트 팩토리 등 실시간 데이터 처리가 중요한 산업에서 새로운 시장을 창출하고 있다.

L: 법률적 요인(Legal)

법률적 요인은 데이터 관리 및 보안과 직결되며, 기업의 여러가지 준수 의무를 강화하고 있다. 유럽의 GDPR이나 미국의 CCPA와 같은 강력한 개인정보보호 규제는 기업들에게 고객사의 데이터를 안전하게 처리 보관 관리해야 하는 법적 의무를 부여한다. 이로 인해 데이터 보안 및 컴플라이언스(준법) 관련 솔루션 시장이 커지고 있다. 특허, 저작권, 영업 비밀 등 지식재산권 보호에 대한 법률이 강화되면서, 기업들은 개인정보(쿠팡의 개인정보 유출 사건 등의 영향), 라이선스 관리 및 지식재산권 침해 방지 솔루션 도입이 더욱 가속화되고 있다.

E: 환경적 요인(Environmental)

환경적 요인은 기업의 ESG(환경, 사회적 역할, 지배구조) 경영과 맞물려 IT 시장에 새로운 트렌드를 만들고 있다. 기업들은 사회적 역할, 지배구조 개선, 환경 보호 등에 많은 노력을 하고 있다. IT 관점에서 보면 에너지 효율이 높은 데이터센터를 찾고, IT 시스템 운영에 따른 탄소 배출량을 줄이려고 노력한다. 이는 그린 IT(Green IT) 솔루션, 예를 들어 전력 효율을 최적화하는 서버나, 재활용 가능한 IT 하드웨어에 대한 수요를 높이고 있다. 그리고 글로벌 기업들이 ESG 경영을 강화하면서, 협력사들에게도 지속 가능성 보고서를 요구하는 사례가 늘고 있다. 이에 따라 관련 데이터를 추적하고 관리하는 ESG 데이터 관리 솔루션이 새로운 시장으로 떠오르고 있다.

SWOT 분석

기업 내부와 외부 환경을 분석하고, '기업 내부의 강점(Strengths)과 약점(Weaknesses)', 그리고 '기업 외부의 기회(Opportunities)와 위협(Threats)'을 파악하여 전략을 수립하는 데 사용하는 분석 도구이다. 강점과 약점은 기업이 통제할 수 있는 내부 요인이고, 기회와 위협은 기업이 통제할 수 없는 외부 요인이다. 아래는 국내 클라우드 기반 데이터 분석 솔루션을 제공하는 B2B IT 기업의 사례이다.

클라우드 데이터 분석 솔루션 기업

• 강점(Strengths)

- 뛰어난 기술력: 대규모 데이터를 빠르고 정확하게 처리하는 독자적인 알고리즘 기술을 보유하고 있다. 이는 경쟁사가 쉽게 모방하기 어려운 핵심 경쟁력이다.
- 높은 고객 충성도: 특정 산업(예: 금융, 제조)에 최적화된 맞춤형 솔루션을 제공하여, 한 번 도입한 고객사들은 쉽게 이탈하지 않는다.
- 탄탄한 재무 상태: 안정적인 수익 구조를 바탕으로 기술 개발에 지속적으로 투자할 수 있는 충분한 자금을 확보하고 있다.

• 약점(Weaknesses)

- 높은 가격: 경쟁사 솔루션에 비해 가격이 비싸 중소기업 고객을 유치하는 데 어려움을 겪고 있다.

- 낮은 인지도: 대기업 위주의 영업 전략 때문에, 잠재적 고객층인 중소기업 시장에서는 브랜드 인지도가 낮다.
- 해외 진출 경험 부족: 아직 국내 시장에만 집중하고 있어, 글로벌 시장에서의 마케팅 및 현지화 노하우가 부족하다.

• **기회(Opportunities)**

- 빅데이터 및 AI 시장 성장: 모든 산업에서 데이터 분석의 중요성이 커지면서 시장 자체가 폭발적으로 성장하고 있다.
- 정부의 AI 전환 정책: 정부가 중소기업의 AI 전환을 돕기 위해 다양한 보조금 사업을 펼치고 있다. 이는 새로운 고객층을 확보할 수 있는 좋은 기회이다.
- 클라우드 기술의 보편화: 기업들이 자체 서버 대신 클라우드 시스템을 도입하면서 클라우드 기반 솔루션에 대한 수요가 증가하고 있다.

• **위협(Threats)**

- 서대 글로벌 기업의 시장 진입: 마이크로소프트, 아마존 같은 글로벌 IT 기업들이 강력한 자본력과 인프라를 바탕으로 시장에 진출하며 경쟁이 심화되고 있다.
- 개인정보보호 규제 강화: 각국의 개인정보보호 규제(예: GDPR)가 강화되면서, 데이터 수집 및 분석에 제약이 생길 수 있다.
- 숙련된 인재 부족: 데이터 사이언티스트, AI 전문가 등 핵심 인력을 확보하기 어렵다.

위에서 분석한 네 가지 요소를 결합하여 다음과 같은 전략을 수립할 수 있다.

- SO 전략(강점 + 기회): 강점인 기술력을 활용하여 기회인 성장하는 시장을 선점하는 전략이다.
예시: 빅데이터 시장의 성장에 맞춰, 강점인 독자적 알고리즘을 활용한 새로운 AI 기반 예측 분석 솔루션을 출시하여 시장 리더십을 강화한다.

- WO 전략(약점 + 기회): 약점을 보완하면서 기회를 활용하는 전략이다.
예시: 인지도가 낮다는 약점을 극복하기 위해, 정부의 AI 전환 보조금 사업을 활용하여 중소기업 대상의 저렴한 솔루션 패키지를 개발하고 적극적으로 홍보한다.

- ST 전략(강점 + 위협): 강점으로 외부 위협에 맞서는 전략이다.
예시: 거대 글로벌 기업들의 진출이라는 위협에 맞서, 고객 충성도가 높은 강점을 활용하여 특정 산업(예: 금융)에 특화된 서비스를 더욱 강화하고 차별화를 더해 간다.

- WT 전략(약점 + 위협): 약점을 보완하며 위협을 최소화하는 방어적인 전략이다.
예시: 해외 진출 경험 부족이라는 약점과 글로벌 경쟁이라는 위협

을 고려해, 당분간은 국내 시장 경쟁력 강화에 집중하고 해외 진출
은 철저한 시장 조사를 통해 현지 파트너십을 통해 접근한다.

위 사례는 회사 차원에서 본 것이고, 그러면 세일즈맨 개개인 관점에
서도 이 분석 방법을 사용할 수 있다. 적용해 보자.

클라우드 데이터 분석 솔루션을 담당하는 한 영업대표가 있었다. 그
는 훌륭한 리더의 자질을 가지고 있었다. 이 친구의 SWOT을 분석해
보고 전략을 도출해 보자.

· **강점(Strengths)**
  - 폭넓은 인맥: 금융업계 고객들과 10년 이상 교류하며 금융권의
    주요 의사 결정권자들과 깊은 신뢰 관계를 쌓고 있었다.
  - 뛰어난 문제 해결 능력: 단순히 제품을 판매하는 것을 넘어, 고객
    사의 실제 비즈니스 문제를 찾아내고 해결책을 제안하는 능력이
    탁월했다.
  - 긍정적인 태도: 어려운 상황에서도 포기하지 않고 끈기 있게 고
    객을 설득하는 긍정적인 마음 자세를 가지고 있었다.

· **약점(Weaknesses)**
  - 기술에 대한 전문성 부족: AI, 머신러닝 등 신제품에 대한 깊이
    있는 기술 지식이 부족하여, 기술 질문에 즉답하기 어려웠다
  - 체계적인 고객 관리 미흡: 고객 정보를 CRM(고객 관계 관리) 시

스템에 체계적으로 입력하지 않아, 가끔 실행해야 할 세부 내역을 놓치곤 하였다.
- 낮은 신규 고객 발굴력: 새로운 고객을 발굴하는 '콜드콜(Cold Call)' 능력이 약했다.

· 기회(Opportunities)
- 회사 신제품 출시: 회사가 클라우드 AI 기반의 새로운 데이터 분석 솔루션을 출시했다. 이는 기존 고객에게 추가로 제안할 수 있는 좋은 기회가 생긴 것이다.
- 디지털 전환 시장 확대: 산업 전반에 걸쳐 디지털 전환이 가속화되면서, 데이터 분석 솔루션에 대한 수요가 점점 더 커지고 있었다.
- 정부의 중소기업 지원 정책: 정부가 중소기업의 디지털 솔루션 도입을 위한 보조금 사업을 시작했다.

· 위협(Threats)
- 경쟁사의 등장: 동종 업계의 경쟁사들도 더 저렴하고 사용하기 쉬운 솔루션들을 출시하고 있다.
- 경기 침체: 불확실한 경기 상황으로 인해 고객사들이 IT 투자 예산을 줄일 가능성이 커지고 있었다.

그러면 이 세일즈맨의 전략은 어떠해야 할까? 아래와 같은 전략들이 있을 수 있다.

• SO 전략(강점 + 기회): 공격형 전략

강점인 인맥과 문제 해결 능력을 활용하여 신제품 출시를 기회로 삼아 공략하는 전략이다.

전략 실행:

- 먼저 기존 고객사 중 데이터 분석 솔루션 도입 니즈가 있는 곳을 파악한다.

- 오랜 신뢰 관계를 바탕으로, "고객사의 비즈니스 문제를 AI 신제품으로 어떻게 해결할 수 있는지"에 초점을 맞추어 제안서를 제출하고 워크샵과 Demo를 제안한다. 부담 없이 솔루션을 경험하게 하는 것이다.

- 만일 성공리에 워크샵과 Demo가 끝났다면 고객사의 실무에 적용 가능한 PoC를 제안한다. 그리고 새로운 솔루션이 주는 혜택과 가치를 알리기 시작한다.

• WO 전략(약점 + 기회): 보완형 전략

약점인 '기술에 대한 전문성 부족'을 보완하며 기회인 정부 지원 정책을 활용하는 전략이다. 기술 전문성 부족은 공부하면 해결할 수 있다. 반드시 그렇다.

전략 실행:

- 회사의 기술 지원팀에게 도움을 요청해서 기술에 대한 전문성을 교육받거나 '과외'를 받는다. 고객과 기술적인 미팅을 할 때는 전문

가와 함께 방문한다.

- 정부가 지원하는 중소기업 대상 보조금 사업을 활용하여, 중소기업 고객을 위한 맞춤형 솔루션 패키지를 만들어 내고 마케팅팀과 함께 홍보한다.

• ST 전략(강점 + 위협): 차별화 전략

강점인 문제 해결 능력과 긍정적인 태도로 위협인 경쟁사에 맞서는 전략이다.

전략 실행:

- 고객과의 긴밀 관계를 이용하여 공격적으로 새로운 AI솔루션 소개, Demo, PoC 등을 제안한다.

• WT 전략(약점 + 위협): 방어형 전략

약점인 신규 고객 발굴력 부족을 보완하며 위협인 경기 침체에 대비하는 전략이다.

전략 실행:

- 경기 침체기에 대비해, 기존 고객과의 관계를 더욱 공고히 한다. 기술 교류회, 임원간 정보 교류 모임, 기술 워크샵 등을 통해 고객과 더욱 많은 시간을 보내고 좋은 정보들을 제공한다.
- 낮은 신규 고객 발굴력을 높이기 위해, 회사 CRM 시스템 활용법을 익히고, 링크드인(LinkedIn) 인스타그램 같은 SNS 플랫폼을 활용

해 잠재 고객과 연결점을 찾으며 만남을 시도한다.

사실 개인적인 차원에서 고민하고 또 고민하다가 '아, 이렇게 한번 해 볼까?' 하는 것이 곧 전략이고 그 전략을 구체화해서 실행으로 옮겨지면 기획이다. 거창할 필요 없다. 왜, 왜, 왜를 통한 많은 생각을 거치면 전략은 나올 수밖에 없다.

타겟 고객 선정: 어디에 힘을 쏟을 것인가?

시장을 해부했다면, 이제 가장 효과적으로 공략할 수 있는 '타겟 고객군(Target Customer Segment)'을 선정해야 한다. 모든 고객에게 똑같은 비중으로 노력과 자원을 배분할 수는 없기 때문에, 타겟 고객을 명확히 하는 것은 매우 중요한 작업이다.

STP 분석(Segmentation, Targeting, Positioning)
STP는 '누구에게', '무엇을', '어떤 가치로' 공략할지를 명확하게 해 준다.

Segmentation(시장 세분화): 전체 시장을 비슷한 특징을 가진 고객군으로 나눈다. B2B에서는 보통 산업별로 나누고, 기업 규모에 따라 나누는 것이 일반적이다. 예를 들어 기업 규모 기준으로 세분화를 한다면, 아래처럼 간난하게 나눌 수 있다.

① 스타트업: 고객 수가 적고, 복잡한 기능보다는 간단한 고객 정보

관리 기능만 필요하다. 그리고 예산이 매우 한정적이다.

② 중소기업: 고객 수가 점점 늘어나고 있어, 고객 정보 관리뿐만 아니라 영업 자동화, 마케팅 기능 등이 필요하고 합리적인 가격을 원한다.

③ 대기업: 아주 많은 고객 정보를 관리해야 하며, 제조 유통 물류 등 복잡한 시스템들이 서로 연동해야 한다. 또한 복잡한 의사결정 과정을 거치면서 많은 부서가 관여한다.

Targeting(타겟 선정): 세분화된 고객군 중에서 우리 제품이나 서비스의 가치와 혜택을 필요로 하는 고객군을 다시 선정한다. '모든 고객'이 아닌 '우리 제품이나 서비스가 꼭 필요한 고객'에 집중하는 것이다.

① 1차 목표 시장: 회사 설립 후 3년 이상 된 서울 경기 지역의 AI 기업들을 선정했다. 씨를 뿌리는 마음으로 접근한다. 이들이 빠르게 성장하면, 우리도 빠르게 성장할 수 있다.

② 2차 목표 시장: 중소기업

이 시장은 어느 정도의 예산을 가지고 있으며, 체계적인 비즈니스 관리에 대한 니즈가 크다. 다른 경쟁사들이 대기업에 집중하는 동안 중견 중소기업을 공략하여 시장 점유율을 늘릴 수 있다.

Positioning(포지셔닝): 타겟 고객의 마음속에 우리 제품이나 서비스의 가치를 심어 주는 과정이다. 경쟁사와 차별화되는 우리만의 강점을 명확하게 전달해야 한다. 스펙이 아닌 가치를.

① 스타트업을 위한 포지셔닝
- 메시지: "가장 쉽고, 저렴한 CRM 솔루션"
- 핵심 가치: 쉬운 사용성과 합리적인 가격을 강조한다. '복잡한 기능은 빼고, 필요한 핵심 기능만 담았다'는 메시지를 전달하여, 예산이 부족하고 IT 전문가가 없는 소규모 기업들을 공략한다.

② 중소기업을 위한 포지셔닝
- 메시지: "성장하는 중소 기업을 위한 통합 솔루션"
- 핵심 가치: 여러 기능의 통합을 강조한다. 단순히 고객 정보 관리뿐만 아니라, 마케팅 자동화, 팀 협업 기능, 보고서 분석 등 중소기업의 성장에 꼭 필요한 기능들을 제공한다는 점을 내세운다. 이메일 마케팅이나 신문 기사를 활용하여 '최소의 비용으로 최대의 효과'라는 가치를 제공한다.

성장 전략

영업을 하다 보면 해마다 성장하기가 쉽지 않다. 경기 영향도 있고 고객의 사정에 따라 투자 규모도 다르다. 그리고 모든 고객들이 해마다 많은 투자를 지속적으로 할 수도 없다. 한 해 큰 프로젝트를 수주했다면 다음 해는 소위 '굶는 해'가 되기도 한다. 그런데 어느 세일즈맨은 지속적으로 성장을 '만들어' 낸다. 무슨 비결이 있을까? '운이 좋았다'라고 말할 수도 있지만 운도 기술이고 노력하는 영업에게 찾아온다. 그런데 운 좋은 영업들에게 공통점이 있다.

첫째, 충성 고객을 많이 확보하는 것이다. 고객이 많으면 해마다 돌아가면서 투자를 한다. A 고객이 올해 투자하면, B 고객이 내년에 투자하고, C 고객이 그 다음에 투자를 하는 것이다. 이렇게 고객이 골고루 해마다 돌아가면서 투자를 하면 어느 정도 매출과 이익이 안정적이다. 여기에 해마다 또 새로운 고객을 만들고 그 고객이 추가적인 충성 고객이 되게 노력한다.

둘째, 해마다 고객 중에 몇몇 고객이 대형 프로젝트를 진행하면 큰 투자가 이루어진다. 특히 IT 투자는 소위 '차세대 프로젝트' 라는 이름으로 기술의 변화와 환경의 변화에 5년~10년 사이에 한 번씩 대대적인 손질을 한다. 이때는 상대적으로 큰 규모의 투자가 이루어진다. 시스템의 수명이 다하고 감가상각도 끝나는 시점이다.

결과적으로 뛰어난 영업대표는 기본적으로 충성 고객이 많고 해마다 새로운 고객을 확보한다.

성장 전략을 좀 더 논리적이고 정당성을 확보하기 위해서는 유명한 컨설팅사나 교수들의 성장 모델을 이용하기도 한다. 회사에서 많이 사용하는 모델 두 개만 간단히 살펴보자. 자세한 것은 각 모델에 대해서 약간만 더 공부하면 여러분 혼자서도 충분히 해 볼 수 있다. 문제는 정확한 데이터와 시장 기술에 대한 통찰력이다. 그래서 이런 모델들을 적용할 때는 많은 사람이 모여서 토론 후 점수를 매기고 모델에 적용하는 것이 좋다. 그래야 오류를 최소화할 수 있다.

앤소프 매트릭스(Ansoff Matrix): 이 모델은 '시장'과 '제품(서비스)'라는 두 가지 축을 기준으로 네 가지 성장 전략을 제시한다. '시장'은 '기존 시장'과 '새로운 시장'으로 나누고 '제품(서비스)'는 '기존 제품(서비스)'과 '새로운 제품(서비스)'로 나누어 총 4가지의 경우의 수를 만들어 전략을 도출한다.

- 시장 침투: 기존 시장에서 기존 제품의 점유율을 높인다.
- 시장 개발: 기존 제품으로 새로운 시장을 공략한다.
- 제품 개발: 기존 시장에 새로운 제품을 출시한다.
- 다각화: 새로운 시장에 새로운 제품을 출시한다.

클라우드 서비스 제공 업체의 사례를 들어 보자.

시장 침투(Market Penetration)

사례: 아마존 웹 서비스(AWS)가 기존 고객(이미 AWS를 사용하고 있는 기업들)에게 더 많은 클라우드 스토리지, 컴퓨팅 자원을 사용하도록 유도하는 전략이다. 사용량에 따라 추가적인 혜택을 주거나, 더 많은 기간 동안 계약을 하면 가격 할인을 제공하는 방식이 이에 해당한다.

시장 개발(Market Development)

사례: 클라우드 서비스를 기존의 IT 기업 고객 외에 교육 기관이나 정부 기관과 같은 새로운 시장으로 확장하는 것이다. 각 시장의 특성에 맞는 맞춤형 서비스(중소기업, 공단, 스타트업 등)를 제공하여 신규 고객을 확보하는 전략이다.

제품 개발(Product Development)

사례: 기존 고객(클라우드 서비스 사용자)에게 AI, 머신러닝, 딥러닝, AI 에이전트, 빅데이터 분석 등 새로운 서비스를 제공하는 것이다. 기존의 클라우드 인프라 위에서 작동하는 새로운 솔루션을 개발하여 판매하는 것이다.

다각화(Diversification)

사례: 클라우드 서비스 사업을 넘어, 자율주행 솔루션이나 드론 배송 시스템과 같이 완전히 새로운 시장과 제품에 진출하는 것이다. 기존의 클라우드 인프라 기술을 활용하여 시너지를 낼 수 있지만, 시장과 제품이 모두 새롭기 때문에 가장 높은 위험을 수반한다. 신사업을 추진하는 것이다.

이러한 방법으로 여러분의 고객을 대상으로 고민해 보자, 최소한 시장 침투와 시장 개발 전략은 펼칠 수 있다. 제품 개발과 사업 다각화는 회사 본사의 몫일 것이다. 하지만 아이디어 제안은 할 수 있지 않은가?

내부 데이터 + 외부 데이터 활용

마케팅 팀을 이끌고 있을 때였다. 그 당시 우리회사는 CRM 시스템이 체계적으로 아주 잘 구축되어 있었다. 모든 고객들의 과거 구매 기록이 모두 남아 있었다. 그런데 그 Data를 활용하는 수준이 낮았다. 하여 Data Analyst 에게 과제를 주었다 "향후 2년 안에 시스템을 도입할 확률이 높은 고객들을 추출하라"였다. 구매날짜, 제품이나 서비스, 기술 변화가 있었는지 여부, 감가상각 기간 등등 여러가지 변수를 대입하여 회귀분석과 여러가지 통계 기법을 사용하여 고객들을 추출하였다. 영업대표들의 반응은 아주 좋았다. 가까운 미래에 어느 고객이 어떤 제품을 구매할 확률이 높은지를 알려 주니, 거기에 맞게 고객을 탐색히고 미팅을 히면서 워그샵을 진행히여 새로운 제품이니 서비스를 고객에게 알렸고, Demo와 PoC 단계까지 추진하면서 수주하는 사례들이 생겨났다.

외부에서도 Data를 구매하여 데이터베이스를 구축하였다. 대기업이나 중견 기업들은 우리가 잘 알고 있고 대부분 우리의 고객이었다. 그러나, 그 이하의 고객이나 SMB 고객들은 우리가 접근하기도 어렵고, 아는 정보들이 없었다. 일단, 외부에서 기업 정보를 구매하고 DM(Direct Mail), e-Mail, Tele-sales 팀을 총 동원하여 "캠페인"을 전개하였다. 관심 있는 고객들을 선정하고, 파트너사들로 하여금 고객을 방문하고 영업으로 이어지게 하는 방법이었다. 이 또한 나름 성공적이었다.

자원 배분 최적화

한정된 자원을 어떻게 효율적으로 배분하고 어떤 사업을 육성할지 또는 철수할지를 결정하는 전략적 의사결정 또한 매우 중요하다. 부서 단위로 볼 수도 있고, 고객별로 적용해 볼 수도 있는 유용한 도구이다.

MA-CP(Market Attractiveness-Competitive Position) 모델

MA-CP 모델은 GE-맥킨지 매트릭스라고도 불린다. '시장의 매력도'와 '자사의 경쟁적 위치'를 기준으로 사업 포트폴리오를 평가하고 전략을 수립하는 방법이다. 이 모델을 통해 향후 투자할 시장과 철수할 시장을 객관적으로 판단할 수 있다.

시장/산업 매력도(Market 또는 Industry Attractiveness) (Y축)

이 축은 해당 사업 분야가 장기적으로 얼마나 많은 이익 잠재력이 있는지를 평가한다. 시장의 규모와 성장률은 기본이고, 경쟁의 강도, 예상되는 수익성, 기술 변화의 속도, 그리고 정부의 규제 환경 등 사업 외부의 다양한 요소를 종합적으로 고려하여 '높음', '중간', '낮음'으로 구분한다.

경쟁력/강점(Competitive Position 또는 Strength) (X축)

이 축은 기업이 경쟁사 대비 얼마나 강한 내부 역량을 가지고 있는지를 평가한다. 여기에는 시장 점유율, 고객이 인식하는 브랜드의 평판, 보유한 기술력, 혁신 역량, 유통 채널, 그리고 비용 구조 등 사업 내부의 강점 요인들을 종합하여 역시 '높음', '중간', '낮음'으로 평가한다.

사례:

과거 어느 사업부 임원으로 근무할 때 새로운 사장님이 외부에서 영입되어 오셨다. 당시 그 사업부는 B2B 사업이었는데 그 사업이 원하는 만큼 성장하지 못하고 제자리 걸음을 하고 있었다. 부임 후 얼마 안 되어 사장님이 임원 회의에서 전 임원들에게 숙제를 주었다. "이 사업을 왜 하지요?" 너무나 간단하고 충격적인 질문이었다. 아니, 지금껏 해왔고 적자도 안 나는데, 왜 이런 질문을 할까? 차라리 "이 사업을 어떻게 하면 성장시킬 수 있지요?"라고 물어보는 것이 맞는 질문이 아닐까? 결국 전 임원 워크샵을 소집했고, 팀 별로 나누어서 토의를 하고 결론을 발표하라고 했다. 당연히 많은 토론이 오고 갔다 "사실 우리가 하고 있는 사업이 전망이 없어 보이기는 합니다." "아니요, 우리가 HW만 가지고 있고 경쟁력 있는 SW솔루션이 없어서 못하고 있습니다." 토의는 계속되었지만 결론이 나지 않았다.

나는 이때 이전 회사에서 전략을 세울 때 사용했던 MA-CP방법을 제시하고, x축 y축을 나누고 각각 변수들을 정의하고 점수를 매겨서 도표로 만드는 작업을 하였다. "하자" "그만두자"가 아니고 객관적으로 토의하여 점수를 매기고(0점~10점) 그 점수들의 가중치를 주고 최종 점수를 부여하여 도식화하였다.

결론은 사업을 지속하되 우리의 강점을 만들어 내야 한다는 것이었고 SW 솔루션팀도 만들고, 상품기획 및 개발 등 관련된 프로세스들을 모두 재정비하는 전략을 실행한 적이 있다.

12장

파트너 에코시스템을 구축하자(Partner Ecosystem)

B2B 비즈니스의 최전선에서 싸워 본 리더라면 누구나 공감할 것이다. 본사(Vendor) 단독의 힘만으로는 더 이상 시장의 복잡성을 감당할 수 없다는 냉혹한 현실을 말이다. 과거, 내가 영업을 시작했을 때의 '파트너십(Partnership)'은 대부분 단순했다. 본사가 제품을 만들면, 지사는 파트너와 함께 고객에게 판매하는 '수직적 유통 채널(Channel)'이었다. 하지만 지금 고객이 원하는 것은 더 이상 단일 제품이 아니다. 예를 들면, A사의 클라우드와 B사의 보안 솔루션, 그리고 C사의 하드웨어를 유기적으로 엮어 '딱 맞는 답'을 요구한다. 이처럼 복잡한 고객의 요구사항을 충족시키기 위해, 파트너십은 '수평적, 상생형 상호 보완적, 상호 의존적인 관계'가 되어야 한다. 그리고 이러한 관계들이 서로 얽히고 섞여서 서로 하나로 연결되는 생태계로 진화한다.

왜 우리는 파트너를 필요로 하는가?

본사는 자본, 기술력, 제품 및 서비스를 제공하지만, 파트너는 민첩성(Agility)과 전문성(Specialty)을 제공한다. 이 둘이 서로 상호 보완의 관계가 구축되면, 1+1=2가 아니라 3이상의 시너지를 발휘하게 된다. 글로벌 대기업의 한국 법인 또는 지사의 임원으로 근무하다 보면, 오만에 빠지기 쉽다. "우리의 기술이 최고다. 우리의 자금력은 무한하다. 파트너는 그저 우리의 제품을 대신 팔아 주는 대리인일 뿐이다."라고 생각할 수 있다. 하지만 시장의 현실은 이 오만을 용납하지 않는다. 본사나 현지 법인 임직원들이 스스로 도저히 도달할 수 없는 세 가지 영역이 존재한다.

첫째, 사무소도 없는 지방 도시의 중견 중소기업 고객의 밀착 관리이다. 서울 본사에서 수백 킬로미터 떨어진 지방 도시에 있는 고객의 IT 담당자와 자주 점심을 함께 먹으며 신뢰를 쌓는 관계는 파트너만이 헤낼 수 있다.

둘째, '틈새 전문성(Niche Expertise)'이다. 본사가 일반적인 클라우드 솔루션을 제공할 때, 파트너는 그 클라우드를 특정 산업 규제(예: 금융 보안 규정)에 맞추는, 커스터마이징 기술을 가지고 있다.

셋째, 여러 벤더의 솔루션 통합이다. 이제는 어느 고객도 하나의 벤더에 종속되고 싶어 하지 않는다. 그리고 그 하나의 벤더가 고객이 원하는 모든 솔루션을 제공할 수 없다. 고객은 결국 통합 솔루션을 원하는 것이고 HW는 그 솔루션을 담는 그릇일 뿐이다. 파트너는 서버와 특정 소프트웨어, 그리고 로컬 벤처 기업의 AI 솔루션 등을 엮어 최적의 답을 제시하는 최종 통합 제안자가 된다.

사례:

과거 한 대형 공공기관 프로젝트에서 큰 규모의 하드웨어 공급 딜이 생겼다. 본사 영업팀은 기술력과 신제품으로 승리할 수 있다고 자신했다. 하지만 고객의 요구사항은 단순한 서버 공급이 아닌, 10년 이상 된 레거시(구형) 시스템을 완벽하게 통합하고 연동할 수 있는 '맞춤형 통합시스템'을 구축하는 것이었다. 본사는 이 복잡한 통합 영역을 과소평가했고, 고객이 원하는 솔루션을 제때 제공하지 못했다. 그 틈을 한국의 전문 시스템 통합(SI) 파트너가 적극적으로 영업을 했다. 이 파트너는 기존 사용 중인 벤더의 제품까지 포함하여 통합 솔루션을 제시했고, 결국 프로젝트 전체를 수주했다. 본사의 오만이 가져온 실패였다. 파트너의 중요성과 역할을 간과한 것이다. 고객이 원하는 것을 모두 한꺼번에 제공할 수 있는 벤더는 없다. 그래서 SI업체가 존재한다.

전략적 에코시스템 구축

에코시스템의 시작은 각각의 파트너들이 각자의 몫을 담당하면서 다른 파트너사들과 협업을 통한 시너지를 낼 수 있을 때 만들어지기 시작한다. 그리고 시간이 흘러 에코시스템이 성숙해지면, 본사의 관여가 없어도 파트너들끼리 서로 소통하고 고객이 원하는 솔루션을 만들어 낸다. 거의 모든 벤더는 파트너 간의 협업이 중요하다는 것을 매우 잘 안다. 먼저 각 벤더는 자신의 제품과 서비스를 영업할 수 있는 파트너를 모집한다. 그리고 벤더 자신이 가지고 있지 않지만 고객이 원하는 솔루션을 가진 파트너와 손을 잡으면서 에코시스템을 구축한다.

파트너십은 살아 있는 유기체이다. 그래서 파트너십도 '생애주기'를 가진다. 즉, 파트너 모집 → 교육 및 훈련(Education & Enablement) → 딜 영업(Deal Engagement) → 리베이트 및 인센티브(Rabate & Incentive) → 성과 관리(Performance Management) → 파트너십 유지(Retention)의 단계를 거친다. 물론 종국에 파트너십을 유지하지 못하고 이별을 해야 하는 경우들도 있다. 또는 파트너가 벤더(Vendor)를 바꿀 수도 있다. 파트너사는 고객이 원하는 솔루션, 고객이 선호하는 벤더를 찾는다. 그것이 파트너사가 자신의 고객과의 관계를 지속적으로 유지할 수 있는 방법이기 때문이다.

파트너 모집

IT시장의 경우 한국은 전 세계 시장의 2~3% 안팎이다. 본사에서 우선순위가 떨어진다. 따라서 본사차원의 대규모 지원(돈과 사람)을 기대하기 어렵다. 기대를 가지고 정말 열심히 자료 만들고 요청을 하고 실망한 경우가 정말 많다. 그래서 각 나라의 파트너의 역할이 더욱 중요하다. 파트너 모집을 위해 벤더들은 채널 파트너 서밋(Summit) 개최, 기존 파드니 추천 활용, 온라인 파트너 포털 이용, 벤너사 파트너 매니저들의 적극적 방문 및 설득 등 여러가지 방법을 이용한다.

그렇다면 어떤 파트너를 모서와야 하는가? 내가 파트너를 선정하는 평가 기준은 매출 규모보다는 현재의 핵심 역량, 실행력, 고객 만족노, CEO의 미래에 대한 비전 및 청사진, 협업 의지가 있는 경영진 등이었다. 그리고 어떤 형태의 파트너가 필요하지 고민한다. 리셀러, SI(시스템 통합), MSP(자체 관리형 서비스 제공업체), 컨설팅사 등 여러 형태의 파트너를 검토한다. 형태마다 영업 방법, 내부 역량, 협업 모델, 기술 지원 여부등이 다르기 때문이다.

사례: 특정 산업 분야에 전문성을 가진 파트너 모집

클라우드 기반의 ERP 솔루션을 제공하는 'A 소프트웨어' 회사가 있었다. 솔루션 자체는 훌륭하지만, 건설 업계 고객을 유치하는 데 어려움을 겪고 있었다. 건설사의 복잡한 현장 관리 및 프로젝트 요구사항을 영업팀이 깊이 있게 이해하지 못하고 있기 때문이었다. A사는 단순히 IT 리셀러를 찾는 대신, '건설 ERP 솔루션 구현 경험이 5년 이상'이고 '건설 관련 협회와의 긴밀한 네트워크'를 가진 시스템 통합(SI) 파트너를 찾았고, 이 SI사에게는 일반 리셀러보다 높은 마진율과 기술 지원 전담 인력을 배치하였다. 파트너십은 단순한 영업 확장이 아니라 파트너사의 '지식과 역량'을 아웃소싱 하는 것이다. A 사는 자체적으로 건설 산업 전문가를 고용하는 대신, 이미 그 분야의 언어와 프로세스를 잘 알고 있는 파트너를 통해 시장에 빠르게 침투할 수 있었다. 파트너의 '숫자' 보다는 파트너의 역량과 의지가 더욱 중요하다.

교육 및 훈련(Education & Enablement)

파트너와 계약이 완료되면 이제 파트너가 시장에서 독립적으로 영업할 수 있도록 역량을 길러 주어야 한다. 교육과 훈련이다. 벤더의 파트너 담당 매니저(Partner Business Manager, 또는Partner Account Manager)가 새로운 파트너의 기술/영업 교육 프로그램을 실시하고,

교육 완료 인증(Certification) 기준을 만들며, 영업 자료(Sales Kit)와 데모 제품이나 테스트용 SW 라이선스 등을 제공해야 한다. 파트너에게 마케팅 지원금(Co-Marketing Fund/Marketing Development Fund)을 할당하고 마케팅 펀드(MDF) 운용 기준과 마케팅 자료 제출 및 지급 방법도 합의해야 한다. 대부분 벤더의 기준에 따른다. 마케팅 비용을 지원해 주는 것은 파트너가 새로운 밭을 갈고 좋은 씨를 뿌리고 풍성한 수확을 거둘 수 있게 돕기 위함이다. 또한 지속적인 역량 강화를 위해 정기적인 온·오프 세미나, 신제품 업데이트 교육, 파트너 포털을 통한 자료 등을 제공해야 한다.

사례: 인증 레벨에 따른 차등적 딜 마진 제공

과거 데이터 분석 플랫폼 솔루션을 신규로 론칭 했다. 문제는 파트너들이 기본적인 제품 지식은 갖추고 있었지만, 고객의 복잡한 데이터 구조에 맞추어 솔루션을 커스터마이징하고 통합하는 고급 기술이 부족했다. 해당 제품 영업 부서 그리고 마케팅 부서와 협의하여 아래와 같은 파트너 프로그램을 실시하였다. 3가지 추가 리베이트 프로그램을 실시하였다.

- 세일즈 마스터(기초 + 제안수준 레벨 지식): 딜 마진 5%
- 테크니컬 스페셜리스트(구축 및 운영): 딜 마진 10% + 전문 서비스 수익 허용
- 아키텍트 챔피언(복잡한 통합 및 컨설팅): 딜 마진 15% + 전문 서비스 수익 허용 + 본사 공동 영업팀 우선 배정

교육과 훈련은 비용이 아니라 투자이다. 딜 마진을 파트너의 역량 레벨과 직접 연동하여 가장 어려운 인증을 통과하면 가장 높은 수익을 얻는 명확한 인센티브를 제공한 것이다. 이는 파트너들이 자발적으로 고부가가치 서비스(컨설팅, 통합) 역량을 키우도록 유도하여, 본사가 직접 해결하기 어려운 현지의 복잡한 딜을 파트너가 처리하게 만드는 핵심 전략이다. 서로 윈윈 하는 것이다.

딜 등록(Deal Registration)과 리베이트 인센티브 지급

딜 등록(Deal Registration) 시스템은 채널 파트너 프로그램의 핵심이다. 파트너가 잠재 고객을 등록하고 기득권을 인정받는 시스템이다. 이는 파트너의 선행 영업 노력을 보호하고 파트너 간 충돌(Partner Conflict)을 최소화하여 파트너의 신뢰를 얻기 위한 가장 중요한 장치이다. 내가 열심히 영업했는데 누군가가 노력도 하지 않고 딜을 빼앗아 간다면 해당 벤더의 제품이나 서비스를 영업하려 하지 않을 것이다.

사례: 파트너 충돌

IT 인프라 솔루션 기업인 '델타 시스템즈'는 '알파 시스템즈'와 동일한 고객을 두고 경쟁하는 파트너 충돌(Partner Conflict) 문제가 발생했다. 서로 고객을 더 잘 알고 먼저 영업했다는 다툼이다. '델타 시스템즈'가 딜을 최초로 등록을 하였고, '등록 우선권(First-to-Register)' 원칙에 근거하여 6개월간 해당 딜에 대한 독점적인 마진 권한을 부여받았다. 이런 역할은 보통 파트너 매니저가 파트너의 딜 등록 기록과 영업 활동 증거를 기준으로 판단한다. 문제는 영업은 하지 않고 딜 소식을 듣고 딜을 먼저 등록하는 경우이다. 딜 등록 우선권을 악용하는 사례이다. 대부분 나의 판단은 고객의 피드백이다. 고객에게 정말 열심히 영업을 했다면 고객이 그 가치를 반드시 인정해 주기 때문이다.

리베이트와 인센티브는 파트너의 단기적 현금 흐름과 장기적인 전략적 투자 사이의 균형을 맞추는 정교한 도구이다. 'Back-End Rebate(사후 리베이트)'는 파트너에게 실적에 따라 지급하는데 '우리가 파트너의 장기적인 사업 성장을 도와준다'는 메시지를 전달한다. 물론 Front-end 마진이 부족할 때는 사후 리베이트로 딜을 성사시키기도 한다. 하지만 되도록 Front-end, 즉 딜 마진도 확보를 해 주어야 이 메세지가 통힌다. 특히 리베이트 정산이나 인센티브 지급은 투명하고 신속해야 한다. 리베이트 지급의 예측 가능성을 높여 파트너의 심리적 안정감을 확보해 주는 것이 중요하다. 파트너가 리베이트를 믿고 현금흐름을 운영하다가 지급이 제시간에 안 되면 큰 낭패를 볼 수 있다. 파트너가 약속된 보상을 적시에 받아 만족도를 높이고 다음 딜에 대한 의욕을 유지시키는 가장 기본적인 조치이다. 보통의 벤더들은 분기마다 파트너들에게 리베이트를 정산하고 인센티브를 시급한다. 요즈음은 벤더사가 파트너 세일즈맨들의 로열티를 올리기 위해서 직접 파트너 세일즈맨들에게 포인트를 지급하고 그 포인트를 유명 온라인 커머스 시장에서 쇼핑을 할 수 있게 하는 '파트너 세일즈맨 인센티브'를 운영하기도 한다. 세일즈맨의 인센티브를 파트너사의 은행 계좌로 입금하면 회사가 파트너사 직원에게 그 돈을 지급하지 않고 그냥 회사 수익으로 끝내는 것을 방지하기 위함이다.

그리고 한 가지 더, 숨겨진 마진이 있다. 파트너의 비즈니스 모델을 바꾸고 선순환 하는 구조를 만드는 방법이다. 바로 솔루션 설치, 컨설팅, 유지보수 서비스와 같은 분야이다. '숨겨진 마진'을 벤더가 직접 챙기려 하지 말고 파트너사가 할 수 있도록 보장하여 파트너가 기술 인력에 재투자 하고, 본사에 대한 충성도를 높이도록 유도하는 것이다. 이를 통해 파트너는 단순 리셀러가 아닌 '가치 서비스 제공자(High-Value Service Provider)'로 거듭날 수 있다.

사례: 'Back-End Rebate'로 시장 진입

전혀 새로운 제품으로 기존 B2B 시장에 진출할 때 경험이다. 이 시장의 경쟁사들은 높은 Front-End 마진으로 기존 파트너들의 로열티를 유지하고 있었다. 이 시장은 기존 파트너사들의 고객 밀착도가 매우 높아서 이 파트너사들을 통하지 않으면 이 시장을 뚫고 들어갈 수가 없었다. 우리는 단기 출혈 경쟁을 피하고 파트너의 장기적인 충성도를 확보하는 방향을 택했다.

파트너사가 느낄 부담감을 피하기 위해서 파트너사의 목표를 설정하지도 않았다. 사실 기존 시장에서 다른 벤더의 고객을 새로 확보하는, 소위 Win-back이었다. '신규 고객 확보'로 시장을 침투하는 전략적 지표에 따라 보너스 리베이트를 지급했다. 대대적 마케팅도 하지 않았다. 그 비용을 파트너사에게 지급하는 것이 훨씬 효율적이라 생각했기 때문이다. 기술적 지원도 모두 파트너사들을 통해 이루어 지는 시장이었다. Front-end 마진은 경쟁사 보다 약간 낮았지만, '지표 달성 시 프런트 마진과 동일한 Back-end 마진 지급'을 약속했다. 신제품 론칭에 투자할 마케팅 비용을 가장 중요한 성공요인인 파트너사로 이관한 것이다. 전체적 비용은 동일하였던 것이다. 결국 시장 안착에 성공하였다.

사례: 서비스 마진 보장과 '가치 기반 비즈니스'로의 전환

하드웨어와 SW 라이선스 가격 경쟁이 심화되자, 파트너의 수익성은 바닥을 쳤다. 이를 해결하기 위해 우리는 솔루션 설치 및 컨설팅, 유지보수 서비스 분야에서 '플래티넘 파트너'에게 20% 이상의 압도적인 마진율을 보장했다. 이 정책을 도입하며 파트너들에게 '이제 수익을 내려면 컨설팅 능력을 키워야 한다'는 명확한 메시지를 전달했다. 높은 서비스 마진을 얻기 위해 파트너들은 기술 인력 양성 및 컨설팅 역량 확보에 공격적으로 투자했다. 파트너의 '체질 개선'은 당연한 결과였다.

사례: '신규 로고(고객) 확보' 우선순위 전환

파트너 리베이트 체계를 개편할 때였다. 보통 1년에 한 번 개편하고 전략적으로 반기별로 수정할 때도 있다. 기존 리베이트 체계는 이미 확보된 고객에게 반복 판매하는 파트너에게 유리하여 새로운 시장 개척이 저조했다. 우리는 평가 지표의 가중치를 변경하여 '신규 고객 로고(New Logo) 확보 수'와 '본사 클라우드 판매비중'을 최상위 지표로 올렸다. 즉, 기존 고객에게 3억 원을 파는 것보다, 새로운 고객 3곳에게 각각 1억 원의 신규 비즈니스를 확보하면 더 높은 점수를 부여했다. 이 정책은 파트너들이 안정적인 기존 사업에 머무르지 말고, 위험을 감수하더라도 새로운 고객과 새로운 시장에 투자하자는 메시지인 것이다.

성과 관리(Performance Management)

파트너의 성과 관리는 장기적인 관계를 유지하기 위한 것이지, 파트너의 매출을 압박하거나 퇴출하려는 의도로 사용해서는 안 된다. 파트너는 항상 하나의 벤더 말고 다른 벤더로 대체할 수 있는 선택권을 가지고 있기 때문에, 매출이 저조하다고 파트너 대우를 소홀히 하거나 무시한다면 파트너는 당장 떠날 것이고, 다른 파트너도 당연히 소문을 듣고 충성도가 떨어질 것이다. 벤더의 파트너사들은 항상 서로 소통하고 있다는 것도 절대 잊어서는 안 된다. 파트너사의 매출이 기대에 미치지 못한다면 '왜'라는 질문을 세 번 이상 던져서 근본 원인을 찾아야 한다. 경영진이 신경을 쓰지 않는 것인지, 영업이나 기술인력의 지식 및 스킬이 모자란 건지, 동기 부여가 안 되고 있는 건지, 목표 고객이 잘못 설정되어 있는지, 등등 근본 원인을 찾아야 치료가 가능하다.

그리고 성과 관리는 상호 합의된 측정 지표(Metrics)를 가지고 실시해야 한다. 아무런 인사이트 없이 그냥 서로 만나서 숫자만 보면 할 얘기가 없다. 매출, 교육 이수 여부, 파트너 주도 신규 고객 수 등 핵심 KPI를 세우고 측정하는 주기와 방법 등을 사전에 정해 놓아야 파트너와 벤더가 만나서 할 얘기가 많다. 벤더 입장에서는, 당연히 성과가 나쁜 파트너 보다는 성과가 좋은 파트너에게 더 많은 자원을 집중하여 투자 효율성을 극대화한다. MDF 지원도 고성과 파트너에게 많이 할당하기 마련이다.

정기적 비즈니스 리뷰(Business Review)는 분기별 또는 반기 단위로 파트너와 함께 목표 대비 성과를 리뷰하고 다음 분기, 반기 계획을 수립하는 절차이다. 또한 파트너에게 본사의 전략을 공유하고, 시장의 냉정한 현실에 대해 공감하며, 성장을 위한 워크숍이 되어야 한다. 이를 통해 현재 파트너가 안고 있는 문제는 무엇인지, 벤더 차원에서 무엇을 도와주어야 하는지, 파트너는 어떤 노력을 더 해야 하는지 등을 서로 토의하는 자리이다. 파트너의 피드백을 수용해 관련된 프로그램의 지속적인 개선도 병행해야 한다. 파트너사가 고객을 가장 가까이서 대변하기 때문이다. 관계 강화 및 성과 인정도 주기적으로 해야 한다. 우수 파트너 시상식, 임원진 미팅, 정기적 파트너사 방문 등을 통해 파트너의 노고를 인정하고 충성도를 높여 장기적인 협력 관계를 유지해야 하다.

사례: QBR(Quarterly Business Review)에서 본사(벤더)가 던져야 할 '질문'

"귀사의 현재 영업 활동을 가장 방해하는 본사의 프로세스는 무엇입니까?" (본사의 잘못 인정)

"경쟁사 대비 우리가 가장 열위에 있는 기술은 무엇이며, 우리가 무엇을 고쳐야 합니까?" (전략적 피드백 요청)

"다음 90일 동안 당신들이 전략적으로 투자하고 싶은 영역 3가지는 무엇이며, 이를 위해 본사가 어떤 자원을 제공해야 합니까?"

이 질문들은 파트너가 본사를 '감시자'가 아닌 '조력자'로 인식하게 만들 수 있고, 그들의 솔직한 피드백을 통해 본사는 시장의 현실을 파악하고 전략을 수정할 수 있다

사례: 저성과 파트너에 대한 '투자 축소' 및 고성과 파트너에 '집중 육성'

내가 파트너 에코시스템 리더일 때는 파트너들을 '플래티넘(Platinum)' '골드(Gold)' '실버(Silver)' '비즈니스(Business)' 파트너로 나누어서 관리를 했다. 수 천개의 파트너를 벤더가 직접 관리할 수 없다. 본사 차원에서는 상위 세 종류 파트너(플래티넘, 골드, 실버)만 관리하고, 규모가 작고 매출이 작은 수많은 비즈니스 파트너사는 '총판'사가 관리를 담당했다. 1년에 한번씩 재 심사와 분류를 다시 했다. 평균적으로 보면 매출의 80%는 상위 20%의 파트너에게서 발생했다. 파레토 법칙(80/20 법칙)이다. 파트너 레벨별로 리베이트나 인센티브도 달랐다.

- 플래티넘: 가장 높은 인센티브와 MDF를 제공하여 미래에도 더욱 성과를 낼 수 있도록 지원한다.
- 골드: 플래티넘 파트너보다는 적지만 상대적으로 경쟁사보다 더 좋은 리베이트와 인센티브를 제공한다.
- 실버: 골드보나 낮지만 경쟁사 대비 더 좋은 리베이트와 인센티브를 제공하여 골드나 플래티넘으로 승격하기 위해 노력할 수 있도록 프로그램을 제공한다. (1년 이내 '골드'로 승격하면 리베이트 1% 추가 지급 등)

에코시스템 리더

파트너 담당 리더는 이 거대한 파트너 에코시스템을 설계하고 운영하는 '지휘자(Conductor)'가 되어야 한다. 성공적인 파트너 에코시스템 구축을 위해서 리더는 아래 세 가지를 잘 지켜야 한다.

첫째, 파트너의 미래를 약속하는 리더이다. 파트너는 단순히 우리의 제품을 대신 팔아주는 대리인이 아니고, 우리의 성장 동력이며, 리더는 그들의 비즈니스 성장을 위한 본사의 청사진을 제시해야 한다. 단기적 인센티브뿐만 아니라 장기적인 수익 창출에 대한 확신을 심어 줄 때, 파트너는 기꺼이 우리의 에코시스템에 그들의 자원을 투자한다.

둘째, 공정성을 유지하고 룰(Rule)과 원칙을 지키는 리더이다. 파트너 에코시스템의 가장 큰 위험 요소는 신뢰 붕괴이다. 수익 배분이나 고객 딜 우선권이 불투명해지면 파트너는 거래를 중단하고 이탈한다. 리더는 '인맥'이나 '단기 성과'를 기준으로 예외를 두지 않고, '모두가 예측 가능한 공정한 룰(Rule of Engagement)'을 철저히 집행하는 신뢰 관리자가 되어야 한다.

셋째, 분산된 파트너들의 역량을 하나로 묶어내는 리더이다. 하나의 파트너가 고객사의 복잡한 솔루션과 요구사항을 모두 제공할 수 없다. 그렇다고 모든 파트너사가 따로 각자 고객을 찾아가면 혼란만 가중된다. 고객은 '하나의 책임 창구(Single Point of Contact, SPOC)'를 통해 통합된 솔루션을 매끄럽게 진행하길 원한다. 리더는 각 파트너의 역량을 고객 계획에 맞춰 정교하게 조율하는 통합 지휘자가 되어야 한다.

사례: '솔루션을 리드하는 대표 파트너'를 통한 통합

어느 대형고객사의 딜에서 파트너 A사가 고객을 발굴하여 HW를 납품하고, B 파트너는 솔루션 공급, C파트너사는 통합 구축을 담당해야 했다. 각 분야별 파트너들이 고객에게 개별적으로 접근하면서 고객의 피로도가 높아지는 문제가 있었다. 우리는 해당 딜을 주도할 '솔루션 리더 대표 파트너'를 지정하고, 나머지 파트너들은 이 대표 파트너의 '하위 협력사(Sub-Partner)' 형태로 딜을 구조화하였다. 고객에게는 오직 대표 파트너만이 유일한 책임 창구임을 명확히 안내했다.

이 대표 파트너에게 총괄 책임과 함께 그에 합당한 추가적인 리더십 인센티브를 부여했다. 그리고 정기적인 '통합 점검 회의'를 통해, 리더 파트너가 다른 협력 파트너들에게 충분한 정보 공유와 공정한 수익 배분을 하도록 관리하였다.

에코시스템 리더로 성장하기 위한 3가지 습관

파트너 에코시스템 리더십은 거창한 전략이 아닌, 일관된 실천에서 나온다.

첫째, 파트너의 '언어'로 소통해야 한다. 회의 시 우리 회사의 매출 목표 대신, 파트너의 언어인 '마진율', '프로젝트 볼륨', '사업 리스크'에 대해 먼저 얘기를 꺼내자. 그들의 성공 구조를 이해하는 것이 모든 협력의 출발점이다.

둘째, 분쟁 시에는 '증거 기반'으로 해결해야 한다. 갈등이 생기면 감정적 개입을 피하고, 사전에 정해진 룰과 딜 기여도에 대한 객관적인 증거만을 기반으로 조정해야 한다. 그래야 신뢰가 쌓인다.

셋째, 고객 중심의 '역할 분담표'를 만들어 관리하자. 대형 딜을 진행할 때, 고객 구매 과정의 각 단계(인지, 고려, 평가, 구매, 도입, 유지보수)마다 '파트너가 어떤 역할을 할지'를 명시한 역할 분담표(Roles & Responsibilities Matrix)를 만들고, 모든 참여자가 동의하여 책임 소재를 명확히 해야 한다.

에코시스템 리더십의 궁극적인 목표는 '통제(Control)'가 아닌 '파트너의 역량 강화(Enablement)'이다. 본시기 모든 것을 통제하려는 순간, 파트너는 수동적인 채널로 전락하고 떠난다. 리더는 파트너의 고객사에 대한 마케팅 및 실행 권한을 파트너에게 과감하게 이양하고 후방에서 지원해야 한다. 권력을 행세하려고 자원을 움켜쥐고 있으면 망한다. 룰과 원칙, 그리고 장기적 관계와 신뢰를 잊지 말아야 한다.

13장

산이 높으면 골도 깊다(불황을 기회로)

산을 좋아하고 여행을 좋아하는 나는 정상에 올라 탁 트인 사방을 둘러보는 맛에 산을 오른다. 등산을 해 보신 분들은 잘 알겠지만 산에 오를 때 보다 내려올 때가 더 힘이 든다. 산을 오르는 동안은 힘이 들어도 정상이라는 목적지가 있어 즐겁게 힘든 것을 감내한다. 내려올 때는 다리의 힘이 풀려 오를 때보다 더 어렵게 하산한다.

'정상'은 호황의 절정이다. 모두가 꿈에 부푼 채 매출 증대라는 정상을 향한다. 반면 '골'은 그 정상 뒤에 숨겨진 깊은 계곡이다. 매출 감소라는 불황의 시작이다. 산이 높을수록 내려오는 길도 멀다. 불황은 피해갈 수 없다. 누구에게나 공평하게 다가온다. 피하고 싶다고 피할 수 없다. 피할 수 없다면? 그렇다, 받아들여야 한다. 그리고 안전하게 하산하듯 잘 살아남아야 한다. 생존하면서 내일을 준비해야 다시 더 높은 산에 오를 수 있다.

B2C 사이클은 개인 소비자의 심리와 직접적인 가처분 소득에 크게 좌우된다. 경기가 좋아지면 소비자의 심리가 낙관적으로 변하고, 수입

이 늘어나거나 미래에 대한 기대감이 커지게 되고, 이에 따라 꼭 필요하지 않은 지출이 늘어나고, 의류, 외식, 여행 등 소비재와 서비스 분야의 성장이 나타난다. 반면 경기가 나빠지면 소비자는 불안감을 느끼게 되고 지갑을 닫기 시작한다. 필수 소비재 지출을 줄일 수 없으니, 고가 제품이나 비필수적 소비를 가장 먼저 줄인다. B2C 시장은 소비 심리가 위축되면 즉시 매출 감소로 이어지는 경향이 있다.

B2B 사이클은 B2C 사이클의 후행적이다. 즉 B2C가 먼저 움직이고 그다음 B2B가 따라 움직인다. 개인 소비자의 수요가 늘어나면, B2C 기업들은 생산량을 늘리기 위해 공장, 설비, 장비 등을 확대하고 이를 운영하기 위한 HW와 SW 등 투자를 확대한다. 이로 인헤 B2B 호황기가 시작된다. 물론 호황기가 아니지만 전략적으로 미래를 준비하거나 시장 개척을 위한 투자가 이루어 지는 경우도 있다(AI, 로봇 등). 반면, B2C 시장이 위축되면, B2B 기업들은 B2C 기업의 투자 감소로 직접적인 타격을 받기 시작한다. 특히 고가 장비나 대규모 솔루션 프로젝트는 가장 먼저 보류되거나 취소된다. B2C보다 불황의 시작이 늦을 수 있시만, 불황의 골이 더 깊고 오래 지속되는 경향이 있다.

따라서 호황일 때 불황을 대비하고 불황일 때 호황을 준비하는 전략을 항상 준비하여야 한다. 호황일 때 불황을 준비하고 있지 않고 있다가 막상 불황이 시작되면 갈팡질팡하는 기업들이 의외로 많다. 내일은 오늘 우리가 한 행동의 결과이다.

골의 유형

B2B 기업의 불황의 형태도 여러가지이다. 형태에 따라 대처법도 다르다.

1. 경기 사이클에 맞추어 자연스럽게 불황이 오는 경우

일정한 패턴을 가진(성장, 정체, 쇠퇴) 사이클 불황은 기업들에게 어느 정도 예측 가능하다. 소비자 맨 앞에 있는 B2C 기업들은 주기적 불황을 예상하고 완만하게 투자나 구매를 축소한다. 그 뒤에 있는 B2B 회사들도 매출 감소를 예상하고 준비한다. 대부분의 B2B 기업들은 현금 확보와 비용 절감을 진행하면서 동시에, 고객 관계 강화, 역량강화, 새로운 솔루션 탐색, 사업 다각화 모색 등으로 리스크를 최소화하면서 전략적으로 다시 올 호황기를 준비한다.

회사 차원의 '사업 확장'도 검토하고 테스트한다. 동일한 기술로 전혀 다른 산업에 참여하는 전략이 있을 수 있다. 예를 들면, 디지털 트윈(Digital Twin)기술은 물리적 제품이나 공정을 가상 세계에 똑같이 구현하여 시뮬레이션하고 최적화하는 기술이다. 만일 여러분이 이 기술로 자동차 신차 개발 단계에서 실제 부품 없이 충돌 테스트를 실시하는 사업을 했다면, 생각을 바꿔 병원 운영 시스템을 가상으로 모델링하여 환자 동선이나 수술실 배치를 최적화하고, 의료 장비의 성능을 시뮬레이션 하여 개선점을 찾는 사업으로 확장할 수 있다. 다른 예로, 3D 실시간 렌더링 기술을 영화의 특수효과나 애니메이션 제작에 활용하여 사업을 했다면, 건설 현장이나 건물을 3D 시뮬레이션을 통해서 설계 오류를 미리 발견하고, 가상현실(VR)을 통해 고객에게 완성될 건물의 내부를 체험하게 하는 사업으로 확산할 수 있다. 이처럼 보유한 기술을 기반으로 새로운 분야로 사업을 확장하는 것도 생각해 볼 수 있다.

우리 영업팀은 이러한 사이클형 불황 때 기존 고객과의 관계를 더욱 돈독히 하면서 가동할 수 있는 자원의 40%를 사용한다. 고객이 '미안함'을 느낄 정도로 무엇인가를 지원한다. 시스템 점검, 기술 세미나, 외부 워크샵, 테스트 지원 등등 무료로 핵심 고객에게 가치 있는 활동을 펼쳐 나간다. 불황이 끝나면 미안해서라도 더 구매를 해 줄 것이다. 그리고 30%는 새로운 고객을 찾는다. 내가 만나지 않았던 기존 고객의 임직원과 새로운 관계를 맺거나, 전혀 다른 새로운 고객을 만나서 새로운 관계를 구축하는 것이다. 미래 먹거리를 준비하는 것이다. 나머지 30%는 내부 혁신 및 직원들의 역량 강화에 사용한다.

2. 구조적 시장 수요 감소에 따른 불황

여러분의 고객이 제품 경쟁력을 잃어 지속적으로 매출이 감소하거나, 인구 구조 변화(고령화, 저출산 등)로 인한 사양 산업(유아 의류 등)에 속하여 지속적으로 시장의 수요가 감소하면서 발생하는 불황의 형태이다. 고객은 당연히 서서히 사업을 정리하려 할 것이고 투자를 하지 않을 것이다. 이러한 형태의 불황은 여러분이 되돌릴 수 없고 통제될 수도 없다. 디그니 이러한 고객들은 어러분에게 강하게 가격 인하를 요구하고 이에 응하지 않으면 다른 거래선을 새롭게 불러들이기도 한다. 당장 회사 문을 닫을 수 없기에 엄청난 비용 절감을 하기 때문이다. 이러한 불황의 근본 원인은 최종 소비자 때문에 발생하기에 극복하기 어려운 상황이다. 그런데 이런 상황을 뒤집어 생각해 보면 여러분과 여러분의 회사에게는 변화의 기회이기도 하다. 여러분 사업의 모든 것을 면밀히 재검토해 보고 낭비 요소를 없애고, 조직 개편과 체질을 개선하고, 사업 전략을 다시 수립하는 등 혁신을 추진하기에 아주 적절한 시기인 셈이다. 팀원들의 반발도 적고 변화를 받아들일 명분이 준비되어 있다.

사례:

1990년대 초, IBM은 메인프레임 컴퓨터 시장의 쇠퇴와 PC 시장의 급성장이라는 전환기를 맞이했다. 당시 CEO인 루 거스너(Lou Gerstner) 회장은 IBM의 사업 구조를 하드웨어 중심에서 소프트웨어 및 컨설팅 서비스 중심으로 완전히 전환하는 대규모 개혁을 단행했다. 그는 불필요한 사업부를 정리하고, 분산된 조직을 통합했으며, 고객 중심의 서비스 제공을 최우선 과제로 삼았다. 이 과감한 체질 개선을 통해 IBM은 수익성이 낮은 하드웨어 사업의 비중을 줄이고, 고부가가치 서비스 사업을 성장시켜 불황을 극복하고 새로운 성장 동력을 확보했다.

후지필름의 경우를 보자. 후지필름은 디지털 카메라의 등장으로 인해 필름 시장이 급격히 쇠퇴하면서, 새로운 먹거리를 찾아야 했다. 구조적 불황을 타개하지 않으면 문을 닫아야 했다. 이때 후지필름은 단순히 신규 사업을 무작정 시작한 것이 아니라, 기존에 보유하고 있던 핵심 기술을 재해석하여 새로운 시장에 진입하는 전략을 택했다. 후지필름은 필름 제조 과정에서 수십 년간 쌓아온 독자적인 기술력을 화장품 사업에 활용했다.

- 콜라겐 기술: 사진 필름의 주원료 중 하나는 콜라겐이다. 필름의 선명도를 유지하기 위해 수십 년간 콜라겐을 연구하고 합성해 온 후지필름은, 피부의 탄력과 노화 방지에 중요한 콜라겐 기술을 화장품에 접목했다.
- 항신화 기술: 필름의 변색을 막기 위한 항신화(Anti oxidation) 기술은 피부 노화의 원인인 활성 산소를 억제하는 데 그대로 적용될 수 있다. 후지필름은 이 기술을 활용해 강력한 항산화 성분인 아스타잔틴을 개발하고 화장품 브랜드 '아스타리프트(ASTALIFT)'의 핵심 성분으로 사용했다.
- 나노 기술: 필름의 감광 물질을 안정적으로 코팅하고 미세 입자를 균일하게 만드는 나노 기술은 화장품 성분을 피부에 효과적으로 침투시키는 데 응용되었다.

후지필름의 화장품 사업 진출은 단순한 다각화 이상의 의미를 가진다. 이는 사양 산업에 갇히지 않고, 핵심 기술을 재활용하여 새로운 가치를 창출한 성공적인 사례로 평가받는다. 불황을 위기가 아닌, 기술적 자산을 재발견하고 새로운 시장을 개척하는 기회로 삼은 것이다.

이 사례들처럼 회사의 힘으로 시장 흐름을 바꿀 수 없고 통제할 수 없는 불황에서는 기존에 가지고 있는 핵심 역량을 재해석하여 새로운 시장이나 산업으로 진출하는 등 적극적으로 시장 다각화 전략을 펼쳐야 한다. 이때 주의할 것은 기존의 핵심 역량과 전혀 무관한 산업으로의 진출은 정말 어렵다. 기존 핵심 역량과 관련이 있는 사업 영역으로의 확장이 바람직하다.

3. 기술 혁신에 따른 불황

이제는 DX(디지털 전환, Digital Transformation), AX(AI 전환, AI Transformation) 등 혁신 기술의 등장으로 기존 일자리도 사라지고 경쟁력을 상실한 산업군이 생겨나기 시작했다. '상담사 연결' 버튼을 누르면 AI 챗봇이 등장한다. 일반 가정의 전화기는 사라진지 오래고 TV 안테나도 사라졌다. IPTV로 OTT 서비스가 주류를 이루었고 모바일 앱 사용으로 은행 창구에는 노인들만 가득하다. 최근 AI 기술 확산은 이미 많은 산업에 엄청난 변화를 가져오고 있다. 구글 네이버 등 검색 엔진 조차도 챗GPT에게 자리를 내어주고 있고 검색 엔진 기반으로 광고 수익을 올리던 비즈니스 모델도 위태하다. 지각변동을 일으키고 있다. 전 세계 검색 시장의 90%를 장악하고 있는 구글조차 AI를 도입해 서비스를 하고 있다. 최신 기술을 채택하지 못하는 기업들은 더 이상 시장에서 살아남기 어렵다. 특히 B2B기업은 더욱 그러하다. 고객들이 최신기술을 탑재한 제품과 서비스를 요구하기 때문이다. 이처럼 기술 혁신에 따른 불황은 치명적이다.

20세기 사진 필름 시장의 절대 강자였던 '코닥'은 디지털 카메라 기술을 가장 먼저 개발했음에도 불구하고, 자사의 핵심 사업인 필름 시장이 붕괴될 것을 우려해 디지털 기술 상용화에 소극적이었다. 코닥 경영진은 필름 수요가 영원할 것이라고 판단했지만, 소비자들이 디지털 카메라의 편리함에 빠르게 적응하면서 필름 시장은 순식간에 사라졌다. 결국, 시대의 흐름을 놓친 코닥은 2012년 파산 신청을 하게 되었다.

2000년대 초반, 휴대폰 시장의 압도적인 1위였던 '노키아'는 사용자 친화적인 피처폰(Feature Phone)으로 시장을 장악했다. 그런데 2007년 아이폰이 등장하고 구글의 안드로이드 운영체제가 확산되면서, 모바일 인터넷과 앱 생태계를 중심으로 하는 새로운 스마트폰 시대가 열렸다. 노키아는 자체 운영체제(Symbian)를 고수하며 변화에 늦게 대응했고, 결국 시장 점유율을 급격히 잃어 마이크로소프트에 모바일 사업부를 매각했다.

한때 비디오 대여 시장의 거인이었던 '블록버스터'는 2000년대 초반, 넷플릭스가 우편 DVD 내여 서비스를 시작했을 때 이를 대수롭지 않게 여겼다. 이후 '넷플릭스'가 인터넷을 통한 온라인 스트리밍 서비스를 도입하자, 물리적으로 매장을 방문해야 하는 블록버스터의 사업 모델은 경쟁력을 완전히 잃게 되었다. 기술 변화를 무시하고 기존의 사업 방식만을 고수한 결과, 블록버스터는 2010년 파산했다.

이 사례들은 기술 변화에 선제적으로 대응하는 것이 기업의 생존에 얼마나 중요한지를 보여 준다. 기업 내부의 성공 경험과 기득권이 오히려 새로운 변화를 방해하는 독이 될 수 있다는 점을 잊지 말아야 한다. 이제는 선택이다. '기술 혁신'에 동참하거나 아니면 '퇴출'이다.

그렇다면 B2B 기업이 취할 수 있는 매우 현실적인 대응 전략을 살펴보자.

첫째, 기술 혁신을 선도하는 것이 가장 확실한 방법이다. 단순히 유행하는 기술을 쫓는 것이 아니라, 자사의 핵심 사업과 관련된 분야의 근본적인 기술에 꾸준히 투자해야 한다. 예를 들어, 산업용 로봇 기업이라면 로봇의 정밀도를 높이는 인공지능 알고리즘에, 반도체 장비 기업이라면 극미세 다음의 차세대 공정을 가능하게 하는 기술에 집중해야 한다.

둘째, 오픈 이노베이션(Open Innovation)을 활용해야 한다. 모든 혁신을 내부에서만 해결하려 하지 말고, 스타트업, 대학, 연구 기관 등 외부와의 협력을 적극적으로 모색해야 한다. 이 전략은 기술을 빠르게 도입하고, 새로운 사업 기회를 단기간에 탐색할 수 있다. 협력하는 과정속에서도 서로 상생할 수 있는 비즈니스 모델도 만들어 낼 수 있다.

셋째, '기술의 가치사슬'에 편승하는 것이다. 새로운 기술이 등장하면 기존의 가치 사슬(Value Chain)이 바뀐다. 예를 들어, 인공지능 기술이 등장하면서 데이터 분석, 보안, 클라우드 등 새로운 분야의 필요성이 커졌다. 이 새로운 가치 사슬에서 여러분이 가장 잘할 수 있는 분야(예를 들면, 데이터 분석)의 전문가가 되는 것이다. 전체가 아니고 일부에서 가치 사슬에 참여하는 것이다.

넷째, 전략적 제휴 및 M&A를 활용하는 것이다. 파괴적 기술을 가진 경쟁사나 스타트업을 인수합병(M&A)하거나, 그들과 전략적 제휴를 맺는 것도 좋은 방법이다. 이를 통해 내부 역량 구축에 드는 시간과 비용을 절약하고, 빠르게 시장 변화에 대응할 수 있다. 자체 역량이 없더라도 타사의 역량을 내 것처럼 활용할 수 있다. 또한 공동 프로젝트를 진행하면서 새로운 기술을 획득할 수도 있다.

4. 예상치 못한 유동성 위기나 질병 등으로 인한 불황

아시아발 금융위기, 9.11 사태, 외환위기, COVID-19 등 예상치 못한 엄청난 쓰나미가 갑자기 들이 닥치는 불황이다.

아시아발 외환위기(1997-1998)

1997년 겨울, IMF 구제금융은 대한민국 경제를 꽁꽁 얼어붙게 만들었다. 과도한 차입 경영과 외화 부채에 대한 방만한 관리가 부메랑이 되어 돌아왔다. 대기업들의 연쇄 부도는 그들과 거래하던 수많은 하청업체와 중소기업들에게 대규모 손실을 안겼고, 기업들은 생존을 위해 혹독한 구조조정을 해야 했다. 이 위기는 재무 건전성이 기업의 생존을 결정하는 가장 중요한 요소임을 증명했다. 과도한 부채는 호황기에는 성장의 수단이 될 수도 있지만, 위기 시에는 기업을 파산으로 내모는 지름길이다. 당시 포스코는 위기 이전부터 철저한 부채 감축과 경영 효율화에 집중하며 위기를 대비했다. 덕분에 다른 기업들이 구조조정의 칼을 들 때, 포스코는 신규 투자를 단행하며 시장 지배력을 확대할 수 있었다. 외환위기는 B2B 기업들에게 '성장'보다 '생존'이 먼저라는 뼈아픈 교훈을 남겼다.

9/11 테러 사태(2001)

2001년 9월 11일, 경제적인 이유가 아닌 테러가 미국 경제를 마비시켰다. 항공, 관광, 금융산업은 즉각적인 충격을 받았고, 불안감은 모든 기업의 투자와 소비 심리를 위축시켰다. B2B 기업들은 갑작스러운 수요 절벽에 직면했다. 항공기 부품을 납품하던 한 중소기업은 주문량이 하루아침에 90% 이상 급감하는 충격을 경험했다. 이 위기는 '예측 불가능한 외부 충격에 대비한 비상 계획(Crisis Management Plan)'의 중요성을 일깨워 주었다. 평소에 비상 상황을 가정한 시나리오를 만들고, 대응 매뉴얼을 준비해 둔 기업들은 혼란 속에서도 빠르게 회복할 수 있었다.

글로벌 금융위기(2008-2009)

미국 서브프라임 모기지 사태에서 시작된 금융위기는 전 세계를 신용 경색의 늪에 빠뜨렸다. 기업들은 자금 조달에 어려움을 겪었고, 전반적인 수요가 급감하면서 B2B 기업들의 주문량은 말 그대로 '증발'했다. 많은 프로젝트가 전면 중단되었고, 제조업체들은 가동을 멈춰야 했다. 이 위기는 현금 흐름 관리가 기업 생존의 핵심임을 재차 확인시

켜 주었다. '현금이 왕(Cash is King)'이라는 말이 이 시기에 더욱 절실했었다.

COVID-19 팬데믹 (2020-2023)

2020년, 전례 없는 팬데믹은 전 세계를 멈춰 세웠다. 봉쇄 조치로 인해 공급망이 붕괴되고, 대면 영업이 불가능 해졌다. B2B 기업들은 순식간에 기존의 영업 방식과 운영 시스템을 전면 재검토해야 했다. 이 위기는 디지털 전환이 더 이상 선택이 아닌 필수임을 증명했다. 영업팀은 직접 고객을 만나지 못하는 상황에서 온라인 웨비나, 콘텐츠 마케팅, CRM 시스템 도입 등을 통해 새로운 영업 채널을 구축했다. 또한, 유연한 조직 문화이 중요성이 부각되었다. 재택근무가 보편화되면서, 클라우드 기반 협업 툴을 선제적으로 도입한 기업들은 업무 효율성을 유지할 수 있었다.

그렇다면 이러한 예상치 못한 위기에서 B2B 기업들이 취해야 할 전략들은 무엇일까? 이미 이러한 위기가 이미 발생한 후에는 별다른 방법이 없다. 사선에 이러한 사태가 낙칠 경우를 생각해서 시나리오 경영을 할 수 밖에는 없다. 사후 '비상경영'은 비용절감, 인력감축, 프로젝트 중단 등 눈앞에 보이는 모든 것을 줄이는 방법 이외는 다른 대안이 없다. 사전에 시나리오별로 평소에 준비해야 할 전략이다.

1. 재무 및 리스크 관리

위기 극복의 첫걸음은 재무적 안정성 확보 여부이다. 평상시에 '비상 자금(Contingency Fund)'을 마련해 두고, 매출채권 회수율을 높여 현금 흐름을 최적화해야 한다. 또한, 특정 고객이나 시장에 대한 의존도를 낮추고 비즈니스 포트폴리오를 다각화하여 위기 확산에 대비해야 한다. 매출의 50% 이상을 차지하는 고객이 단 1개의 고객이라면 정말 위험이 크다. 평소에 '가랑비에 옷 젖는다'라는 말이 있다. 고객수가 많고 매출 의존도가 골고루 분포되어 있다면 상대적으로 위기에 안정적이다.

2. 조직 및 운영 관리

위기 상황에서는 기존의 경직된 운영 방식에서 벗어나 유연성과 민첩성을 확보해야 한다. 공급망을 다변화하여 특정 지역의 리스크에 대비하고, 디지털 기술을 활용해 공급망 전체를 투명하게 관리해야 한다. 또한, 원격 근무와 하이브리드 근무를 효과적으로 운영할 수 있는 시스템을 구축하여 업무 효율성을 유지해야 한다. 무엇보다 중요한 것은 위기 속에서 흔들리지 않는 리더십이다. 불확실성 속에서 명확한 비전을 제시하고, 직원들과 소통을 통해 불안감을 해소해야 한다.

결론적으로, B2B 기업은 불황의 형태에 따라서 취해야 할 전략이 다르다. 그리고 호황기 일지라도 예상치 못한 위기 시나리오에 따라 평소에 대응 방안을 준비하고 있어야 한다. 자사의 역량과 시장 상황을 객관적으로 분석하여 평소 준비된 대비책으로 일단 생존하면서 다가올 호황을 준비해야 한다. 이러한 준비를 외면하는 것은 곧 퇴출을 의미한다는 것을 꼭 명심하길 바란다.

산과 골을 동시에 보자

진정한 B2B 세일즈 리더는 호황기에 취하지 않고, 불황기에 좌절하지 않는다. 그들은 마치 드론을 띄워 놓은 것처럼, 높은 곳에서 넓게 멀리 본다. 거시적인 시야로 시장을 바라본다. 삼성전자에서 근무할 때 소위 '전략회의'라는 것을 가진다. 최고위급 경영진과 사장 임원들이 참석하여 단기, 중장기 전략을 점검한다. 각 사업부가 이를 준비하는 데 오랜 시간이 걸리고 많은 부서가 함께 모여서 수많은 회의를 거쳐 논의를 한다. 시장 상황, 경쟁상황, 기술의 혁신 추이 및 현주소, 개발 및 생산 역량, 품질, 마케팅 전략 등 아주 상세한 부분까지 점검한다. 내가 기획 업무를 담당할 때는 매 주말에도 임원들이 출근하여 회의를 했었다.

2010년대 중반, 스마트폰과 반도체 시장이 폭발적으로 성장하고 있었다. 모두가 '지금 당장 더 많이, 더 빠르게 생산하자'고 했다. 그러나 한편에서는 이 열기 속에서 '언젠가 이 성장세가 둔화될 때를 대비해야 한다'고 하면서 호황기에도 불구하고 다음 세대 기술 개발에 과감하게 투자하고, 시장이 성상하기 전부터 핵심 부품 공급망을 선제적으로 확보하는 것을 보았다. '삼성다움'이었다. 이러한 과정이 지속 반복되었기에 지금도 스마트폰의 리더 위치를 지키고 있다고 생각한다. 한때 HBM과 관련하여 반도체 사업부가 고전하고 있는 것처럼 보였지만 삼성은 항상 위기를 극복해 왔다. 대기업들은 호황기에 미리 심어 둔 '불황 대비 씨앗'이 싹을 틔우게 준비한다. 하지만 일반 중소기업들은 그럴 만한 여유도 자원도 인력도 없는 것이 현실이다. 그래서 여러 전략들을 평소에 점검하고 다듬어야 한다. 준비 없이 닥치면 사실상 대안이 없다.

불황의 끝은 새로운 시작

비즈니스 세계는 사계절과 같다. 끊임없이 변한다. 봄이 오면, 여름 가을을 거쳐 추운 겨울이 오고, 혹독한 시기를 지나면 다시 봄이 온다. 호황기가 있다면, 불황기도 반드시 찾아온다. 이 과정에서 수십 년간 IBM, HP, 삼성전자에서 보낸 경험이 가르쳐준 것 중 중요한 하나는 바로 "골은 끝이 아니라, 다시 산이 되기 위한 시작"이라는 것이다.

많은 사람들은 불황기를 '피해 가야 할 시간'으로 여긴다. 하지만 나는 불황이야말로 다음 호황을 준비하는 가장 소중한 시간이자 기회라고 믿는다. 호황기가 경쟁의 무대라면, 불황기는 역량을 다지는 훈련소와 같다. 이 시기를 어떻게 보내느냐에 따라 다음에 올라갈 산의 높이가 달라진다.

2008년 글로벌 금융 위기 당시, 많은 기업들이 비용 절감을 위해 R&D 투자를 줄이거나 중단했다. 하지만 삼성전자는 오히려 미래 기술에 대한 투자를 멈추지 않았다. 당시 내부에서도 '이렇게 어려운 시기에 미래 기술에 투자하는 것이 맞느냐'는 회의적인 목소리가 많았다고 한다. 그러나 리더십은 단호했다. "우리는 지금 돈을 버는 것이 아니라, 미래를 준비하는 것이다." 이처럼 위기를 기회 삼아 기술력의 격차를 벌린 것이다. 시장이 회복되었을 때, 삼성전자는 독보적인 기술력으로 시장을 빠르게 장악할 수 있었다.

불황은 기업의 역량뿐만 아니라, 관계의 진정성까지 시험한다. 호황기에는 좋은 게 좋은 거다. 고객과 파트너와의 관계도 원만하고 서로 갈등을 일으키는 일도 많지 않다. 하지만 위기 상황에서 진짜 동반자가 드러나게 된다. 어려울 때 진정한 친구가 누구인지 알게 되듯이 말이다.

과거 한 핵심 고객사가 극심한 수요 위축으로 인해 현금흐름 문제로 부도 위기에 처했을 때의 일이다. 우리 회사 내부에서는 '거래를 중단하고 손해를 최소화해야 한다'는 의견이 많았다. 그러나 법적으로 파산하지도 않았고 그 고객은 위기를 벗어나려고 임금 삭감, 임원 임금 지급여기 등 뼈를 깎는 노력을 하고 있었다. 나는 고객이 부도까지 가지 않을 거라는 확신을 가지고 있었다. 업력도 오래 되었고, 경영진이니 임직원 모두 성숙하게 잘 대처를 하고 있었다. 나는 회사 내부적으로 관련 부서들을 설득하여 즉각적인 결제 유예와 일정 기간 무상 기술 지원을 제공했다. 이 회사는 위기를 극복한 후, 가장 충성도 높은 고객으로 남았음은 물론이다. 그들이 '골'을 지나는 동안 우리 회사는 진정한 조력자로 자리매김을 하고 있었다.

내가 지난 세월 동안 수많은 성공과 실패를 경험하며 얻은 '불황 때 할 일들'은 아래와 같다.

- 높이 멀리 보자. 눈앞의 성과에 연연하지 말고, 호황과 불황이라는 순환을 이해하며 다음 산을 오를 준비를 해야 한다. 오늘 눈에 보이는 '골' 뒤에는 내일의 '산'이 될 수 있음을 믿어야 한다. 오늘의 '산'이 내일의 '골'일 수도 있다.
- 두 개의 트랙을 동시에 달리자. 불황 일수록 기존 고객과의 관계

를 더욱 깊게 만들어야 하고 동시에 끊임없이 새로운 고객을 만나 새로운 씨앗을 심어야만 비로소 지속 가능한 성장이 가능해진다.

- 결국 신뢰가 전부다. B2B 비즈니스의 최종 승자는 가장 좋은 기술이나 제품을 가진 회사가 아니다. 어려울 때 일수록 더욱 더 고객 편에서 생각하고 손해 보는 것이 있더라도 고객을 더 지원해야 한다. 이러면 가장 깊은 신뢰를 쌓을 수 있다.

이처럼 불황은 기회를 기다리는 시간이 아니라, 기회를 '만들어 내는' 시간이다.

14장

파이프라인(Pipeline)을 관리하자

파이프라인 = 생명줄

'파이프라인(Sales Pipeline)'이란 초기 영업 기회 단계부터 고객이 최종적으로 구매를 결정하고 계약(Closed-Won)에 이르기까지 거치는 모든 단계(Stage)와 활동을 시각화한 체계를 말한다. 마치 유조선 원유가 여러 단계를 거쳐서 휘발유로 바뀌는 경로처럼, 영업 기회라는 원재료가 일련의 과정을 거쳐 최종적으로 매출이라는 결과물로 전환되는 경로를 의미한다. 그 경로는 보통 아래와 같이 구성되어 있다.

1. 영업 기회 발굴(Opportunity)
2. 기회 평가(딜로 확정할 것인가?)(Qualification)

   보통 BANT(Budget, Authority, Need, Timeline)점수를 매겨서 12점(각 5점씩 총 20점 만점) 이상이면 이 기회를 딜로 확정하고 '영업을 하겠다'하고 결정하는 것이다.
3. 솔루션 제안(Proposal)
4. 협상 및 검토(Negotiation & Review)

5. 계약 성사(Closing/Won)

파이프라인을 설명할 때 흔히 '세일즈 퍼넬(Sales Funnel, 깔때기)'과 혼동하곤 한다. 둘은 밀접하게 연결되지만, 역할과 보고자 하는 초점이 다르다.

- 세일즈 퍼넬(깔때기): 양적인 개념이다. 가장 넓은 상단(많은 영업기회)에서 좁은 하단(계약)으로 딜의 숫자가 줄어드는 과정을 보여 준다. 주로 '전환율(Conversion Rate)'을 측정하며, '왜 많은 영업기회가 사라지는가?'에 초점을 맞춘다. 퍼넬이 많을수록 좋다. 100억으로 시작하면 50억 40억 30억 수준으로 WON이 줄어들기 때문이다.
- 파이프라인(경로): 질적이고 동적인 개념이다. '개별 딜(Opportunity)'이 각 단계를 통과하는 경로와 상태를 보여 준다. '현재 이 딜이 어디 과정에 있으며, 다음 단계로 넘어가기 위해 무엇을 해야 하는가'라는 행동 지침에 초점을 맞춘다.

결론적으로, 파이프라인은 세일즈맨이 매일 움직여야 할 방향을 제시하는 '지도'이자, 리더십에 있는 사람들에게는 매출을 예측하는 수단이다.

미래 예측 가능성 확보: 신뢰 구축

파이프라인 관리가 중요한 가장 강력한 이유는 '예측 가능성

(Predictability)'이다. B2B 세일즈에서 예측 가능성은 단순한 영업의 KPI 지표를 넘어, 조직 전체의 운영 효율성과 영업대표의 신뢰도를 결정한다. 미래의 매출을 예측하면 과거의 데이터를 근간으로 수익도 예측할 수 있다. 그래야만 회사의 자원을 배분할 수 있고 사원 채용, 투자 분야 확정 등의 의사결정을 할 수 있다.

경영진의 의사결정 기준

영업대표가 보고하는 파이프라인 수치와 예상 매출(Forecasting)은 회사의 최고 경영진(CEO, CFO)이 향후 분기 및 연간 전략적 의사결정을 내리는 중요한 근거가 된다.

- 생산 및 공급 계획: 제조업이라면 얼마나 생산할지, 서비스업이라면 얼마나 많은 인력을 추가로 채용할지, 아니면 얼마나 인력을 줄여야 할지를 결정한다.
- 자금 조달 및 투자: CFO 부서에서는 예측된 매출을 바탕으로 현금흐름을 계산하고, 연구 개발(R&D)이나 투자 규모를 결정한다. 늘릴 수도 있고 줄일 수노 있다.
- 신뢰 구축: 만약 영업대표의 예측이 너무 자주 틀린다면, 회사는 보고서를 믿을 수가 없고 핵심 의사결정 과정에서 배제될 수밖에 없다. 정확한 예측은 영업대표의 신뢰를 구축하는 가장 확실한 방법이다.

'거짓말쟁이'가 되지 않는 방어막

파이프라인을 체계적으로 관리하지 않으면, 여러분은 무의식 중에 희망 사항을 보고하게 된다. 예를 들어, 고객이 "긍정적으로 검토 중이다"라고 말했을 때, 객관적인 검증 없이 딜을 '클로징 직전' 단계까지 올려놓게 된다. 사실은 거의 가능성이 없는 딜임에도 불구하고.

글로벌 기업의 리더들은 "Commit(반드시 하겠다)" 딜에 대해서 엄격한 조건을 요구한다. 고객의 말("곧 연락 줄게요")이 아닌, '고객의 구체적인 행동(예: 구매 예산 승인, 법무팀 최종 검토 확정)'만이 딜을 'Commit' 단계로 이동시키는 기준이 된다.

사례:

과거 나는 한 대형 고객의 시스템 구축 딜(약 20억 원 규모)을 'Commit(필수 달성)'에 올려놓았다. 고객사와 관계가 좋았고, 실무진도 긍정적이었다. 나는 팀장에게 "99% 확실합니다. 서류 작업만 남았습니다."라고 보고했다.

하지만 분기 마감 보름 전 아침 9시 고객사 실무 담당자에게서 전화가 왔다.

"박 차장님, 죄송하게 됐습니다. 저희 CEO께서 오늘 아침 투자 보류 지침을 내리셨어요. 이번 분기는 힘들 것 같습니다."

그 순간, 내 머리는 하얗게 변했다. 그 딜 하나 때문에 우리 팀의 예상 매출이 무너졌고, 팀장은 본사에 긴급 보고를 해야 했다. 리더가 나를 따로 불렀을 때, 나는 변명했다. "고객이 말을 바꾸었습니다."

팀장은 "박 차장, 고객이 말을 바꾼 게 아니라, 자네가 고객의 내부

사정을 모른 채 '희망'을 보고한 거야. 파이프라인은 '될 것 같은 딜'이 아니라, '고객의 구체적인 행동'을 기반으로 채워야 해."라고 말했다.

이 경험으로 나는 돌다리도 두들겨 보아야 하고 고객의 객관적인 행동의 결과로 파이프라인을 관리해야 한다는 것을 뼈저리게 느꼈다. 영업대표가 파이프라인에 담는 숫자는 곧 영업대표의 얼굴이다.

영업의 효율적 시간 및 회사 자원 배분 도구

파이프라인 관리는 영업대표의 시간과 회사의 자원을 어디에 써야 할지 알려 주는 도구이다.

1. 시간 낭비 방지

B2B 영업대표의 시간은 가장 귀중한 자원이다. 가능성이 희박하거나 오랫동안 움직이지 않는 딜에 에너지를 쏟는 것은 치명적이다.

파이프라인을 정기적으로 클린징(Cleansing)하지 않으면, 움직이지 않는 딜에 매달리느라 여러분의 시간과 체력은 고갈될 수 있다. 특정 단계에서 30일 이상 움직이지 않는 딜은 과감하게 영업 단계를 내리거나 삭제해야 한다. 움직이고 있는 딜로 시간과 체력을 옮겨야 한다.

2. 내부 자원의 집중(프리세일즈, 법무, 재무 부서 등)

복잡한 B2B 딜은 프리세일즈, 엔지니어, 솔루션 아키텍트, 법무팀, 재무팀 등 여러 부서의 내부 전문가 지원을 필요로 한다. 파이프라인 관리는 전환율이 가장 높을 것으로 예상되는 딜에 자원을 집중시키는 기준이 된다. 만약 모든 딜에 자원을 평등하게 투입한다면, 결국 성공

가능성이 낮은 딜이 전문가의 시간을 낭비하게 되어, 정작 클로징이 임박한 중요한 딜이 필요한 지원을 받지 못하게 된다. 파이프라인은 자원 배분의 지휘봉이다.

사례: 빅딜의 위험

과거 한 대형 딜이 생각난다. 딜 규모는 약 30억 원에 달했다. 빅딜이다. 우리는 기술 검토와 제안서 작업을 위해 최고의 프리세일즈와 엔지니어의 시간을 독점했다. 엔지니어는 밤샘 근무를 마다 하지 않았다. 하지만 6개월 후, 딜은 경쟁사로 넘어갔다. 가장 큰 이유는 고객사의 내부 예산을 맞추지 못했다. 우리는 '될 것 같다'는 가능성만 보고 기술 자원을 무제한 투입했던 것이다. 그때 영업 리더가 파이프라인 보고서를 보며 나에게 물었다.

"박 차장, 이 기간 동안 클로징 못한 작은 딜 5개의 합산 규모를 봤나? 그건 30억 원이 넘었네. 그런데 자네는 이 30억짜리 불확실한 빅딜 하나에 그 작은 딜들 클로징에 필요한 자원을 모두 썼어."

파이프라인을 등급화하고 '버려야 할 것은 빨리 버리는 것'이 중요하다. 영업은 회사의 자원을 소비한다. 파이프라인 관리는 회사의 자원을 ROI(투자 대비 수익률)가 높은 딜들에 집중해야 한다.

영업 사원 역량 진단

파이프라인은 영업대표의 실력을 객관적으로 보여 주는 거울이다. 파이프라인 데이터를 분석하면 세일즈 프로세스 중 '어느 단계에서 고객이 이탈하는지'를 정확히 알 수 있다.

예를 들면, Proposal → Negotiation 전환율이 낮다면 제안 후 고객의 예산, 구매 권한을 파악하는 능력이 부족하다고 생각할 수 있다.

역산의 힘

성공적인 파이프라인 관리는 여러분이 '오늘 무엇을 해야 하는지'를 명확히 알려준다. 연간 목표 매출액을 단계별 전환율로 역산하면, 현재 몇 건의 딜에 어느 정도의 영업 기회 총액이 필요한지가 나온다.

사례:

1. 연간 목표액: 100억 원.
2. 평균 딜 규모: 5억 원 → 필요한 클로징 딜 수: 20건.
3. 최근 클로징 전환율: 20% → 파이프라인에 필요한 딜: 100건.
4. 미팅에서 파이프라인 진입 전환율: 30% → 필요한 미팅 수: 약 330회.

이 숫자를 기반으로, "이번 주에는 7회의 미팅을 해야 한다"라는 명확한 활동 목표도 세울 수 있다. 파이프라인 관리는 감이 아니라, 영입대표가 해야 할 일들을 정확히 알려준다.

관리자의 효과적인 코칭 도구

파이프라인 리뷰는 관리자가 영업대표를 압박하는 시간이 되어서는 안 된다. "왜" 라는 질문으로 시작하고 "어떻게 하면 좋을까"라는 질문으로 끝나야 한다. 영업대표가 원인을 알면 그 해답도 영업대표가 가장 잘 알고 있다. 즉, 코칭을 할 때 '이렇게 해'가 아니라 본인 스스로가 원인을 찾고 해결 방안의 답을 스스로 도출하게 도와주어야 한다.

잘 관리된 파이프라인 데이터를 통해, 관리자는 "이 딜이 '협상' 단계에서 멈춘 이유는 무엇일까?", "어떻게 하면 다음 단계로 넘어갈 수 있을까?"라는 질문들을 던지는 것이다. 이것이 코칭이라고 나는 생각한다.

매일 아침 30분의 '파이프라인 헬스 체크'

성공적인 세일즈맨들은 매일 아침 CRM 시스템을 켜고 파이프라인 '헬스 체크'하는 루틴을 가진다. 어제, 오늘, 이번 주, 다음 주 할 일들을 점검하고 업데이트 한다. 고객 및 딜의 상황 변화를 동료들에게 공유하고 '할 일들'을 제안하기도 한다. 팀장에게는 고객의 임원을 만나서 이러 이러한 메시지를 전달해 달라고 도움을 요청하기도 한다. 본인의 전략 검토, 그에 따른 할 일들을 세우고, 실행해야 할 사람들에게 정보를 공유하고 요청하는 시간인 것이다.

회사는 보통 1주일에 한번 파이프라인 관리 미팅을 전 영업이 가진다. 팀장은 팀원들과, 임원은 팀장들과, 사장은 임원들과 가진다. 파이프라인 총량, 단계별 총액, 전환율, 승률(Win Ratio), 패율(Loss Ratio), 새로운 딜 등을 리뷰하고, 빅딜에 대해서는 자세히 점검하면서 각자가 해야 할 일들을 점검한다.

파이프라인 관리는 기술이 아니라 습관이고 성공적인 영업대표가 되기 위한 필수 조건이다.

결론적으로, 파이프라인 관리는 단순한 업무 절차가 아니라, 영업대표의 성과를 예측 가능하게 만들고, 회사의 자원을 효율적으로 사용하며, 전문성을 입증하는 B2B 세일즈의 핵심 시스템이자 생명줄이다.

성공한 리더의 생각과 행동들

세일즈맨과 세일즈 리더(세일즈 고수)는 무엇이 다를까?

나는 IBM, 삼성전자, 그리고 HP라는 글로벌 거대 기업들의 B2B 현장에서 수없이 많은 '성공'과 '실패'를 직간접적으로 경험했다. 영업대표는 자신의 숫자를 채우기 위해 뛴다. 그들은 목표를 달성하면 환호하고, 실패하면 좌절한다.

하지만 리더는 다르다. 리더는 자신이 딜을 따 냈을 때보다, 팀원이 딜을 따냈을 때 더 큰 환호를 보낸다. 리더는 클로징의 기쁨보다, 그 딜이 고객에게 제공할 가치를 먼저 생각한다. 그리고 계약 후부터가 더욱 바쁘다.

아직도 가끔 과거 내 상사의 말이 머릿속에 떠오른다. 3년 동안 공급하는 대형 인프라 계약을 성사시킨 직후였다. 당시 나는 기쁨에 들떠 있었다. 그때 내 상사였던 아시아 태평양 지역 리더는 "축하해. 당신은 오늘 우리 회사에게 매출을 줬지만, 그 고객은 앞으로 3년간의 미래를 자네에게 맡겼네. 앞으로 3년동안 자네는 고객에게 약속한 가치를 증명해야 해. 그러니 자네의 영업은 이제 시작이야."라고 말했다.

그 순간 나는 B2B 세일즈 리더의 역할은 '파는 것'이 아니라 '고객의 미래 가치를 설계하고 그 가치를 증명하는 것'이라는 것을 깨달았다. 우리의 제품이나 서비스가 고객 비즈니스 동력의 중심이 되어, 그 엔진이 완성될 때까지 팀 전체를 지휘하는 책임. 그것이 바로 리더의 역할이었다. 리더의 존재 이유는 단순한 매출 목표 달성을 넘어, 고객의 '성공을 위한 동반자'가 되는 것에 있었다.

나는 IBM의 철저한 프로정신과 프로세스 및 관리 시스템, 삼성전자의 빠른 실행력과 고객 중심 혁신, 그리고 HP의 고객 비즈니스 통찰력과 선제적 시장 대응을 몸으로 익히면서 세일즈 리더의 의미와 역할들을 알게 되었다.

이제 PART 4 에서는 이 채 전문을 요야 정리하는 마음으로 후배들이 진정한 B2B 세일즈 리더로 도약하기 위해 무장해야 할 20가지 '생각과 행동'들을 담았다. 이 것들은 뛰어난 세일즈 리더(임원 포함)는 어떤 생각을 하고 어떻게 행동하는지를 관찰하면서 공통점을 정리한 것이다. 여러분이 이것들을 반복 훈련하여 습관화한다면 분명 위대한 세일즈 리더로 거듭날 것임을 의심치 않는다.

인생을 바꾸고 싶거든 인격을 바꾸고, 인격을 바꾸고 싶거든 습관을 바꾸고, 습관을 바꾸고 싶거든 행동을 바꾸고, 행동을 바꾸고 싶거든 생각을 바꿔야 한다. '인간은 잘 변하지 않는다'라고들 한다. 맞다. 잘 변하지 않는다. 그러나 훈련을 반복하면 변한다!

왜 많은 리더, 교수, 의사들이 긍정적인 생각으로 매사에 임하라고 하는가? 생각은 감정을 만들어 낸다. 좋은 결과가 나올 것이라고 생각하면 긍정적인 감정을 느끼게 되고, 이 긍정적인 감정은 목표에 집중하게 되고, 방법을 찾게 된다. "난 할 수 있어."라고 믿고 생각하면 할 수 있는 방법이 무엇인지를 생각하게 된다. 소위 성공적인 삶을 살고 있는 사람들의 공통적인 특징이 긍정적인 생각을 한다는 것이다. 긍정적인 생각은 가정과 직장, 대인관계에도 긍정적인 영향을 미쳐 기대 이상의 결과를 가져온다.

반면에 좋지 않은 결과를 생각하면 슬프고 무기력한 감정을 만들어 낸다. 이럴 경우 목표에 집중하기 보다는 목표 달성이 어렵다고 느끼게 되어 목표 달성을 향한 행동을 선택하기 보다는 목표 달성이 어렵다는 이유를 먼저 찾게 되고 변명을 만든다. 당연히 할 수 있는 방법을 찾지 못한다. 따라서 같은 목표를 가지고도 어떻게 생각하는가에 따라서 행동이 달라지게 된다. 즉, 생각에 따라서 행동이 바뀌게 된다.

'사람이 반복적으로 하는 행동은 자신이 누구인지를 말해 준다. 그러므로 중요한 것은 행위가 아니고 습관이다.'라고 아리스토텔레스가 말했다. 자신이 누구인지를 말해 준다는 것은 우리의 인격을 말해 준다는 의미이다. 자신의 인격을 습관이 말해 주는 것이다. 즉, 습관이 바뀌면 인격이 바뀐다. 인격은 사람의 품격을 의미한다. 이 품격이 사람과의 관계 형성과 관계 유지에 엄청난 영향을 미치기 때문에 훌륭한 B2B 세일즈 리더는 훌륭한 품격의 소유자이다.

일단 습관이 들면 고치기가 쉽지 않다. 나쁜 습관은 더더욱 고치기가 어렵다. 오죽하면 세 살 버릇 여든 간다는 말이 있을까? 그러나 의식적으로 지속적으로 생각과 행동을 바꾸다 보면 분명 습관도 바꿀 수 있다.

바꾸자. 생각을 바꾸자. 행동을 바꾸자. 이제 나는 여러분에게 늘 생각하고 행동해야 할 20가지 과제를 제안할 것이다. '언제까지'라는 기간은 없다. 시작은 '지금'부터 습관이 될 때까지 계속해야 한다. 이것들이 여러분 몸에 밴다면 여러분의 인생에 많은 기회와 운이 찾아올 것이고 여러분은 그것들을 움켜잡을 수 있는 역량이 생길 것이다.

1. 고객의 CEO처럼 생각하자

2. 세일즈 파이프라인은 '연료 탱크'이다

3. '실주(Deal Loss)'에서 얻는 열 배의 가치

4. 여백(Pause)을 만들자

5. 숫자의 결과보다 과정의 윤리를 중요시하자

6. '왜'라는 질문에 집착하자

7. 내부 동료들을 고객처럼 대하자

8. 고객이 속한 산업의 미래를 읽자

9. 긍정으로 가장 젊은 오늘을 색칠하자

10. 느낌 대신 데이터를 기준으로 딜을 평가하자

11. RFP(Request For Proposal)를 선점하자

12. 기능(Feature) 대신 혜택(Benefit)을 얘기하자

13. 고객의 언어로 통역하자

14. 숨은 영향력자(Hidden Influencer)를 찾자

15. 고객-우리 회사-파트너 모두가 Win-Win-Win 하자

16. 최악의 시나리오에 대비하고 공격적으로 베팅하자

17. 성공 사례와 실패 사례를 시스템화하자

18. 하루 1시간 비전 독서를 하자

19. 팀원의 성공이 나의 성공이다

20. 고객과의 관계, 평생 가치로 승화시키자

이제, 이 20가지 원칙을 하나씩 구체적으로 살펴보자.

1

고객의 CEO처럼 생각하자

많은 IT 영업대표들이 고객을 상대로 '기술적 우위'와 '기능'을 논하는 데 집중한다. 하지만 리더는 고객사의 'CEO(최고 경영자)'의 언어로 말한다. CEO의 언어란 '비즈니스 가치(Business Value)', '시장 점유율(Market Share)', '투자수익률(ROI)', '주주가치 제고', '경쟁 우위', '생산성', '차별화', '위험 제거' 'Cash Flow' 등의 단어로 구성된다. 여러분의 솔루션이 단순한 비용 절감을 넘어, 고객의 사업 영역에서 어떻게 경쟁 우위를 만들어 내고, 고객의 목표 달성에 어떻게 기여할 것인지에 대해 말해야 한다. 기술적 문제 해결사가 아닌, 비즈니스 파트너가 되는 것이다. 물론 여러분이 제공하는 솔루션이 고객사의 비즈니스 성과를 수치적으로 보증할 수는 없다. 그러나 그 단어들을 언급하는 자체가 영업대표에게 점수를 더 준다.

사례:

중대재해 처벌법에 대해 잘 알고 있을 것이다. 특히 제조사나 건설사의 CEO는 정말 편하게 잠자기가 어려울 정도이다. 많은 회사가 골머리를 잃고 있고 이에 관련된 시스템을 도입하려 하고 있다.

A 건설사의 김 사장님은 중대재해 처벌법 시행 이후 늘 불안했다. 이 법이 단순히 회사에 벌금을 부과하는 것을 넘어, 'CEO 개인의 구속과 처벌'로 이어질 수 있다는 사실 때문이었다.

경쟁사는 '스마트 안전 장비'를 제안했다. 출입 통제, 근태 관리, CCTV를 통한 실시간 감시체계를 통한 안전사고 사전 방지 시스템을 구축하자는 제안이었다.

우리 영업팀은 제품 설명 대신, 중대재해 처벌법의 핵심 조항과 최근 유사 업계의 구속 사례를 먼저 설명하였다.

"사장님, 이 법의 핵심은 현장에 얼마나 많은 장비를 설치했는지가 아닙니다. 충분한 인력과 예산을 투입하여 안전보건 확보 의무를 이행했다는 '증거'가 확보되어 있는가?'입니다. 만약 사고가 발생하면, 검찰은 사장님께 가장 먼저 '책임을 다했다는 객관적인 기록'을 요구할 것입니다. 지금처럼 수기로 작성되거나 여기 저기 설치되어 있는 CCTV로는 그 증거를 법정에서 인정받기 어렵습니다. 우리가 제안하는 시스템은 사고 예방은 기본이고 사장님을 법적 리스크로부터 보호하는 '통합 법적 방패'입니다."

이 말에 김 사장님의 태도가 완전히 바뀌었다. 김 사장님이 가장 두려워하는 것은 '사고' 자체가 아니라, 사고 이후 '법적 책임을 피할 수 있는 증거 부재 리스크'임을 정확히 짚어냈기 때문이다.

우리 영업팀이 제안한 것은 단순한 안전 장비가 아니라, 안전보건 확보 의무를 실시간으로 기록하고 관리하는 통합 IT 플랫폼이었다. 이 플랫폼은 실시간 법적 증거 확보가 가능했다. 모든 현장의 안전 점검, 위험 요소 파악, 개선 지시, 예산 집행 내역이 CEO 대시보드에 실시간으로 통합 기록되었다. 이 데이터는 위·변조가 불가능한 형태로 저장되어, 'CEO가 의무를 성실히 이행했다'는 강력한 법적 증거로 활용되도록 설계되어 있었다. '예산이 부족했다'는 변명을 차단하기 위해, 시스템은 위험도가 높은 건설 현장에 '예산과 인력을 XX만큼 우선 배정했다'는 기록을 자동으로 생성했다. 만약 사고가 발생하더라도, CEO는 법정에서 "플랫폼 대시보드를 통해 매주 안전 점검을 확인하고, 위험 경고 발생 시 즉시 개선 지시를 내렸습니다. 이는 시스템에 모두 기록되어 있습니다"라고 주장할 수 있는 구체적인 근거를 IT 시스템이 제공할 수 있도록 설계되어 있었다.

이 프로젝트는 김 사장님의 최우선 순위가 되었고, 이 프로젝트는 '안전 장비 도입'이 아닌 '법적 리스크 관리 시스템 구축' 이름으로 집행되었다. 김 사장님은 "나는 법적 의무를 다했다는 객관적인 증거를 실시간으로 확보하고 있다"는 심리적 안정감을 얻었다. 이 프로젝트는 '비용이 아니라 법적 리스크를 제거하는 투자'였다.

2.

세일즈 파이프라인은 '연료 탱크'이다

파이프라인은 아주 중요해서 앞 부분에서 이미 상세하게 다루어서 간단히 리마인드만 한다.

파이프라인은 희망 사항 리스트가 아니라, 현재 오늘을 살면서 동시에 내일 살아가야 할 먹거리이다. 현재의 연료로 당분간 달릴 수 있지만 연료가 바닥나면 더 이상 움직일 수 없다. 움직여서 영업 기회를 찾아야만 연료가 채워진다. 그래야 멈추지 않고 계속 달릴 수 있다. 먹거리인 만큼 리더는 파이프라인의 '신선도'와 '질'을 철저하게 잘 관리해야 한다.

효율적인 세일즈 파이프라인 관리를 위해서는, 다음 세 가지 핵심 '점검등'을 주기적으로 확인해야 한다.

1. 연료의 양(파이프라인 커버리지 비율, Pipeline Coverage Ratio)

여러분의 매출 목표를 달성하기 위해 파이프라인에는 얼마나 많은 기회가 존재해야 할까? 경험상, 다음 분기 또는 반기의 목표 매출을 달성하기 위해서는 최소한 목표 대비 3배에서 5배에 해당하는 총 파이프라인 가치를 유지해야 한다. 또한 '단계별 딜 총액 목표'를 설정하고,

초기 단계부터 단계별 총액 관리를 해야 한다. 예를 들어 분기 마지막 달에 협상 중인 딜들의 총액이 목표액의 1.2배밖에 되지 않았을 때는 당연히 매우 심각한 상태인 것이다.

2. 연료의 질(영업기회의 질)

연료 탱크의 연료가 휘발유인지, 경유인지가 중요하듯이, 파이프라인에 있는 영업 기회들이 실제로 계약으로 성사될 가능성(Quality)을 정확히 평가해야 한다. 이를 위한 객관적인 증거는 '고객이 우리에게 투명하게 보여 주는 구체적인 행동과 사실(Fact)'에 기반해야 한다.

가장 간단한 방법은 앞부분에서 얘기한 BANT를 이용하는 것이다. Budget, Authority, Needs, Timeline이다. 각 5점 만점에 20점을 부여하고 점수가 높으면 가능성이 높은 것으로 평가하면 된다.

- 예산 (Budget): '고객에게 예산이 아마 있을 것이다'라는 막연한 기대 대신, 고객이 해당 프로젝트에 대해 승인된 예산 범위를 확인해 주었거나, 공식적인 구매 요청(PO) 프로세스를 시작했는지 확인한다.
- 의사결정(Authority): '만나서 제안서를 드리려고 한다'는 여러분의 계획이 아니라, 고객사의 최종 의사결정권자(예: 담당 임원)가 여러분의 솔루션 검토 과정에 참여하기로 공식적으로 약속했는지 확인한다.
- 니즈(Needs): 고객이 여러분의 제품에 '관심을 보였다'는 식의 추측이 아니라, 고객이 현재 겪는 핵심 문제(예: 매년 1억 원의 손실 등)와 그 문제를 해결해야 할 시급성을 공식적으로 인정했는지 화

인한다.

- 일정(Timeline): '이번 분기 안에는 계약할 수 있을 것 같다'는 희망이 아니라, 고객이 내부 구매 프로세스의 마감일을 알려주고, 솔루션을 도입할 구체적인 계획을 확정했는지 확인한다.

3. 연료의 흐름 속도(딜 속도, Deal Velocity)

연료가 엔진으로 너무 느리게 공급되면 출력이 떨어지듯, 딜이 파이프라인 단계를 너무 느리게 통과하면 그 딜은 결국 없어질 가능성이 높다. 우리는 각 단계별 '최대 정체 일수(Maximum Stalled Days)'를 정하고 이를 CRM 시스템에서 모니터링 했다. 예를 들어, '미팅 요청(Qualification)' 단계에서 15일 이상 머무르면 빨간색 경고등으로 표시했다. 이 경고등은 단순히 방치된 기회를 상기시키는 것을 넘어, 영업 리더가 해당 딜에 대해 코칭(Coaching)을 시작한다. 리더는 "왜 정체되었는가?", "어떤 지원이 필요한가?"를 질문하고, 필요하다면 딜을 포기하거나 다른 Action을 취하는 등의 신속한 결정을 내릴 수 있었다.

영업팀은 '가장 큰 매출과 이익을 가져올 딜'에 자원을 배분할 수밖에 없다. 그러나 조심해야 할 것은 그 딜에 100% 매달리면 안 된다. 그 딜이 실패했을 경우도 대비해야 한다. 리더는 파이프라인 내의 딜들을 '단기 중기 수주', '장기적인 전략 딜', 그리고 '유입되는 새로운 딜'로 분류하고 균형을 맞춰야 한다. 단기 중기 딜들은 올해 일용할 양식이고, 장기적인 딜은 내년, 내후년의 먹거리이다. 그리고 새로운 딜이 유입되지 않으면 곧 연료가 떨어지게 된다.

3

'실주(Deal Loss)'에서 얻는 열 배의 가치

실주는 실패가 아닌 '성장 수업료'다. B2B 세일즈맨에게 실주(Deal Loss) 통보만큼 가슴 아픈 것은 없다. 수개월 혹은 수년에 걸쳐 공들인 노력이 한순간에 물거품이 되는 경험은 좌절감을 넘어 자기 의심까지 불러 일으킨다.

어느 날 엄청난 노력을 쏟아부은 딜이 실주를 하였다. 하루 종일 머리가 '멍'했고, 아무런 일도 할 수가 없었다. 그날 밤 난 화가 나고 슬프고 분해서 하얗게 밤을 지샜다. 하지만 시간이 흘러 생각해 보니 "실주는 실패의 증거가 아니라, 다음 승리를 위한 수업료"였다.

수많은 승리와 패배의 경험에서, 나는 이 수업료를 기꺼이 지불하고 그 가치를 열 배 이상으로 되돌려받는 법을 배웠다. 성공 사례는 영웅담이 될 수는 있지만, 실주 사례는 우리의 전략적 약점을 보완하고 통찰력을 날카롭게 다듬어 준다. 실주는 언제나 '경쟁사 대비 가격 열위', '기술적 사양 차이'와 같은 단순한 이유로 포장되곤 한다. 하지만 복잡한 B2B 환경에서는 대부분 실질적인 패인은 더 깊고 근본적인 곳에 숨어 있다. 우리는 그 숨겨진 진실을 파헤쳐야 한다.

사례: '우리가 최고'라는 오만함이 부른 실주(글로벌 시스템 통합 딜)

과거에 우리 팀은 대규모 시스템 통합 프로젝트에 참여한 적이 있었다. 수년 간 해당 고객사를 담당해 왔고, 기술력이나 타 고객 설치 경험에서 경쟁사를 한참 앞서고 있다고 자부했다. 고객의 요구사항(RFP)은 사실상 우리 솔루션을 위해 쓰였다고 해도 과언이 아니었다.

최종 계약 직전, 우리는 경쟁사보다 꽤 높은 견적을 제시했다. "우리가 최고이니 이 정도 가치를 인정받을 수 있다"는 오만함이 깔려 있었다. 고객사는 우리에게 최종 가격을 조정할 기회를 주었지만, 우리는 '기술적 가치'를 강조하며 양보하지 않았다. 결과적으로 딜은 경쟁사에게 넘어갔다. 과연 가격 때문에 패배했을까?

숨겨진 패인이 있었다. 고객 내부의 정치적 역학 관계를 무시했던 것이다. 기술적으로 완벽했음에도 놓친 결정적인 이유는 크게 두 가지였다.

첫째, '정치적 균형'이라는 측면을 놓쳤다. 고객사는 오랫동안 우리 회사에 대한 의존도가 너무 높아지는 것을 경계하고 있었다. 이번 프로젝트를 통해 새로운 공급업체를 발굴하고 싶다는 잠재적인 니즈가 있었던 것이다.

둘째, '결정권자의 니즈'를 파악하지 못했다. 최종 결재권자인 신임 CFO는 '비용 효율성'을 자신의 주요 업적으로 만들고 싶어 했던 것이다. 우리의 높은 견적과 오만함은 이 CFO에게 받아들일 수 없는 조건이었다.

B2B 딜에서 기술적 우위는 '입찰 자격'일 뿐 '승리 공식'이 아니었던 것이다. 딜을 진행하다 보면 약간의 가격 양보는 고객 내부의 복잡한 정치적, 재무적, 심리적 니즈를 충족시키는 강력한 도구가 될 수 있기 때문에 가격을 양보하는 '노력'을 보여 주어야 했었다. 고객의 '정성적 만족도'를 과소평가했던 것이다.

실주 후 반드시 실행해야 할 후속 5단계 조치

이제 실주를 '감정적으로' 처리하는 대신, '전략적으로' 분석하여 궁극적인 승리로 전환하는 구체적인 방법을 살펴보자. 패배 직후의 24~48시간이 가장 중요하다.

1단계: '솔직함'을 요청하자

딜이 최종적으로 끝난 후, 고객의 핵심 실무진이나 의사결정자에게 진심으로 감사 인사를 전하고, "저희의 미래를 위해 꼭 배우고 싶다"며 솔직한 피드백을 요청해야 한다. "저희가 이번 딜에서 놓친 가장 결정적인 요인이 무엇이었나요?" "다음 기회에 저희가 경쟁사와 차별화할 수 있는 가장 중요한 요소는 무엇이라고 생각하십니까?" 이때 절대 변명하거나 따져서는 안 된다. 오직 학습을 위한 낮은 자세만이 답을 얻을 수 있다.

2단계: '내부'와 '외부' 요인을 분리하자

수집한 피드백과 팀의 자체 분석을 토대로 패인을 명확히 구분해야 한다. 이때 중요한 것은 '내부 통제 가능 요인'과 '외부 통제 불가능 요인'을 분리하는 것이다. 내부 통제 가능 요인은 우리가 다음 딜에서 당장 수정할 수 있는 것들을 의미한다. 예를 들어, 의사결정자 지원 확보 실패, 견적 제출 시간 지연, C-레벨 미팅 부족, 솔루션 포지셔닝 실수 등이 여기에 해당한다. 반면, 외부 통제 불가능 요인은 시장 상황, 정부 정책 등 우리가 노력해도 바꿀 수 없는 것들이다. 예산 삭감, 정부나 외부의 규제(예: 국산 제품만 가능), 고객사 CEO 또는 핵심 의사결정권자 교체 등이다. 당연히 우리의 모든 노력은 내부 통제 가능 요인에 집중되어야 한다.

3단계: '가설 버리기'와 '새로운 공식' 도출

실주 분석을 통해 기존의 성공 공식이 이 딜에서는 통하지 않았음을 인정해야 한다. '가설 버리기'는 우리가 세웠던 가설을 버리는 것이다. 예를 들면 "우리의 기술력 우위가 10%의 가격 차이를 상쇄할 것이다." 라는 가설이다. 새로운 공식을 만들어야 한다. 예를 들면 "이 고객에게 기술력은 최소 요건일 뿐, 가격 차이는 5% 이내로 관리해야 한다."는 것이다.

4단계: '패배 보고서'를 공유하자

실주 보고서를 작성하여 팀 전체에 공유하고 토론하는 문화를 만들자. 이때 보고서에는 '잘한 점'과 '배울 점'이 균형 있게 담겨야 한다. 특히 신입 사원들은 성공 사례보다 실주 사례를 통해 더 빠르게 영업을 배울 수 있다.

5단계: '재탈환(Win-Back)' 기회를 설계하자

실주는 그 딜이 끝났다는 의미이지, 고객과의 관계가 끝났다는 의미가 아니다. 실주 했다고 고객과 만남을 소홀히 하고 성의 없게 고객 응대를 한다면 그야말로 '끝'이다. 패배 직후, 다음 번 딜을 준비하는 '윈백(Win-Back)' 전략을 수립해야 한다.

"경쟁사의 솔루션을 도입한 후, 고객이 겪을 수 있는 잠재적인 고통(Pain Point)은 무엇일까?" "우리는 그 문제 발생 시점에 고객에게 어떤 '해법'을 제시하며 다시 접근할 것인가?" 에 대한 전략을 수립해야 한다. 기회가 올 수도 있고 오지 않을 수도 있지만 기회가 생기면 잡을 준비는 해야 한다.

성장은 '수주'의 덧셈과 '실주'의 곱셈이다. B2B 세일즈 여정은 끊임없는 학습 곡선(Learning Curve)이다. 여러분이 승리할 때마다 얻는 것은 '자신감'과 '수익'이지만, 실주 할 때마다 얻는 것은 '약점 보완', '숨겨진 시장 정보', '고객에 대한 깊은 이해'이다.

이 통찰력들은 여러분을 단순히 좋은 세일즈맨이 아닌, '시장과 고객의 상황을 읽고 딜의 흐름을 통제하는 세일즈 리더'로 만들어 줄 것이다. 패배를 두려워하지 말자. 대신, 실주 했지만 아무것도 배우지 못하는 것을 두려워해야 한다. 실주에서 배우고, 그 수업료를 기꺼이 지불하자. 여러분의 다음 승리는 그 경험 속에서 이미 설계되고 있을 것이다.

4.

여백(Strategic Pause)을 만들자

분기 마감 직전, 팀 전체가 딜에 매몰되어 갇혀 있을 때, 나는 종종 팀원들에게 하루 동안 모든 보고와 연락을 하지 말고 잠시 멈춰 있으라 했다. 사무실에 나오지 않아도 된다고 했다. (어차피 영업은 Mobile Office 제도로 운영되었다.) '딜의 전체(숲)'를 보고 생각하는 시간을 가지라고 했다. 이 여백 속에서 이전에는 보지 못했던 딜의 숨겨진 리스크나 경쟁사의 취약점을 발견하곤 했다. 이것은 낭비가 아니라, 실행력과 판단력을 재장전하는 중요한 생각의 시간이다. 여백에 대해 좀 더 살펴보자.

여백은 쉼이 아니라 '생각의 공간'이다

딜이 치열해질수록 세일즈는 '전술적 사고(Tactical Thinking)'의 함정에 빠지기 쉽다. 즉 고객의 요청에 즉각 반응하고, 경쟁사의 움직임에 따라 기능을 추가하고, 가격을 조정하는 '반응적(Reactive)' 모드가 먼저 세팅된다.

하지만 딜이 복잡하고 규모가 클수록, '전략적 사고(Strategic

Thinking)'가 승패를 결정한다. 문제는 번아웃(Burnout) 상태에서는 전략적 사고 자체가 불가능하다는 것이다. 몸과 마음이 지쳐 버리면, 우리는 가장 익숙하고 쉬운 방법인 '가격 인하'나 '기능 투입'이라는 처방에 의존하게 된다.

IBM, 삼성전자, HP 등 글로벌 B2B 시장의 최전선에서 깨달은 성공 습관 중 하나는 바로 '전략적 여백(Strategic Pause)'을 의도적으로 만드는 것이었다. 여백은 단순히 휴식을 취하라는 뜻이 아니다. 그것은 딜의 소음에서 벗어나 지금 제대로 접근하고 있는지, 이 딜의 본질적인 성공 요인이 무엇인지 냉정하게 점검하기 위한 '생각의 공간'을 확보하는 행위였다.

내부분의 세일즈맨은 "시간이 없다"고 말하며 멈추지 못한다. 하지만 세일즈 리더는 가장 중요한 순간에 멈출 용기를 낸다.

사례: 24시간의 '노 컨택(No-Contact)' 여백

과거 우리 팀은 중요한 큰 고객사의 R&D 솔루션 딜을 하고 있었다. 고객사의 핵심 경쟁력을 유지하고 미래 기술을 선도하는 역할을 맡은 부서였고 예산 규모도 매우 컸다. 최종 결정권자의 승인을 앞두고 고객 실무진과의 잦은 회의, 끊임없는 사양 검토, 경쟁사의 가격 공세 등으로 팀 전체가 심각한 '딜 피로(Deal Fatigue)' 상태였다. 팀은 전적으로 고객의 요구사항에 끌려다니고 있었다.

최종 의사결정을 며칠 앞두고 고객이 뜬금없이 '가격 20% 인하'를 요구했다. 우리 팀은 '지금 놓치면 안 되다'는 압박감에 쫓겨 5%라도 더 깎아 주지는 의견이 대세였다.

나는 이 순간이 전략적으로 매우 중요하다는 것을 직감하고, 팀 전체에 24시간의 '노 컨택'을 지시했다. 물론 고객에게는 시간을 벌어 놓은 상태였다.

이 멈춤의 시간 동안, 우리는 처음의 'Why(이 딜을 시작한 고객의 본질적인 목표)'를 재검토했다. 고객의 최고 의사결정자는 3년 내 생산성을 20% 향상시키는 것을 목표로 하고 있었지, 당장의 시스템 도입 비용 20% 절감이 목표가 아니었다.

우리는 24시간 후 고객에게 가격 인하 대신, 다음과 같은 새로운 제안을 전달했다.

"가격은 현재 수준을 유지하지만, 저희는 이 솔루션을 통해 고객사의 핵심 목표인 '3년 내 20% 생산성 향상'을 위해 제안한 시스템의 컴퓨팅 자원이 100% 가동되도록 기술지원을 제공하겠습니다. 이를 위해 저희 본사의 최고 기술 인력을 프로젝트 기간인 6개월 동안 상주하면서 100% 가동되는 시스템을 구축해 드리겠습니다." 이 제안은 다음 프로젝트(우리는 이미 또 다른 2차 프로젝트가 있다는 것을 알고 있었다.)에서도 선점을 하기 위한 계획이었고, 이 기술 인력의 6개월 상주 비용은 10% 가격 인하 분이었다.

딜은 결국 승리로 이어졌다. 본사의 기술 인력을 통해 만족스러운 시스템이 구축되었고, 우리의 기술 인력들도 본사의 기술을 그대로 전수받았음은 물론이다. 2차 프로젝트도 우리가 수주하였다. 이 여백은 우리를 '반응하는 판매자'에서 '새로운 제안으로 가치를 높이는 파트너'로 포지셔닝 하게 해 주었다.

여백을 만드는 방법

여백은 자연스럽게 주어지는 것이 아니라, 의도적으로 실시해야 한다.

1. 외부 관찰자 시점을 확보하자

자신이 겪고 있는 딜을 완전히 새로운 시각으로 봐야 한다. 가장 좋은 방법은 타인의 관점을 묻는 것이다. 먼저 다른 팀의 선배나 동료에게 딜 상황을 단 10분 안에 설명해 보자. 설명을 듣는 사람이 "그래서 고객이 정말로 얻고 싶어 하는 것이 뭐야?"라는 종류의 핵심 질문을 던질 때, 그 질문에 머뭇거린다면 바로 그 지점이 전략적 생각이 필요한 부분이나.

2. C-레벨의 3대 과제'에 재정렬하자

딜의 복잡성 때문에 자칫 '실무진의 숙제'에 매몰되기 쉽습니다. 잠시 멈췄을 때는 여러분의 제안이 여전히 고객사 C-레벨(CEO, CFO, CIO 등)이 당면한 다음 세 가지 중 하나를 해결하는지 점검해야 한다.

- 매출이나 생산성 증대: 시장점유율 확대, 새로운 시장 진출 또는 생사성
- 비용 절감: 프로세스 혁신을 통한 장기적인 원가 구조 개선
- 리스크 관리: 규제 준수, 보안 강화, 공급망 안정화

3. 아날로그로 돌아가자

디지털화된 딜 과정(이메일, 메신저, CRM)에서 벗어나 잠시 멈추자. 딜의 핵심 정보(Who, What, Why, Competitor)를 A4 용지 한 장에 손으로 써 보고 펜으로 연결해 보자. 복잡했던 상황이 단순하게 도식화되는 경험을 통해 새로운 통찰을 찾을 수 있을 것이다.

5.

숫자의 결과보다 과정의 윤리를 중요시하자

B2B 세일즈는 단 한 번의 거래로 끝나지 않는 지속적인 관계의 산물이다. 이 과정에서 '숫자'로 대변되는 '단기적인 결과(매출, 분기 실적)'를 달성하려고 무모하고 비윤리적인 유혹에 빠질 수 있다.

수많은 딜을 경험하며 다른 딜들을 보면서 깨달은 것은, 단 한 번의 비윤리적인 승리가 과거 10년간 쌓아온 회사나 개인의 신뢰를 한순간에 무너뜨릴 수 있다는 사실이다. 우리가 왜 단기 목표의 압박 속에서도 윤리적 행동 강령을 고수해야 하는지, 그리고 그 과정이 어떻게 장기적으로 '신뢰'를 강화할 수 있는지 사례를 보자.

사례: 제품 로드맵에 대한 '거짓말'

이 사례는 Z 벤더사의 사례이다. 고객이 IT 산업에 속해 있었고, 딜에서 경쟁 우위를 점하기 위해서는 가장 최신의 차세대 신제품 로드맵이 중요했다. Z사의 신제품이 발표는 되었지만 꼭 필요한 특정한 통신 기능이 지원되지 않았고 향후 지원할 계획이라고 발표하였다. 언제 지원할 지는 확정되지 않았다. Z 벤더의 영업팀은 본사의 승인 없이 "3개월 안에 해당 기능을 지원한다"는 표현을 사용해 딜을 수주하였다. 영업팀 자체적인 판단이었다. 기능 하나 추가는 3개월 정도면 되리라 생각했던 것 같다. 3개월 후, 약속했던 기능은 구현되지 않았다. 고객의 신뢰는 무너지기 시작했고, 기능구현은 계속 미뤄졌다. 결국 고객은 이 사태를 '기술적 오류'가 아닌 '기만'으로 받아들였고 그 계약을 파기하였다. 해당 고객사는 이 벤더를 3년간 주요 벤더 목록에서 배제했으며, IT 시장에 이 소식이 퍼지면서 Z 사의 평판에 심각한 손상을 입었다. 눈앞에 있는 딜을 놓치지 않으려 하다가 미래의 모든 딜을 모두 잃어버린 것이다. B2B 세일즈에서 진실을 숨기거나 과장하는 것은 결국 돌이킬 수 없는 손해와 장기적인 성공 확률을 제로로 만든다.

기타 다른 사례들도 있다. 한 고객의 딜에 여러 파트너가 제안을 하는데 파트너끼리 가격 정보 공유를 하여 두 곳은 그 고객의 구매리스트에서 사라진 사례도 있었다.

한 벤더가 말도 안 되는 가격으로 수주하여 다른 벤더가 고객 내부에 문제를 제기하여 법적으로는 문제가 없었지만 시끄러운 적도 있었다.

너무 낮은 가격으로 수주한 어느 벤더는 비용을 감당하지 못하고 손해 때문에 프로젝트가 엄청나게 지연된 경우도 있었다. 무리한 가격 인하는 고객 지원이 원만하지 못했다.

단기적인 유혹으로부터 세일즈 자신을 지키고 고객과의 장기적인 신뢰를 구축하기 위해서는 아래와 같은 행동 수칙을 지키면 도움이 된다.

첫째, 제품 출시 지연, 예상치 못한 비용 발생 등 불확실한 정보나 불리한 진실은 있는 그대로 고객과 내부에 공유한다.

둘째, 팀이 절대로 타협해서는 안 되는 '윤리적 마지노선(Red Line)'을 정한다. 예를 들면 '최소 마진 룰(X% 이하 금지)', '미확정 로드맵 기반의 판매 금지' 등이다.

셋째, 경쟁사를 비방하지 않는다. B2B 환경에서는 오늘의 경쟁사가 내일의 파트너가 될 수 있다. 딜 과정에서 경쟁사를 비방하는 행위는 고객에게도 점수를 잃고 미래의 파트너를 잃을 수 있다. 오직 차별화된 가치만 언급하는 것이 좋다.

넷째, 팀 내부의 의견을 경청하자. 가장 먼저 윤리적 위반을 감지하는 것은 현장에 있는 팀원들이다. 딜 과정이 불투명하거나 무리하다고 느낀 팀원은 분명 불편해하거나 불만을 나타낸다.

숫자는 분기마다 새롭게 리셋되지만, '신뢰(Trust)'는 누적되어 여러분의 경력과 회사의 가치를 평가한다. 윤리적 영업을 통해 얻은 고객의 신뢰는 재계약 비용 절감과 경쟁사의 공격 방어와 같은 '신뢰 프리미엄'이 된다. 숫자의 유혹에 흔들리시 말사. 과정의 윤리를 시키는 것이 곧 가장 높은 숫자를 장기적으로 달성하는 훌륭한 전략이다.

6.

'왜'라는 질문에 집착하자

B2B 고객은 분명 자신들의 '비즈니스 문제 해결과 목표 달성'을 구매한다. 고객이 "우리에게 새로운 서버가 필요합니다"라고 말할 때, 이것은 단순한 현상일 뿐이다. 만약 세일즈맨이 이 표면적인 요청에만 머문다면, 고객은 곧바로 "경쟁사 서버가 더 저렴한데요?"라고 말할 것이다. 서버가 왜 필요한지, '왜'를 파고들지 않으면, 여러분의 제안은 경쟁사의 저렴한 제품에 밀리게 된다. '왜'를 파고들면 숨겨진 비즈니스 문제를 발견하게 되고 그 원인을 치료하면 그것이 솔루션이 된다. '왜'를 어떻게 파고 들어가는지 알아보자.

첫째, 우선 고객이 현재 시스템이나 프로세스에서 겪고 있는 불편함을 파악하는 것이 중요하다. 고객에게 "현재 사용하시는 시스템이 어떤 부분에서 불편한가요? 어떤 문제가 있어서 불편한가요?"라고 질문해 보자. 이 질문을 통해 우리는 고객이 현재의 문제를 어떻게 정의하고 있는지, 그리고 이 문제를 얼마나 심각하게 받아들이고 있는지 알게 될 것이다.

둘째, 문제의 심각성 및 파급효과를 알아보는 것이다. 문제가 무엇인지 파악했다면, 그 문제가 비즈니스 전체에 어떤 영향을 끼치고 있는지 서로 인지해야 한다. 고객에게 "그럼 이 문제가 비용을 증가시키고 직원들의 피로도를 높이고 있군요. 또 다른 영향은 무엇이죠? 숫자로 파악한 자료가 있을까요?"라고 구체적으로 물어보면 더욱 좋다.

이제 여러분은 내부의 팀원들과 이 정보를 공유하고 이 문제를 해결할 수 있는 솔루션을 찾아내면 된다.

사례:

과거 어느 제조업 고객이 제법 큰 규모의 시스템 구매를 공고했다. 평소에 큰 딜이 없고 아주 작은 규모의 딜들이어서 큰 비중을 두지 않았던 고객이었다. 그래서 왜 구매 공고를 했는지 그 배경을 알지 못했다. 사실은 이미 경쟁사 보다 한걸음 늦은 셈이다. 평소 열심히 고객을 만났다면 구매 공고가 나올 것이라는 것을 알았을 것이고 왜 필요한지도 파악했을 것이다. 우리는 '왜'에 집착하기로 하였다. 그렇지 않으면 내용도 모르고 가격 입찰만 할 것이고 그렇다면 저가의 서버업체에게 패배할 것이 뻔했기 때문이다. "서버 도입이 왜 필요한지 말씀해 주시겠습니까?"라는 질문으로 시작되었다.

"재고 관리 시간을 줄이기 위해서 필요합니다."

"왜 재고 관리 시간을 줄이는 것이 중요하십니까?"

"납기 일정을 자주 맞추지 못하기 때문이죠."

"납기를 못 맞추면 어떻게 됩니까?"

"페널티를 내야 하고 회사의 신뢰도도 떨어지죠."

"지난 과거 페널티가 얼마였는지 알려 주실 수 있습니까?"

"지난 분기에만 페널티와 클레임 처리가 5억이 넘었어요. 우리가 시스템 도입을 통해 이 문제를 해결하고 우리 부서가 회사의 혁신을 이끌어 가는 부서로 자리매김도 할 수 있고요"

결과적으로 우리는 '왜'를 통해서 두 가지 핵심 구매 니즈를 파악하였다. 페널티를 방지하여 수익의 손실을 막고, 혁신을 주도하는 부서로 자리 매김을 해야 하는 니즈가 있었던 것이다. 우리는 이에 맞추어 제안을 하게 되었고, 재고가 부족하여 생산일정에 차질을 줄 수 있는 요소들을 다시 프로세스화하고, 항상 안전재고가 유지될 수 있도록 '자동 발주 시스템'을 제안하여 이 프로젝트를 성공리에 마칠 수 있었다.

사례: '현상 유지'라는 가장 강력한 경쟁자

또 다른 측면을 살펴보자. B2B 세일즈에서 가장 강력한 경쟁자는 바로 고객이 '아무것도 하지 않는 것(현상 유지)'이다.

한 고객이 있었다. 그 고객의 시스템은 오래 전에 구축되어 안정적으로 운영이 되고 있었다. 낡은 시스템의 비효율성도 있었다. 요즈음 모든 소프트웨어들은 윈도우 서버나 리눅스 OS(Operating System)를 사용하여 개발된다. 그런데 고객의 OS는 아주 오래된 과거의 폐쇄형 OS를 사용하고 있었다. 따라서 새로운 무엇인가를 도입하려면 과거 OS 환경에서 개발된 SW를 찾아야 하거나 비싼 개발 비용을 지불하고 과거의 개발자들을 수소문해야 한다. 이런 문제를 알고 있으면서도 새로운 시스템 도입 비용과 학습 부담 때문에 '현상 유지'를 하고 있었다.

우리의 시스템 전환에 대한 제안에 고객의 반응은 "좋은 건 알겠는데, 지금도 잘 돌아가요. 굳이 왜 바꿔야 하죠?"로 귀결되었다.

우리는 '왜'라는 질문을 고객의 리스크 인식으로 전환하기로 했다. "고객님. 현재 미국의 주요 글로벌 회사들은 이미 OS 시스템을 바꾸어 새로운 인프라 시스템을 도입하기 시작하였습니다. 이제는 새로운 OS 들의 안정성 및 가성비가 증명이 되었습니다. 국내에서도 이미 도입을 시작한 고객들이 많습니다. 지금이 바로 적기인 것 같습니다."라고 하면서 미국에서 열리는 컨퍼런스에 초청을 하여 미국 선도 기업들의 증언과 사례를 확인하게 하였다. 지금 움직이지 않으면 향후 1~2년 후에는 현재의 경쟁력을 유지할 수 없다는 절박함은 결국 고객을 움직였고 시스템을 바꾸는 컨설팅 프로젝트를 시작하였고, 결국 새로운 차세대 시스템은 우리가 수주를 하였다. 우리는 고객의 사고를 '비용 지출'에서 '미래의 비즈니스 리스크 회피'로 전환시킨 것이다.

궁극적으로 '왜'라는 질문은 세일즈맨의 강력한 무기이다. 진짜 문제를 해결하고 성공을 돕겠다면 항상 '왜'를 지니고 다녀야 한다. 제안서의 첫 페이시를 '고객의 문제와 이 문제를 지금 당장 해결해야 하는 이유와 그 문제를 어떻게 해결할 것인지, 그리고 그 혜택은 무엇인지'로 시작하자.

7.

내부 동료들을 고객처럼 대하자

내부 동료들의 도움이 없다면 딜을 수주하기가 어렵다. 특히 대규모 IT 솔루션이나 서비스 딜은 한 명의 슈퍼 스타 영업대표 역량만으로는 불가능하다. 전사적인 팀워크가 가장 중요하다. 고객에게 전달되는 가치는 영업팀뿐만 아니라, 제안, 기술 지원(프리세일즈), 법무, 재무, 공급망 관리(SCM) 등 수많은 내부 동료들의 협력으로 완성된다.

고객 앞에서 영업대표는 회사의 '최전방 대표'이지만, 회사 내부에서는 이 모든 지원팀이 '내부 고객'이 된다. 이 내부 고객들을 설득하고, 협조를 얻어내야만 고객에게 '가치'를 제공할 수 있다. 외부 고객을 설득하는 세일즈 역량이 50%라면, 내부 동료들을 설득하고 그들의 자발적인 협력을 이끌어 내는 '내부 세일즈 역량'도 50%이다. 이 50%를 성공시키는 열쇠는 '동료를 고객처럼 대하는 태도'에 있다.

사례: 법무팀의 지원

고객과의 계약 최종 단계에서 복잡한 커스터마이징 이슈가 발생하여, 법무팀이 표준 계약서를 대폭 수정하느라 상당한 시간을 투입해야 했던 적이 있다. 이때 평범한 영업대표는 '법무팀이 당연히 해야 할 일이지'라는 태도를 보인다. 그런데 법무팀은 여러분 한 명만 상대하는 것이 아니다. 이런 태도는 아마도 다음부터 여러분 딜을 '우선순위에서 제외'하게 만드는 지름길이 될 것이다.

그런데 딜이 성공한 직후, 어느 영업대표는 법무팀 리더에게 법무팀의 구체적인 기여 내용을 명시한 정중한 감사 이메일을 공식적으로 발송하고, 해당 팀의 수고에 감사하는 '소규모 회식'을 제안했다. 이는 법무팀에 '영업팀이 자신들을 존중하고 있으며, 리스크를 최소화하기 위해 노력한다'는 확실한 신호를 주었다. 그리고 다음 딜부터는 예외사항이 발생할 것 같은 딜에 대해서는 딜 진행 상황을 공유하는 리스트에 법무팀도 포함시켰다.

결과적으로 그 영업대표가 진행하는 딜은 법무팀 내부에서 '준비가잘 된 딜'로 인식되어 항상 최우선 순위로 처리되었다.

사례: SCM(공급망)팀의 지원

R&D 센터에 대규모 서버 공급 계약 후 고객은 설치 예정일을 1주일 앞당겨 달라고 요청했다. 고객사의 대표이사와 외부의 주요 인사들이 R&D 센터를 방문하면서 새롭게 도입된 시스템을 견학하겠나고 했나는 것이다. 우리는 발등에 불이 떨어진 셈이다. 보통 해외 공장에서 서버가 출고되면 가능한 그날 비행기 편으로 싣고 온다. 다량의 서버이기에 1주일을 당긴다는 것은 무리일 가능성이 컸다. 만일 우리가 1주일을 앞당기지 못하면 R&D 센터장이 난감해지는 상황이 발생하게 된다. SCM팀의 대답은 "힘들 것 같습니다"였다. 대부분의 영업대표들은 SCM 팀에 "무조건 맞춰 주세요! 이거 못 하면 다음 딜 깨집니다!"라고

압박했을 것이다. 그런데 해당 영업대표는 그렇게 하지 않았다.

그는 먼저 SCM 팀 담당자에게 찾아가 부탁을 하였다. 그러면서 "부장님, 부장님께서는 왜 이 납기일을 확약하기 힘드십니까? 어떤 부분에서 리스크가 있나요?" 그 결과, SCM 팀의 최대 리스크는 '선적 및 통관 과정에서의 돌발 변수'였으며, 납기를 1주일 앞당기면 내부적으로 '야근 및 추가 물류 비용'이 발생한다는 것이었다. 그는 SCM 팀에게 이 딜의 전략적 중요성과 1주일 단축 시 고객으로부터 얻는 신뢰를 강조했다. 그리고 2차 프로젝트를 위해서도 고객 지원을 해야 한다고 설득했다. 또한 리스크를 상쇄할 수 있도록, 1주일 단축에 필요한 모든 추가 비용을 세일즈 예산에서 충당하고, 납기일 확약 성공 시 해당 팀의 기여도를 임원 보고서에 명시하여 2차 프로젝트 수주 시 인센티브를 추진하겠다고 약속했다. 또한 '선적 및 통관 과정에서의 돌발 변수'는 우리가 통제할 수 없는 상황이므로 고객과 협의하겠다고 했다. SCM 팀은 '리스크 회피와 보상'이라는 가치를 얻었고, 전례 없는 수준의 협조로 1주일 납기를 단축하였다.

내부 동료들 과의 관계도 '신뢰'가 쌓여야 다음 딜에서 더 쉽고 빠르게 협력을 얻어낼 수 있다. 이 내부적 신뢰는 '감사'와 '존중'을 통해서 쌓인다.

8.

고객이 속한 산업의 미래를 읽자

B2B 세일즈는 고객의 현재 문제만 해결할 뿐 아니라 고객의 미래 비즈니스를 함께 고민하고 만들어 가는 파트너가 되어야 한다. 고객사 경영진이 밤잠을 설쳐가며 가장 크게 고민하는 것은 "우리 산업은 5년 뒤 이떻게 변할까? 우리는 어떻게 살아남고 어떻게 성장해야 하지?"일 것이다. 이 질문에 같이 고민할 때, 비로소 영업대표는 '신뢰받는 조언자(Trusted Advisor)'로 거듭날 수 있다.

내가 옆에서 보고 관찰한 영업대표들의 중요한 차이점이 바로 여기에 있다. 어떤 영업대표는 고객이 요구하는 '현재의 스펙'에 집착하는 반면, 더 성공적인 영업대표들은 고객 산업의 규제 변화, 경쟁 구도, 기술 혁신을 공부하면서 '3년 후 필요한 인프라 로드맵'을 늘 구상하고 기록하고 있었다. 이 둘의 계약 성공률과 고객 관계의 깊이는 하늘과 땅 차이였다. 산업과 기술을 이해하고 미래를 읽으면 아래가 가능해진다.

첫째, 영업 기회를 선점하는 프로액티브 세일즈가 가능해진다. 고객이 아직 문제를 인지하지 못했을 때, 잠재적인 위험이나 기회를 예측하면 선제적으로 접근할 수 있다. 예를 들어, 갑작스러운 규제 강화가 예상된다면, 관련 솔루션을 미리 제안하여 경쟁사보다 우위를 선점하는 방식이다. 한 제조업 고객이 레거시 시스템 보강을 원했을 때, 여러분은 '향후 5년 내 공장 자동화와 맞춤형 소량 생산 요구 증가'라는 산업 트렌드를 제시하며, 클라우드 기반의 통합 스마트 팩토리 솔루션을 제안할 수 있다.

둘째, 고위 의사결정권자를 만날 수 있고 신뢰를 구축할 수 있다. 산업의 미래와 관련된 주제는 현업 담당자가 아닌, CEO, CTO 등 최고 경영진의 핵심 관심사이다. 통찰력 있는 정보는 이들과 직접 대화할 수 있는 '티켓'이 된다. 여러분이 고객이 속한 산업의 '언어'와 '고민'으로 대화할 때, 고객은 여러분을 단순한 공급자가 아닌 전략적 파트너로 인정하게 된다. 물론 전문 컨설턴트 역할을 할 수 없지만 최소한 대화 상대로 만날 수 있다.

셋째, 가격 협상에서 우위를 점할 수 있다. 고객에게 장기적인 생존과 성장을 위한 솔루션을 제시하면, 거래는 단순히 가격을 비교하는 단발성 거래에서 벗어나 장기적인 파트너 거래로 전환된다.
산업의 미래를 읽기 위해서는 세 가지 관점에서 접근해야 한다.

첫째, 거시적 트렌드이다. AI, ESG/지속 가능성, 글로벌 공급망 재편, 인구 구조 변화와 같은 고객 산업 전반에 영향을 미치는 큰 흐름을 놓치지 말아야 한다.

둘째, 산업 특유의 변화이다. 금융 산업에서는 디지털 뱅킹과 핀테크 현황 및 관련 기술들을, 유통 산업에서는 옴니채널과 라스트 마일 배송 혁신을, 헬스케어에서는 원격 진료 확대와 정밀 의료 트렌드를 파악해야 한다.

셋째, 고객사 고유의 전략적 방향이다. 고객사의 연간 보고서, CEO 인터뷰, IR 보고서, ESG/지속경영 보고서 등을 분석하여, 그들의 공식적인 미래 전략에 우리의 솔루션을 어떻게 연결할지 구체적으로 고민해야 한다.

사례: '빌트인' 트렌드에서 새로운 B2B 시장을 발견하다

가전 시장은 주로 개인 소비자를 대상으로 하는 B2C 시장이었는데, 주거 문화의 변화는 예상치 못한 B2B 기회를 창출했다. 바로 빌트인(Built-in) 가전 트렌드였다. 1인 가구 증가와 주택 시장의 고급화로 인해 아파트나 오피스텔에 빌트인 가전을 기본으로 탑재하는 건설사의 수요가 급증했다.

어느 회사의 영업팀은 빠르게 영업 대상을 건설사, 시행사, 인테리어 설계 사무소 등 B2B 고객으로 확장했다. 이들에게 단순히 가전 제품을 납품하는 것이 아니라, '스마트 홈 솔루션' 및 '분양 가치를 높이는 프리미엄 패키지'를 통합적으로 제안했다. 그 팀은 국내 건설사와 가전과 홈 IoT 시스템을 통합 납품하는 장기 계약을 체결하였다.

사례: AI 물결 속에서 기회를 창출하다

최근 AI 기술의 발전은 우리 삶을 통째로 바꾸고 있다. 카톡의 대화 상대도 AI이고 전화도 AI가 받고, 문자 메시지도 AI가 스스로 보내고 받는다. 대기업들은 자체의 풍부한 인력으로 AI를 활용한 생산성 증대 및 비용 절감, 그리고 새로운 비즈니스 모델을 만들어 내고 있다. 하지만 중견 기업 이하에서는 인력과 자금의 문제로 AI를 하긴 해야 하는데 도대체 어디서부터 시작을 해야 할지, 왜 해야 하는지를 정의하지 못하고 있었다.

우리는 고객에게 'AI Start Pack'을 제안하기로 했다. 문제는 우리도 AI 전문 인력이 부족하다는 것이다. 그래서 생각해 낸 것이 전문 AI 업체와의 협업이다. 우리는 오랫동안 관계를 유지하고 있는 고객이 있고, AI 전문업체는 대부분 스타트업 업체이고 영업력이 부족해서 찾아갈 고객이 없다는 것을 생각해 낸 것이다.

고객에게 AI 관련 설문을 시작으로, 관심있는 고객을 선별하고, 그 고객들을 대상으로 AI 관련 교육 및 워크샵을 통해 AI를 통해서 무엇을 왜 하려고 하는지를 정의하였다. 그런 다음 Demo 및 PoC를 통해 자신감을 가지게 하고 프로젝트를 소규모로 시작해서 확산시키는 제안이었다. 지금도 진행 중이지만 이미 한 고객은 계약을 마쳤다. 한 회사가 모든 기술 부문에서 모든 역량을 가지고 있을 수 없다. 필요한 역량은 외부 업체와 협업하는 오픈 이노베이션 전략을 세워야 한다. AI 도입에 대한 경영진과 현업의 불안감을 없애고 새로운 혁신으로 나아가는 컨설팅 역할을 제공하면 그 고객은 다른 경쟁사로 가지 못한다.

여러분들이 산업 통찰력을 갖춘 전략 파트너로 성장하기 위해서는 여러분 스스로 학습 시스템을 구축해야 한다. 투자은행, 컨설팅 펌, 증권사, 시장조사 기관에서 발간하는 고객 산업 관련 보고서를 정기적으로 구독하고, 팀 내에서 인사이트를 공유하는 시스템을 만들자. 더 나아가, 고객사의 최종 소비자인 '고객의 고객(Customer's Customer)'이 누구인지, 그들의 구매 행태가 어떻게 변하는지도 공부해야 한다. 고객이 속한 산업의 미래를 읽는 습관은 여러분을 단순한 영업사원이 아닌, 고객이 가장 먼저 찾는 '미래 파트너'로 만들어 줄 것이다.

9

긍정으로 가장 젊은 오늘을 색칠하자

긍정의 마인드셋은 세일즈 전쟁터의 강력한 무기이다.

B2B 세일즈는 끊임없는 파도를 헤쳐 나가는 험난한 여정이다. 한 건의 계약을 따 내기까지 수많은 미팅과 실수를 겪게 된다. 이 과정에서 멘탈이 무너지지 않고 목표를 향해 나아가게 하는 동력은 무엇일까? 바로 '긍정의 마인드셋'이다.

세일즈로 크게 성공한 미국 작가 오그 만디노는 그의 저서에서 자신의 성공이 아래의 글을 벽에 써 붙이고 아침마다 한 번씩 큰 소리로 읽었기 때문이라고 했다.

"슬퍼지면 소리 내어 웃자. 기분 나쁘면 곱빼기로 일하자. 두려우면 문제속으로 뛰어들자, 열등감을 느끼면 새 옷으로 갈아입자. 두려우면 고함을 두 세번 지르자. 무능을 느끼면 지난 날의 성공을 되새기자. 내 자신이 보잘것없이 느껴지면 내 평생의 목적을 기억하자."

이 얼마나 멋진 긍정의 마인드인가?

하루는 공자가 하급관리로 일하고 있는 조카 공멸에게 물었다.

"네가 그 자리를 맡아 일하면서 얻은 것은 무엇이며, 잃은 것은 무엇이냐?"

공멸의 표정이 어두워지면서 이렇게 말했다.

“예, 얻은 것은 하나도 없고, 잃은 것만 세 가지 있습니다. 첫째, 일이 많아 공부를 전혀 하지 못하고 있으며, 둘째, 보수가 적어 부모님과 친척들을 제대로 봉양하지 못합니다. 셋째, 시간이 없어 친구를 잃고 있습니다.”

공자는 다시 공멸과 같은 직위에서, 같은 일을 하는 제자 자천을 만나, 같은 질문을 해 보았다. 그러자 자천은 단번에 미소를 지으며 이렇게 말했다.

“잃은 것은 하나도 없고, 세 가지를 얻었습니다. 첫째, 책으로 배운 것을 실천하여 진정으로 깨닫게 되었으며, 둘째, 적당한 보수이기에 근검절야을 몸에 이힐 수 있고, 셋째, 일을 하면서 새로운 친구를 사귈 수 있습니다.”

여러분이라면 두 사람 중 어느 삶을 살겠는가? 똑같은 하급관리의 삶이지만 한 사람은 무엇인가를 얻고 있고 한 사람은 무엇인가를 잃고 있다.

흔히 긍정적 태도를 ‘막연한 희망’이나 ‘현실을 외면하는 낙관론’으로 치부하기노 한다. 하지만 뛰어난 세일즈 리더들을 보면 아무리 치열하게 경쟁하지만 그 속에서 긍정을 버리지 않았다. 긍정은 가장 과학적이고 무료이다. 우리를 매일 가장 젊은 날의 에너지로 채워 준다. 실패를 학습의 기회로 바꿔 주고, 복잡한 문제 속에서 해결책을 찾아내며, 무엇보다 고객에게 가장 중요한 ‘가치’를 전달하는 힘을 발휘한다.

거절에서 기회를 낚는 긍정의 힘

세일즈는 'NO'라는 단어와 가장 많이 마주하는 직업일 것이다. 잠재 고객들의 미팅이 거절당하고, 몇 달간 공들인 프로젝트가 막판에 경쟁사에 밀리는 순간은 우리를 좌절하게 만든다. 하지만 긍정적인 세일즈는 거절을 '실패'가 아닌 '배움과 다음의 기회'로 정의한다. 즉, 'NO'를 'Next Opportunity'로 바꾸는 태도이다.

한때 규모가 큰 딜에서 막바지에 고객사가 우리 솔루션 대신 경쟁사 제품을 선택했던 쓰라린 경험이 있었다. 팀원들은 사기가 꺾였고, 누군가는 그 고객사를 포기해야 한다고 말했다. 그러나 결국 우리는 '왜 우리가 밀렸는가'를 집중 분석했고, 원인은 제품 스펙 때문이 아니었다. 고객은 우리가 미처 파악하지 못했던 '특정 소프트웨어와의 호환성' 때문이었다.

우리는 곧바로 고객에게 메일을 보내고 찾아가서, "이번 프로젝트는 아쉽지만, 고객님이 걱정했던 호환성 문제는 저희가 다음 단계에서 반드시 해결해야 할 숙제임을 알게 되었습니다. 다음 기회에는 지금부터 준비해서 이 부분이 개선된 완벽한 솔루션을 제안하겠습니다."라고 정중히 말했다. 이는 6개월 후 다른 부서의 프로젝트를 수주하는 기회로 이어졌다.

그리고 한 가지 긍정적인 세일즈의 재미있는 특성이 있다. 알다시피 B2B 거래는 예산 문제, 의사결정권자의 변심, 갑작스러운 경쟁사의 초저가공세 등 예상치 못한 난관이 끊임없이 발생한다. 이때 부정적인 세일즈맨은 "역시 안 돼."하며 포기하지만, 긍정적인 세일즈맨은 이러한 난관들을 해결해야 할 '문제'가 아닌, 흥미로운 '게임'의 한 단계로 인식하고 끝까지 방법을 찾아내 이기려 한다는 것이다. 긍정의 마인드가 있어서 가능하지 않을까?

긍정으로 '가장 젊은 오늘'을 색칠하는 방법들

긍정적인 마인드셋은 타고나는 것이 아니라, 일상에서 의식적으로 훈련해야 하는 근육과 같다. 우리는 매일 인생에서 '가장 젊은 오늘'을 살고 있다. 이 하루를 긍정으로 색칠을 하려면 아래와 같은 훈련들이 도움이 된다.

첫째, 생각의 틀(프레임)을 바꾸는 습관(훈련을 하다 보면 습관이 된다)

어떤 일이 발생했을 때, 그 상황을 해석하는 프레임(틀)을 의도적으로 바꾸는 훈련이다. 예를 들어, 경쟁사에게 딜을 졌을 때, "실패했다" 대신 "고객이 내게 경쟁사의 강점과 우리의 약점을 공짜로 알려 주었다"라고 프레임을 바꾸는 것이다.

신규 고객을 개척히다 보면 숱한 거질을 당하게 되기 마련이다. 대부분 먼저 미팅을 제안하게 되는데 보통 8~9번 거절당하면 1~2번은 만나 준다. 그렇다면 매번 거절당할 때 마다 "이제 9번, 8번, 7번만 더 거절당하면 새로운 고객을 만날 수 있다"라고 읊조리는 것이다. 기분이 좋아진다. 희망이 생기고 실현 가능성이 더 높아진다. 이 생각의 틀을 바꾸면 좌절감을 추진력으로 전환시키는 강력한 도구가 되는 것이다.

둘째, '성공 일기'를 매일 업데이트해 보자

여러분이 스스로에게 주는 긍정적인 피드백이 중요한 역할을 한다. 매일 밤 잠자리에 들기 전에 '오늘 내가 성공적으로 해낸 일'을 3가지씩 적어 보자.

- "평소 만나기 어려워했던 부서의 담당자와 성공적으로 미팅을 마쳤다."
- "복잡한 기술 문제를 해결할 방법을 찾아냈다."
- "동료에게 긍정적인 동기 부여를 해 주었다."

이 '성공 일기'는 아무리 힘든 날에도 '나는 유능한 사람이다'라는 자기 확신을 심어 주면서 고객 앞에서 당당하고 자신감 있는 태도로 자연스럽게 표출된다.

셋째, 고객 만족을 상상하는 습관을 가지자

B2B 세일즈의 긍정은 '고객의 만족'을 상상하는 데서 비롯된다. 여러분이 고객을 만족시켰다는 것은 고객이 여러분을 인정해 주는 것이고 신뢰한다는 뜻이다. 이러한 만족의 상상은 제안의 내용과 발표 태도에 고스란히 묻어나온다. 고객은 세일즈맨의 눈빛에서 단순한 이익 추구가 아닌, 자신들의 비즈니스에 대한 진정한 열정과 기여 의지를 읽는다. 이 진정성이 담긴 긍정적 에너지는 그 어떤 논리적인 설명보다 강력하게 고객의 마음을 움직일 수 있다.

B2B 세일즈는 결국 '기세, 사기'와의 싸움이라고 해도 과언이 아니

다. 여러분의 긍정적인 에너지는 곧 고객의 신뢰로 전환되고, 팀의 시너지가 되며, 궁극적으로는 계약 성공률을 높이는 젊고 강력한 무기이다. 오늘 하루가 가장 젊은 날임을 기억하자. 미처 깨닫지 못했던 잠재력, 새롭게 시도할 수 있는 용기, 그리고 거절을 극복할 수 있는 회복탄력성. 이 모든 것이 여러분의 오늘, 긍정 안에 있다.

10

느낌 대신 데이터를 기준으로 딜을 평가하자

딜을 평가할 때는 '느낌'이나 '직감'에 의존하지 말고 데이터를 기반으로 딜을 평가해야 한다. '느낌'이나 '직관'은 개인적인 관점이다. 객관성이 부족하여 여기에 의존해서 의사결정을 내리고 향후 해야 할 일들을 규정하면 큰 오류를 낳을 수 있다. 특히 복잡하고 장기적인 딜 환경에서는 더욱 그러하다. 이는 자원의 낭비와 딜의 실패로 연결될 수 있다.

느낌이나 직감은 다음과 같은 한계와 위험을 내포하고 있다.

- 낙관적 편향(Optimism Bias): 영업대표는 자신이 공들인 딜에 대해 무의식적으로 성공 가능성을 높게 평가하는 경향이 있다. 특히 개인적인 친분이나 잦은 미팅 횟수 등을 '긍정적인 신호'로 오해하여, 실제 고객의 구매 준비나 예산 확보 여부와 같은 객관적인 지표를 간과한다.
- 확증 편향(Confirmation Bias): 또한 영업대표는 자신이 성공할 것이라고 믿는 딜에 대해, 그 믿음을 뒷받침하는 정보만을 선택적으로 수집하고 불리한 정보는 무시하려는 경향이 있다.

그렇다면 어떤 데이터를 기준으로 딜을 평가하는지 알아보자.

1. 딜 자격 검증 데이터(Qualification Data) - BANT의 정량화

앞서 살펴본 BANT(Budget, Authority, Need, Timeline) 데이터를 구체화하여 딜의 진정성을 파악할 수 있다.

- Budget(예산): 고객이 구체적인 예산을 확보하고 있는지 확인해야 한다. '느낌' 대신 '데이터'를 기준으로 할 때, "고객이 '예산이 있을 것 같다'고 했습니다"가 아니라 "구매팀 문서에서 해당 프로젝트 예산이 공식적으로 승인되었음을 확인했습니다"와 같은 구체적인 증거가 필요하다.

- Authority(권한): 의사결정자가 미팅에 참여했거나 의사결정 과정을 문서로 확인했는지 체크한다. "PM이 저에게 전적으로 맡긴다고 했습니다"와 같은 '느낌' 대신, "결재 라인의 임원 2명이 제안서 검토 이메일을 열람했고, 피드백을 남겼습니다"와 같은 데이터가 중요하다.

- Needs(니즈): 고객이 현재 겪고 있는 문제를 파악하고, 이를 해결하기 위한 제품이나 서비스가 꼭 필요한가를 확인하는 것이다. 단순히 '원하는 것'을 넘어, '없으면 생존에 위협이 되거나 효율성이 현격하게 떨어지는 필수적인 필요성'에 해당하면 니즈가 분명 존재하는 것이다.

- Timeline(일정): 고객사의 내부 프로젝트 일정이 확정되어 있는지를 확인하는 것이다. "고객이 이번 분기에 빨리 결정하고 싶어 하

는 것 같습니다"와 같은 '느낌' 대신, "고객사의 내부 프로젝트 착수일이 다음 달로 확정되었으며, 이를 맞추려면 3주 이내 계약이 필수임을 문서로 확인했습니다"와 같은 데이터가 필요하다.

이 BANT 데이터가 어느 정도 확보되었는지에 따라서 앞으로 이 딜에 대한 '영업을 하겠다'라고 자격을 부여하는 것이다. 보통 B.A.N.T 각각 5점 만점으로 12점이 넘으면 이 딜에게 자격을 부여한다. 이 딜은 이제 기술지원팀, 법무팀, 프리세일즈팀 등의 도움을 받으며 제안을 준비한다.

과거 딜 리뷰와 예상 매출을 종종 영업 사원의 '스토리텔링'에 의존했지만, 이제는 기업의 CRM 시스템에 의존한다. 시스템에 기록된 객관적인 데이터(예: 마지막 고객 Contact 날짜, 예산 확보 단계, 경쟁사 정보의 구체성)가 미비하면, 그 딜을 예상 매출(Forecast)에서 제외시킨다. 즉 그 딜을 이번 분기에 클로징 하여 매출로 이어지는 'Commit'(확정) 딜로 올리기 위해서는 "고객이 서명할 것 같다"는 느낌이 아니라, "고객사가 지정한 최종 서명권자가 서명 직전 단계의 계약서를 법무팀에 전달했다"는 객관적 데이터를 제시해야 하는 것이다.

2. 단계별 움직임과 승률

- 딜 단계별 이동 시간: 각 딜이 특정 단계(예: Opportunity Creation → Qualification → Proposal → Negotiation)에 머무는 평균 일수를 측정한다. 특정 단계에서 평균치 보다 지나치게 오래 머무는 딜은 '정체된 딜'로 분류하고, 왜 정체되었는지(예: 예산 문제, 의

사결정 구조의 복잡성) 데이터에 기반하여 원인을 파악해야 한다. "느낌이 좋아서 현재 스테이지에 그냥 두는 것"이 아니라, 데이터가 정체를 알려주면 과감히 자원을 회수하거나 다음 단계로 나아갈 구체적인 액션 플랜을 세워서 실행해야 한다.

- 딜 단계별 승률: A 영업팀은 '제안서 제출(Proposal)' 단계에 진입한 딜의 승률이 30%이지만, B 세일즈 팀은 50%라고 가정하자. 이 데이터는 B 팀이 제안서 제출 전 Qualification(딜의 자격 검증) 단계를 더 철저히 거쳤음을 시사하며, 모든 팀이 B 팀의 Qualification 프로세스를 따르도록 기준을 정립할 수도 있다.

3. 데이터를 이용한 경고 및 예상 매출

딜이 다음 단계로 넘어가지 않고 일정 기간 동안 정체되어 있을 경우, 시스템은 영업대표에게 자동으로 해당 딜에 대해서 '경고 알림(Alert)' 메일을 내보낸다. 예를 들면 특정 규모 이상의 딜이 'Negotiation (협상)' 단계에서 평균 15일을 초과하면 자동으로 영업 관리자에게 알림이 가고 영업 관리자는 영업대표와 같이 원인과 대책을 간구한다. 또한 예상 매출 정확도 향상에도 데이터를 이용한다. 예를 들면 영업대표가 해당 딜을 'Most likely Case'라고 주장하더라도, 딜들이 클로징 될 때 까지의 평균 기간이 현재 남아 있는 마감 기간보다 길거나, 매칭 단계의 평균 승률이 낮다면, 시스템은 이를 'Likely Case'로 하향 조정하도록 권고한다. 주관적 기대가 아닌 통계에 기반하여 예측 정확도를 높이는 것이다.

결론적으로 느낌과 직관은 통찰력의 씨앗이 될 수 있지만, 딜 평가는 오직 데이터라는 단단한 토대 위에서 이루어져야 한다.

11.

RFP(Request For Proposal)를 선점하자

RFP를 설계하는 선제적 리더십이 중요하다

경험상 규모가 꽤 되는 주요한 딜들은 RFP(제안요청서)를 벤더들에게 발송했을 때 이미 승부가 30%~50% 이상 결정된다. 문제 정의 단계부터 깊숙이 참여하여 RFP의 기준 자체를 만든 회사에게 유리할 수밖에 없다.

딜을 모르고 있다가 RFP를 받는 세일즈는 3가지 치명적 문제에 봉착하게 된다.

첫째, 문제 정의 주도권 상실이다. RFP는 고객이 생각하는 현재의 문제점과 그 해결책에 대한 '요구사항(Requirement)'을 담고 있다. 여러분이 RFP 시점까지 고객과 소통이 없었다면 RFP에 명시된 문제와 해결 방식을 그대로 수용해야 한다는 의미이다. 문제 정의가 경쟁사 제품에 맞춰져 있다면, 여러분은 이미 불리한 입장에서 싸움을 시작하는 것이다. 예를 들면 고객이 "현재 사용 중인 서버를 특정 사양의 새로운 모델로 교체"하는 RFP를 발표했다면, 이는 기존 장비의 단순 업그레이드라는 협소한 문제 정의에 갇힌 것이다. 그런데 여러분이 이미 앞서 움직여서 고객의 문제를 파악했다면, 여러분은 고객의 과거 5년 데이터 증가율을 분석하고 "단순 서버 교체가 아니라, '하이퍼컨버지드 인프라(Hyper Converged Infrastructure)'로 전환해야 운영 비용을 30% 절감할 수 있다"는 더 큰 그림의 문제 정의를 선제적으로 제시했을 것이다.

둘째, 이미 가격 중심의 경쟁으로 확정된 것이다. RFP가 특정 서버를 명기했다면, 여러 공급업체가 똑같은 서버를 제시할 것이므로 고객은 가격만 비교하면 된다. 이 단계에서 세일즈는 솔루션의 '가치(Value)'가 아닌, '가격(Price)'으로 대응할 수밖에 없다. 여러분의 차별화된 강점이나 차별화된 컨설팅 능력은 이미 희미해지고, 오직 '얼마나 저렴한가'만이 남게 되는 것이다.

셋째, 낮은 클로징 확률이다. 고객은 이미 선호하는 벤더를 정했거나, RFP를 작성한 회사에게 유리하도록 요구사항을 설정했을 가능성이 높기 때문이다.

그렇다면 어떻게 해야 선제적으로 대응할 수 있을까? 정답은 가정 먼저 고객의 리스크나 기회를 인지하는 것이다. 그러려면 평소에 고객을 자주 만나고 고객의 데이터와 고객이 속한 산업을 늘 분석해야 한다. 고객의 현황 데이터(매출, 기술 수준, 시장 점유율)와 외부 데이터(산업 규제 변화, 고객의 경쟁사 투자 동향)를 결합하여, 고객이 6개월~1년 뒤에 직면할 리스크나 새로운 성장 기회를 알고 있어야 대화가 된다. 예를 들면, 정부에서 새로운 개인정보 보호법과 규제가 곧 발효될 것이라는 정보를 바탕으로, 아직 규제 대응팀조차 꾸리지 않은 고객에게, "규제가 시행되면 현행 시스템으로는 막대한 벌금을 물 수 있습니다. 저희가 이 리스크를 선제적으로 해결할 규제 준수 3년 로드맵을 제시하겠습니다"라고 제안하며, 딜을 선제적으로 만들어 갈 수 있다.

고객 입장에서는 고마운 일이다. 더 나아가 고객의 시스템을 진단하고 선제적 진단 결과를 바탕으로 고객 맞춤형 '비공식 컨설팅 보고서' 또는 '3개년 기술 혁신 로드맵'을 먼저 제공한다면 고객은 당연히 여러분과 함께 RFP를 준비한다. 고객의 문제와 해결책을 가장 잘 이해하고 있기 때문이다. 고객의 문제 정의를 여러분이 만드는 것이다. 로드맵을 통해 고객의 신뢰를 얻었다면, 고객이 RFP를 작성하는 팀에 여러분 회사의 전문가가 컨설턴트 자격으로 참여하여, RFP의 '요구사항(SOW: Scope of Work)'과 '평가 기준(Evaluation Criteria)'을 유리하게 설계하면 된다. 어떻게 설계하도록 하면 좋을까?

첫째, 경쟁사가 충족할 수 없는 '비기능적 요구사항'(Non Functional Requirements)을 삽입하는 것이다. 대부분의 RFP는 '기능적 요구사항'에 치중하지만, 진정한 차별화는 대부분 '비기능적 요구사항'에서 나온다. 이 비기능적 요구사항을 통해 경쟁사를 견제하고 여러분 솔루션의 강점을 반영해야 한다.

• 성능/안정성: 경쟁사가 충족하기 어려운 아키텍처를 요구 기준으

로 만들면 좋다. 예를 들어, 경쟁사 약점이 시스템 장애 복구 시간이라면, 시스템 장애 시 '평균 복구 시간은 10분 이내여야 함'과 같은 내용을 적용하게 하는 것이다.

- 보안/규제 준수: 여러분 회사는 이미 인증을 받았지만, 경쟁사가 아직 대응하지 못한 최신 규제가 있다면 그 내용을 요구사항에 명시하는 것이다. "국제 표준 ISO 27xxx 인증 필요"같은 내용을 포함한다.
- 확장성/미래 로드맵: 로드맵에서 선제적으로 제시한 미래 기술 통합 계획을 필수 항목으로 삽입하는 것이다. "도입 후 3년 내 AI/ML 모듈과의 통합 계획 및 API 공개 여부를 평가 항목에 포함해야 함"과 같은 요구 기준을 적용한다.

둘째, 평가 배점 기준을 조정하는 것이다. 여러분의 강점에 평가 항목의 배점을 크게 하는 것이다. 예를 들면 아래와 같다.

- 가격 비중 낮추기: "총 소유 비용(TCO) 절감 효과" 항목에 높은 배점을 부여하고, 단순히 초기 도입 가격 항목의 비중은 낮춘다. 고객의 진정한 장기적 이익을 강조하여 가격 중심 경쟁을 탈피하는 것이다.
- 서비스/지원 비중 높이기: 여러분이 이 부분에 강점이 있다면 "벤더의 기술 지원 전문성(24/7 대응 인력 및 국내 지사 규모)" 항목에 높은 배점을 부여하도록 고객을 설득해야 한다. 이는 막강한 서비스 네트워크를 보유한 글로벌 업체나 대기업에게 유리한 싸

움이다.

셋째, 필수 자격 요건을 강화한다. 경쟁사가 애초에 참여할 수 없도록 진입 장벽을 높이는 전술이다. 예를 들면 아래와 같다.

- 레퍼런스 제한: "일정 규모 이상(연 매출 500억 이상 고객)의 B2B 플랫폼 통합 구축 레퍼런스 5개 이상을 보유한 회사만 제안 참여 가능"과 같이 까다로운 조건을 거는 것이다.
- 기술 인증 요구: "제안된 솔루션을 운영하는 엔지니어는 특정 공인 자격증을 최소 5명 이상 보유해야 함"과 같이 경쟁사가 쉽게 확보하기 어려운 전문가를 요구하는 것이다.

넷째, POC/BMT 시나리오를 세밀화하는 것이다. 기술 검증(BMT, PoC)시 시나리오를 여러분의 솔루션이 가장 빛날 수 있는 방향으로 설계해야 한다.

- 경쟁사 약점 공격: 경쟁사 솔루션이 데이터 처리 속도는 빠르지만 대규모 동시 접속자 처리에 취약하다는 것을 안다면, BMT 시나리오에 '가장 많은 사용자가 한꺼번에 접속하는 피크 타임의 데이터 처리 속도'를 핵심 평가 지표로 포함시킨다.
- 고유 기능 강조: "데이터 마이그레이션 시 다운타임이 없어야 한다."는 조건을 추가한다. 여러분 솔루션만이 '중단 없는 마이그레이션' 기술을 가진 경우, 경쟁사를 즉시 탈락시킬 수 있는 강력한

전술이다.

다섯째, 의사결정 부서별로 맞춤형 요구 사항을 삽입하는 것이다. RFP는 여러 부서의 요구사항을 반영해야 한다. 각 이해관계자가 요구할 만한 항목을 미리 찾아 우리에게 유리하게 설계하는 것이다.

- 재무팀/구매팀: 이들은 주로 초기 도입 비용에 관심을 갖지만, 우리는 "5년간의 TCO 분석을 필수 제출해야 하며, 예상되는 운영 비용 절감액을 수치로 명시해야 함"으로써 장기적인 가치에 집중하도록 유도한다.
- 현업 사용자: 이들은 사용자 편의성을 중요하게 생각하므로, "제안사는 '사용자 경험(UX) 연구팀'을 보유해야 하며, 현업 팀원 5명이 참여하는 3일간의 파일럿 테스트 결과를 평가에 30% 반영함"과 같이 여러분의 우수한 UX/UI를 선제적으로 검증할 수 있는 항목을 요구한다.
- IT팀/인프라팀: 이들은 기존 시스템과의 호환성을 중요시하므로, '제안사는 기존 시스템과의 API 통합 시간을 48시간 이내로 보장해야 하며, 이행 여부를 BMT에서 검증함'과 같이 유리한 조건을 만들어 간다.

훌륭한 세일즈는 'RFP'를 만들면서 영업한다. RFP에 담기는 모든 요구사항과 평가 기준은 영업 승패를 좌우하는 설계 도면이다. 세일즈 리더는 RFP의 도면을 그리는 설계자가 되어야 한다.

12

기능(Feature) 대신 혜택(Benefit)을 얘기하자

수많은 세월이 흘러도 변치 않는 것 들이 있다. 그 중 하나가 B2B 고객은 '제품의 스펙을 구매하는 것이 아니라, 그 스펙이 줄 수 있는 긍정적인 변화를 구매한다'는 점이다.

기능(Feature)은 제품 그 자체의 객관적 속성으로, "우리 서버는 4TB SSD 스토리지를 탑재했다"와 같이 '무엇'인지에 대한 설명이다. 반면 혜택(Benefit)은 고객의 입장에서 그 기능이 제공하는 긍정적인 결과로, "4TB SSD 탑재로, 기존보다 데이터 분석 시간이 80% 단축되어, 경영진이 시장 변화에 3일 더 빨리 대응할 수 있게 된다"와 같이 고객에게 어떤 의미가 있는지에 대한 설명이다.

B2B 세일즈는 궁극적으로 '고객 혜택'을 증명하는 과정이다. 고객시 경영진에게 4TB SSD는 비용 항목일 뿐이지만, '경쟁 우위를 확보하는 3일의 시간'은 전략적인 혜택으로 다가온다. 세일즈는 이 가치를 고객의 언어로 번역해야 하는 작업이나. B2C와 달리 B2B에서는 다수의 이해관계자가 존재하며, 이들은 각기 다른 혜택을 원한다. 따라서 성공적인 B2B 세일즈에서는 혜택을 상대에 따라 다른 언어로 전달해야 한다.

예를 들어, C-Level 경영진은 리스크 관리, 매출 증대, 시장 경쟁력과 같은 전략적 성공과 시장 선점에 초점을 맞춘다. '재무팀(CFO)'은 예산, ROI, TCO(총 소유 비용)와 같은 재무적 효율성과 비용 절감이 주된 관심사이다. 반면 IT/기술팀은 시스템 안정성, 통합 용이성과 같은 운영의 안정화와 업무 부담 감소를 원하는 경향이 있다. 따라서 IT팀에게는 '안정적이고 뛰어난 성능'이라는 운영적 혜택을, CFO에게는 '향후 5년동안 TCO 5% 예산 절감'이라는 재무적 혜택을 동시에 전달하는 것이 중요하다.

그렇다면 기능을 혜택으로 전환하는 방법을 살펴보자.
FAB(Feature → Advantage → Benefit) 방법이 있다.

1단계 Feature(기능) 정의

- 제품의 객관적인 사실, 사양, 특징을 나열한다. (예: "가장 용량이 큰 메모리와 SSD 탑재")

2단계: Advantage(장점/이점) 연결

- 이 기능이 무엇을 할 수 있게 해주는지를 설명한다. (예: "데이터 처리 속도가 기존 대비 20배 빨라집니다.")

3단계: Benefit(혜택) 강조

- 이 장점이 고객의 비즈니스에 어떤 의미를 갖는지, 고객의 고통을 어떻게 해결하는지를 명확히 제시한다. (예: "데이터 처리 속도가 20배 빨라지므로, 기존에 10시간 걸리던 월말 정산/분석 작업이

30분 만에 완료되어, 직원들이 핵심 업무에 더 많은 시간을 할애할 수 있습니다. 이는 경쟁사보다 한발 앞선 의사결정을 가능하게 해 주는 혜택입니다.")

다른 방법도 있다.

VBR(Value-Based Realization) 방법이다.

이 방법은 '고객의 비즈니스 현실(Realization)'을 기반으로 '가치(Value)'를 산출하는 접근법이다.

1단계: 고객의 '고통' 정량화

혜택을 얘기하기 전에, 고객이 겪고 있는 문제의 현재 비용을 명확히 해야 한다. 고객이 시스템 다운 문제를 빈번하게 겪고 있다면, 단순히 "우리 솔루션은 99.999% 가용성을 제공한다"고 말하는 기능 중심 접근은 설득력이 떨어진다. 대신 VBR 접근은 "현재 시스템 다운 한 번당 평균 매출 손실은 1,200만 원입니다. 저희 솔루션은 이 리스크를 99% 제거하여, 연간 최소 7,200만 원의 잠재적 손실을 막아 줄 수 있습니다."고 정량화하여 제시하는 것이다.

또한, 수작업 보고서 작성에 대한 고통을 해결할 때도 "우리 소프트웨어는 API 통합을 지원한다" 대신, "담당 직원 3명이 매주 10시간씩 보고서에 낭비하는 시간은 연간 약 6,000만 원의 인건비 손실이다. 이 시간을 다른 업무에 투입할 수 있도록 해 드리겠습니다."라고 가치를 명확히 제시해야 한다. 고객이 스스로 자신의 고통을 숫자로 인식할 때, 우리의 솔루션은 '지출'이 아닌 '수익을 위한 필수적인 투자'로 인식되는 것이다. CFO를 설득하는 쉬운 언어는 '돈'이라는 사실을 잊지 말자.

2단계: '혜택'을 '결과'라는 스토리텔링으로 전환

데이터와 숫자에 이야기를 붙여 넣는 것이 B2B 세일즈의 스토리텔링이다. 스토리텔링은 보통 '도전 (Challenge) - 해결 (Solution) - 결과 (Result)'의 프레임워크를 따른다. 즉, 비슷한 상황에 있던 고객사가 어떤 심각한 고통을 겪었고, 우리의 솔루션을 선택하여 어떤 과정을 거쳐 해결되었으며, 그 결과 비즈니스 지표가 어떻게 개선되었는지 정량적 결과를 통해 제공하는 것이다.

예를 들어 보자. IT 담당자였던 김 부장의 고민은 프린터 고장으로 인한 직원 불만과 IT팀의 수리 업무 과부하였다. 이 경우 우리는 '고성능 A모델 프린터'라는 기능 대신, '직원 100명의 업무 흐름을 방해하는 모든 장애 요소 제거'라는 혜택을 얘기했다. MPS(Managed Print Services) 도입 후, 프린터 관련 IT 요청이 75% 감소했고, 김 부장 팀은 이제 핵심 IT 인프라 구축에 집중할 수 있게 되었다. 김 부장은 "이젠 정말 핵심적인 업무에 집중할 수 있다."며 만족감을 표시했는데, 이는 가치 인정 및 스트레스 해소라는 심리적 혜택까지 제공하였다.

3단계: 혜택을 '차별화 요소'로 승화

경쟁사도 유사한 기능을 가지고 있을 것이다. 이때 여러분의 혜택은 단순한 '좋은 점'을 넘어 '차별적인 가치'가 되어야 한다.

예를 들어 보자. 한 고객의 하이브리드 클라우드 제안을 살펴보자. 경쟁사가 "저희 클라우드는 뛰어난 컴퓨팅 파워를 제공한다"고 기능

위주로 말할 때, 우리는 "고객사의 기존 레거시 시스템과 클라우드를 끊김 없이 통합하여, 고객사 데이터의 99.99%가 외부로 유출될 위험 없이 새로운 인공지능 서비스를 즉시 운영할 수 있게 합니다. 이는 '규제 준수(Compliance)'가 생명인 금융권 고객사의 최대 리스크를 제거하는 혜택입니다."라고 설명한다.

진정한 차별화는 기능 스펙이 아니라, "오직 우리의 솔루션만이 고객의 가장 큰 고통을 이 방식으로 해결하고, 이러이러한 혜택을 줄 수 있습니다"라는 스토리텔링이다.

기능 리스트를 읽어 주는 세일즈맨이 아닌, 고객의 비즈니스 성장을 돕는 파트너가 되기 위해 다음 세 가지를 실천해야 한다.

첫째, 'So What?'을 3번 외치는 습관을 가지자.

제품의 새로운 기능을 배울 때마다 '그래서 고객에게 어떤 혜택이 있는데?'를 집요하게 자문하는 습관을 들여야 한다.

- 기능(Feature): "이 기능은 무엇인가?" (예: '실시간 데이터 암호화')
- 1차 혜택(So What): "그래서 고객에게 무슨 이점이 있는가?" (예: '데이터 유출 위험을 제거한다.')
- 2차 혜택(So What): "그것이 고객의 비즈니스에 어떤 영향을 미치는가?" (예: '데이터 유출로 인한 법적 벌금 및 평판 손실 비용을 0으로 만든다.')
- 3차 혜택(So What): "궁극적으로 고객은 무엇을 얻는가?" (예:

‘CEO의 IT 리스크에 대한 근본적인 불안감을 해소’하고, ‘경쟁사보다 더 민감한 개인 정보를 활용한 신규 서비스 출시’의 발판을 마련한다.)

둘째, 고객의 언어로 된 ‘혜택 단어장’을 만들자.

모두가 ‘효율성’을 원하지만, 그들의 언어는 다르다. 제조업 고객에게 시스템 안정성은 ‘생산 라인 중단 없는 24시간 연속 가동 보장’이라는 ‘가동 시간’ 혜택으로 번역되어야 한다. 반면, 유통업 고객에게 빠른 반응 속도는 ‘결제 대기 시간 단축으로 고객 이탈률 5% 감소’라는 ‘고객 경험(CX)’ 혜택으로 번역되어야 한다. 각 산업과 직군에서 사용하는 실제 용어와 비즈니스 지표를 연결하여 혜택 목록을 정리하고, 대화에서 활용하는 것이 좋다.

셋째, 가치 측정 도구를 활용하자.

엑셀, 구글 시트(Google Sheet)나 사내 ROI 계산기를 활용하여, 고객이 우리의 솔루션을 도입함으로써 얻을 ‘정량화된 재무적 혜택(Cost Savings vs Revenue Increase)’을 시각적으로 보여줘야 한다.

예를 들어 보자. HR 솔루션을 제안하고 있었다. 고객사 인사 담당자에게는 “현재 이직률 10%, 퇴사자 한 명당 평균 충원 비용 500만 원을 기준으로 할 때, 저희 인재 관리 AI 솔루션의 개인화된 직원 몰입도 개선 혜택으로 이직률을 1%만 낮춰도 연간 5천만 원의 직접적인 HR 비용을 절감할 수 있다”고 정량적인 가치를 제시하는 것이다.

결론적으로 고객은 계약서에 서명하는 순간, ‘여러분이 제시한 미래의 혜택을 신뢰하겠다’고 선언하는 것이다.

여러분은 기능 리스트를 외우는 ‘제품 전문가’를 넘어, 고객의 비즈니스 목표 달성을 돕는 ‘가치 파트너(Value Partner)’로 성장하여야 한다. 오직 고객에게 제공할 혜택과 그 가치를 증명해야만 고객과의 장기적인 신뢰 관계를 구축하고 성공할 수 있다.

13

고객의 언어로 통역하자

고객의 현재 문제가 네트워크 '지연 시간(Latency, 데이터가 네트워크를 통해 한 지점에서 다른 지점으로 이동하는 데 걸리는 시간)'이라고 가정하자. CFO를 만나서 "네트워크 레이턴시(Network Latency)가 문제가 되고 있습니다."라고 말하면 CFO는 이해할 수 있을까? 이해할 수 없을 것이다.

B2B는 의사결정을 여러 부서가 함께 한다. 그래서 여러 부서들을 만나야 한다. 그런데 여러분이 얘기하는 것을 고객이 이해하지 못한다면 소통 자체에 문제가 생긴다. 따라서 세일즈는 고객 내부의 여러 부서와 각기 다른 담당자들(기술 담당자, 구매 담당자, 최종 의사결정권자) 사이에서 통역사 역할을 해야 한다. 엔지니어에게는 '지연 시간(Latency)'을 의논하고, CFO에게는 그것이 '운영 비용'이라는 재무적 의미임을 설명해야 하며, CEO에게는 그것이 '소비자 대응 속도'라는 의미임을 설명할 수 있어야 한다. 모든 대화에서 핵심은 고객이 이해하는 언어로 여러분의 의견을, 가치를 전달해야 한다. 아무리 훌륭한 ROI 결과와 감동적인 성공 사례 스토리가 있어도, 그것이 고객사의

CEO, CFO, IT 총괄이 이해하지 못하면 무슨 의미가 있겠는가?

어떻게 하면 효과적인 '통역'을 할 수 있을까? 그다지 어렵지 않다.

첫째, '누구에게 이야기하는가'를 파악하는 것이다. 상대방을 단순히 직책으로 나누지 말고, 그들이 회사 내부에서 맡은 '역할(Role)'과 '핵심 성과지표(KPI)'를 기준으로 생각하면 된다.

예를 들어, CFO는 비용 절감, 예산 효율성, 현금 흐름과 같은 돈의 가치에 초점을 맞춘다. 그들에게 IT 투자는 ROI를 증명해야 하는 지출일 뿐이다. COO나 현업 총괄 임원은 프로세스 효율화, 직원 생산성, Time-to-market 등 '시간 및 효율성' 개선에 관심을 둔다. 그들의 문제는 수로 병목 현상이나 인적 오류, 고객 불만에서 비롯된다. 마지막으로 기술 리더(CTO, CIO)는 시스템 안정성, 확장성, 보안성과 같은 '리스크 회피'가 가장 중요하다. 그들의 주된 걱정은 시스템 다운, 낙후된 기술, 데이터 유출 리스크이다.

따라서 CTO와의 대화에서 사용하는 'SLA 99.999%'라는 용어를 CFO에게는 '연간 5분 미만의 서비스 중단을 보장하여, 피크 타임 주문 손실을 방지합니다'라고 통역해야 소통에 성공할 수 있다.

둘째, 제품의 '전문 용어(Jargon)'를 고객이 이해하는 '영향(Impact)' 으로 바꾸는 훈련을 해야 한다.

예를 들어, 여러분이 팔고자 하는 기능이 'AI 기반 Document Processing Automation 기능'이라면, 이것을 '직원이 계약서를 검토하는 데 걸리는 시간을 90% 줄여서, 법적 검토 지연 없이 하루에 5배 더 많은 계약을 처리할 수 있습니다'로 바꿀 수 있어야 한다. 고객은 '문서 처리 자동화' 그 자체가 아니라, 그 자동화가 가져올 '계약 처리 속도 증가'라는 비즈니스 영향에 관심을 갖고 있기 때문이다.

셋째, '전문 수치'를 현장의 모습으로 시각화한다.

숫자는 그 자체로 건조하다. 특히 '전문 수치'는 더욱 그러하다. 따라서 숫자에 고객의 비즈니스 의미를 부여하여 시각화해야 고객의 머릿속에 그림이 그려진다.

예를 들면, IT 전문가가 아닌 사람에게 "우리 솔루션은 50만 TPS (초당 트랜잭션 처리량)를 지원합니다"라고 말하는 것은 아무런 의미를 주지 못한다. 이 숫자를 고객의 상황에 대입해야 한다. 유통 고객에게는 "이 수치는 블랙 프라이데이 세일 피크 타임에 초당 50만 명의 동시 결제를 단 1초의 지연도 없이 처리할 수 있음을 의미합니다"라고 말해야 한다.

이러한 방법은 제품 데모, 제안서, 이메일 등 고객과 모든 접점에서 고객의 역할에 맞는 언어로 통일하여 사용하면 좋다. 복잡한 문제를 고객이 쉽게 이해할 수 있는 언어로 풀어 주는 통역사의 역할은 B2B 세일즈의 몫이다.

14

'숨은 영향력자(Hidden Influencer)'를 찾자

종종 B2B 딜이 공식적인 조직도 안에서 움직이지 않는 경우들이 있다. 결재권자 뒤에는 프로젝트의 방향과 솔루션 결정을 좌우하는 '숨겨진 키 맨(Hidden Key Man)'이 존재한다. 이들은 현장 실무팀장, CFO의 동료, CEO의 비서실, 결정권자의 자문역, 또는 기술 고문일 수 있다. 조직도를 넘어 인맥 지도가 존재한다.

조직도 밖에서 움직이는 B2B 구매 결정의 실체

B2B 세일즈는 때때로 복잡한 미로 찾기와 같다. 우리는 조직도(Org Chart) 상의 공식적인 의사결정권자(DM, Decision Maker)에게 집중하지만, 실제 대형 계약의 성사 여부는 조직도의 옅은 그림자 속에 있는 '숨은 영향력자'에 의해 결정되는 경우가 많다.

이 '숨은 영향력자'들은 다음과 같은 이유로 우리의 제안에 결정적인 영향을 미친다.

• 정보의 게이트 키퍼: 의사결정권자에게 올라가는 정보와 보고서

를 거르는 사람들이다.

- 평가 기준의 설계자: 의사결정자에게 '최선의 옵션'을 추천하거나, 평가 기준을 설계하는 사람들이다.
- 최종 사용자 대표: 제품/솔루션을 실제로 사용할 현업 팀의 목소리를 대변한다.

우리가 CEO나 CFO에게 가치 있는 혜택을 잘 번역해 전달해도, 그들의 숨은 영향력자가 협력하지 않으면 제안은 힘없이 무너질 수도 있다. 따라서 성공적인 B2B 세일즈는 공식적인 의사결정권자를 설득하는 것만큼이나, 숨은 영향력자를 확보하는 것도 중요하다.

숨은 영향력자는 공식 직책과는 무관하게 그들이 행사하는 영향력의 형태에 따라 구분할 수 있다. 이들을 조기에 식별하고 적절하게 관계를 구축하는 것이 중요하다.

첫째, 기술적 파수꾼이다. 이들은 솔루션의 실제 기술적 타당성을 평가한다. 의사결정자는 이들의 의견을 매우 신뢰하는 경향이 있다. IT 아키텍처 팀의 선임 엔지니어, 데이터 보안 담당자 등 다양하다. 고객사 내부에서 최고의 기술 권위자일 가능성이 크다.

둘째, 예산의 집행자이다. CFO가 아니지만, 특정 부서의 예산 집행 권한을 실질적으로 갖고 있거나 비용 효율성을 집요하게 따지는 인물이다. 구매 부서의 중간 관리자, 특정 사업부의 재무 분석 담당자 등이다.

셋째, 현업의 대변인이나 대표자이다. 이들은 솔루션을 매일 사용하게 될 직원들의 문제와 희망 사항을 가장 잘 안다. 이들이 반대하면 아무리 훌륭한 시스템이라도 사용되지 않을 것이다. 콜센터 팀장, 영업 관리 매니저, 실제 데이터 입력 담당자 등이다.

넷째, 내부 정치의 조언자이다. 공식적인 권한은 없으나, 조직 내 역학 관계, 의사결정권자의 개인적인 성향, 프로젝트의 숨겨진 우선순위를 속속들이 알고 있는 사람이다. 의사결정권자의 비서, 혹은 과거 프로젝트에 참여했던 인물일 가능성이 크다.

문제는 이러한 숨겨진 영향력자들을 영업 초기에 인지하기 어렵다는 것이다. 그러나 항상 '분명 존재한다'라는 생각으로 매사 임해야 인지할 수 있다. 특히, 공식 회의에 초대되었으나 침묵하고 있는 사람들의 직책과 역할에 주목해야 한다. 이들은 참여는 하지만 말은 아끼는 중요한 관찰자일 가능성이 높다. 일단 이들을 인지하고 숨겨진 영향력자로 확인되었으면 이들을 '내부 옹호자'로 만드는 것이다. 옹호자는 단순히 여러분의 제안을 좋게 보는 것을 넘어, 우리를 대신하여 내부의 상애불을 제거하고 프로젝트를 도와줄 수 있다. 그리고 이들에게 '내부 영업 도구'를 제공해야 한다. (예: 의사결정자가 이해하기 쉽게 번역된 PPT 자료, 경쟁사 대비 우위를 강조한 1페이지 요약본 등)

결론적으로, 고객사의 조직도를 볼 때, 단순히 공식적인 라인만 보지 말고 '그를 둘러싼 영향력자는 누구일까?'를 질문해야 한다. 이 그림자 속 인물들이 'NO'하면 이 딜에 패배할 수 있다.

15

고객-우리 회사-파트너 모두가 Win-Win-Win 하자

B2B 딜은 단 하나의 공급자가 모든 것을 해결할 수 없다. 시스템 통합(SI), 컨설팅, 특정 기술 제공 등 다양한 파트너(협력사)와의 협력이 필수적이다. 따라서 영업대표는 고객-우리 회사-파트너 모두가 이득을 얻는 Win-Win-Win 구조를 설계하여, 공동의 성공을 위한 설계자 역할을 해야 한다. 그래야 프로젝트가 최소의 리스크로 성공하며, 장기적인 성장 기반을 마련할 수 있다.

성공적인 Win-Win-Win 시나리오는 세일즈 초기에 세 주체의 성공 목표를 명확히 정의하는 것으로 시작한다.

첫째, 고객의 승리는 프로젝트의 가치 실현으로 명확히 정의된다. 이는 정량화된 '비즈니스 아웃컴(Business Outcome)'과 연결된다. 예를 들어, '운영 비용 연간 10% 절감' 또는 '데이터 기반 의사결정 시간 30% 향상'과 같이 C-레벨이 최종적으로 원하는 목표와 연결되어야 한다. 중요한 것은 이 결과 실현의 여정에 파트너의 역할이 명시적으로 포함되어야 한다는 점이다. 예를 들어, 파트너사가 제공하는 '맞춤형 시스템 통합(SI)' 서비스가 고객의 목표 달성에 필수적임을 명확히 함으로써, 고객은 파트너의 역할까지 자연스럽게 승인하게 된다.

둘째, 여러분 회사의 승리는 단순히 이번 계약의 매출 달성에서 끝나지 않는다. 성공적인 프로젝트를 통해 시장에서의 리더십을 강화하고 장기적인 확장 기반을 마련해야 한다. 만일, 프로젝트가 향후 동일 산업군의 레퍼런스가 될 수 있는 '혁신적인 사례'라면 고객에게 성공적인 결과를 홍보하겠다는 사전 합의를 얻어내야 한다. '사례 마케팅'은 매우 강력한 힘을 가지고 있기 때문이다.

셋째, 파트너는 프로젝트의 기술적, 운영적 성공에 기여하는 핵심 조력자이다. 파트너에게 최소한의 수익을 보장해야 하고 다음 2차 프로젝트에 대한 희망도 같이 제공해야 한다. 그리고 파트너 스스로의 마케팅에 해당 프로젝트를 레퍼런스로 활용할 수 있도록 배려도 해야 한다. 그래야 다음 유사 프로젝트에서도 해당 파트너사가 여러분 솔루션의 강력한 우군이 될 수 있다.

성공 사례:

한 글로벌 자동차 회사 차량의 차세대 인포테인먼트 시스템 개발에 AI 및 클라우드 기술을 제공했던 프로젝트는 훌륭한 Win-Win-Win 사례로 평가받는다.

- 고객의 승리: 이 고객은 인포테인먼트 시스템을 통해 업계 최고 수준의 개인화된 음성 인식 AI 경험을 제공하며 시장 리더십과 고객

경험 혁신이라는 목표를 달성했다. 이는 차량의 브랜드 가치 및 판매 경쟁력을 극대화했다.

- 벤더의 승리: 회사(벤더)는 자동차 산업 내 핵심 영역에 AI 플랫폼 기술을 성공적으로 탑재하여, 미래 모빌리티 시장의 주요 벤더로 자리매김하고 기술의 신뢰성을 입증하는 기술 리더십을 확보했다. 이는 전략적 새로운 시장 진입이었다.
- 파트너(SI 협력사)의 승리: 파트너사는 고객의 기존 인프라를 통합하는 SI 프로젝트를 수행했다. 또한, 벤더(회사)의 최신 AI 및 클라우드 기술에 대한 숙련도가 최상위에 올랐으며 향후 유사한 프로젝트 진행 시 우선권을 가지게 되었다.

실패 사례:

아래의 글로벌 ERP 솔루션 구축 프로젝트는 Win-Win-Win의 균형이 깨졌을 때의 전형적인 실패 사례를 보여 준다.

- 고객의 패배 (Loss): 고객사는 ERP 구축 후 수작업 80% 감소 및 데이터 정확도 향상을 목표로 했으나, 저가 입찰로 선정된 SI 파트너가 복잡한 고객 요구사항을 제대로 반영하지 못했다. 결국 시스템 완성도는 50%에 그쳤고, 현업의 반발로 시스템 사용률이 낮아져 프로젝트가 문제가 생겼다.
- 벤더의 단기 승리, 장기 패배(Short-Term Win / Long-Term Loss): 벤더는 라이선스 매출 목표는 달성했으나, 프로젝트 지연으로 인해 고객사로부터 신뢰를 잃고 2차 확장 계약이 취소되었다. 또한

향후 5년간 해당 고객사에 재진입이 불가능한 장기적인 시장 손실로 이어졌다.

- 파트너의 패배(Loss): 파트너는 저가 수주, 프로젝트 범위(Scope) 변경 요구, 고객 불만 폭주로 추가 인력 투입이 불가피해져 결과적으로 손해를 보았다. 벤더와도 '프로젝트 실패 책임소재' 다툼으로 관계가 악화되었다.

이 사례는 벤더가 저가로 수주해서, 파트너가 프로젝트 성공보다는 자신들의 손해를 최소화하는 데 집중하게 만들었다. 또한, 프로젝트 목표가 '시스템 오픈'이라는 단기 목표에만 맞춰져 있었고, '실제 현업 사용률'이나 '비즈니스 KPI 개선'과 같은 고객의 장기적인 비즈니스 아웃컴이 명확히 반영되지 않아 실패를 피할 수 없었다.

이처럼 복잡하고 어려운 B2B 딜 일수록, 모든 관계자가 기꺼이 협력하고 승리하는 시나리오를 설계하는 능력이 여러분을 차별화하고 궁극적인 성공으로 이끌 것이다.

16.

최악의 시나리오에 대비하고 공격적으로 베팅하자

영업대표는 딜의 리스크들을 철저히 분석하고 '최악의 시나리오'에 대비해서 가장 유리한 타이밍에 과감하게 승부를 걸어 승리해야 한다. 이것이 바로 '계산된 리스크(Calculated Risk)'이다.

B2B 세일즈는 본질적으로 리스크 관리의 역량이 절대적으로 필요하다. 잡음이 큰 딜은 고객사의 비즈니스에 치명타를 입힐 수 있으며, 벤더와 파트너의 평판을 동시에 무너뜨릴 수도 있다. 철저한 분석과 준비로 리스크를 최소화해야 한다. 그리고 '리스크가 없는 딜은 없고, 리스크가 없으면 보상도 적다'는 영업의 속성을 잊어서는 안 된다.

모든 준비가 끝났을 때, 경쟁사를 확실히 따돌리고 고객의 신뢰를 굳건히 하려면 '계산된 리스크(Calculated Risk)'를 감수하고 공격적으로 베팅해야 하는 순간이 온다. 계산된 리스크란 감정에 휘둘린 도박이 아니라, 최악의 시나리오를 미리 정의하고 그 충격에 대비한 상태에서 신행하는 전략석 베팅을 의미한다. 공격적인 베팅에 앞서, 방어벽을 단단히 구축해야 한다. 최악의 상황을 가정하고 대비하는 것이 바로 계산된 리스크의 첫 단계이다.

첫째, 프로젝트 초기부터 잠재적인 실패 요인을 식별하고 그 충격을 정량화해야 한다. 과거 금융권 차세대 시스템 프로젝트를 관찰한 적이 있다. 금융권의 코어 시스템 교체 프로젝트에서 가장 큰 리스크는 '규제 당국의 승인 지연'과 '기존 시스템과의 데이터 통합 실패'였다. 세일즈 팀은 '데이터 통합 실패' 시, '고객사의 일일 거래 손실 5억 원 및 프로젝트 전체 6개월 지연'으로 리스크를 정량화했다.

둘째, 식별된 리스크가 현실화될 경우, 즉시 가동할 수 있는 비상 계획을 준비해야 한다. 어느 물류 AI 솔루션 프로젝트의 경우 '초기 데이터 품질 미달'이라는 리스크가 식별되었다. 벤더는 AI 모델 개발 시작 전, '데이터 품질 검증 단계'를 2주간 추가했고, 이 단계에서 데이터 품질 미달이 확인되면 '데이터 정제 및 컨설팅'으로 전환하는 비상계획을 사전에 고객과 합의했다.

이제 리스크에 대한 방어벽이 구축되었다면, 경쟁사를 압도할 수 있는 공격적인 베팅에 나설 차례이다. 이는 가격 인하가 아닌, 가치와 확신을 극대화하는 베팅이어야 한다.

사실 가장 강력한 베팅은 벤더가 고객의 비즈니스 아웃컴(Business Outcome)에 책임을 지는 '성과 기반 계약'을 제안하는 것이다. 어느 고객의 콜센터 자동화 AI 계약 건이 있었다. 경쟁사가 유사한 AI 솔루션을 제시하며 가격 경쟁을 벌일 때, 한 벤더는 과감한 베팅을 했다.

"저희 AI 솔루션 도입 후 12개월 이내에 고객 만족도 지표가 5% 상승하지 못하거나, 상담원 이직률이 10% 감소하지 않을 경우, 총 계약 금액의 20%를 환불하겠습니다."라고 제안한 것이다.

다른 경쟁사는 이 계약 모델을 따라올 수 없었다. 그 벤더는 자사 AI의 성능에 극도의 확신을 보여 주었고, 이는 고객의 C-레벨 경영진에게 '이 회사는 반드시 성공하겠구나'라는 강력한 신호를 전달하여 계약을 단숨에 가져갔다.

다른 방법을 보자. 고객의 핵심 고통(Pain Point)을 해결하는 영역에 한해 '공격적인 PoC'를 무상 제안함으로써 경쟁 우위를 점할 수 있던 경우도 있었다. 신약 개발 파이프라인 단축이 목표인 제약회사를 대상으로 한 솔루션 경쟁이었다. 경쟁사는 전체 시스템의 PoC 중 인건비 비용을 요구했으나, 한 벤더는 "귀사의 R&D 팀이 현재 가장 병목현상을 겪는 '신약 후보 물질 탐색' 단계에 솔루션과 3명의 고급 기술자를 4주간 무상 투입하여 '탐색 시간 50% 단축'을 실증적으로 입증해 드리겠습니다." 이 베팅은 고객에게 가장 시급한 고통 해소라는 가치에 집중한다는 인상을 주었고, 금전적 리스크 없이 핵심 가치를 먼저 경험하게 함으로써 최종 계약을 위한 강력한 추진력(Momentum)을 확보했다.

다른 사례는 클라우드 마이그레이션 프로젝트였다. 고객사는 초기 마이그레이션 리스크를 가장 우려했다. 한 벤더가 아래를 제안했다.

"저희는 단순 SOW(Statement of Work)를 넘어, 50회 이상의 마이그레이션 성공 경험을 가진 Top 3 아키텍트를 포함한 '전담 팀'을 계약 후 90일간 무상으로 배정하여, 모든 초기 마이그레이션 리스크를 저희가 책임지고 제거하겠습니다."

　고객은 경쟁사의 표준화된 인력 투입 제안보다, 최고의 전문가들이 초기 리스크를 집중 관리하겠다는 약속에 압도적인 신뢰를 보냈다. 이는 가격 경쟁을 무력화하고, '신뢰'와 '안정성'이라는 가장 높은 가치에 베팅하여 승리한 사례이다.

　결론적으로 리스크는 회피가 아닌 통제의 대상이다. 철저한 리스크 식별과 대비책 수립은 여러분을 지켜 주는 안전망이다. 그리고 그 방어벽 위에서, 여러분은 오직 준비된 자만이 할 수 있는 공격적인 베팅을 감행해야 한다. 프로젝트 성공할 때까지 기술인력 상주, 무상 PoC, 최고 인력의 무상 투입과 같은 계산된 리스크는 경쟁사가 흉내 낼 수 없는 확신과 가치를 전달한다. 세일즈의 최종 승리는 이처럼 '방어와 공격의 조화' 속에서 이루어진다.

17

성공 사례와 실패 사례를 시스템화하자

사과나무에 사과들 중 하나가 익기 시작한다. 그 사과는 익으면서 껍질을 통해 에틸렌이라는 가스를 방출한다. 에틸렌 가스는 근처에 있는 사과도 익게 만든다. 그렇게 익는 사과가 많아질수록, 방출되는 에틸렌 가스의 총량은 증가한다. 더 많은 에틸렌 가스는 더 많은 사과를 익게 만든다. 그렇게 순식간에 사과나무의 모든 사과가 익게 된다. 이처럼 결과가 원인에 반복적인 피드백을 전달하고 결과는 더 강화된다. 이것이 피드백 루프(Feedback Loop)이다. 성공 사례와 실패 사례에서 배운 교훈들은 에틸렌 가스가 되어 더 많은 성공을 가속화할 수 있다.

수십 년간 B2B 영업 현장을 누비면서 깨달은 진리는, 성공은 우연이 아니며 실패는 교훈으로 남겨야 한다는 것이다. B2B 세일즈는 B2C와 달리 거래 규모가 크고, 수많은 변수가 복잡하게 얽히며, 계약까지의 호흡이 매우 길다. 이러한 환경에서는 개개인의 뛰어난 능력만으로는 지속적인 성과를 내기 어렵다. 성공 사례와 실패 사례를 개인의 경험을 넘어 조직의 자산으로 시스템화해야 하는 이유가 여기에 있다. 이를 '피드백 루프 시스템(Feedback Loop System)'이라고 부른다. 성공과 실패사례를 분석하고 그 교훈을 모두가 공유하여 '반복 가능한 성공

공식'을 만드는 것이 바로 이 시스템화의 핵심 목표이다.

'Win-Story(성공 사례)'의 공식화

성공 사례를 단순히 '수주했습니다'라는 결과 보고서로 끝내서는 안된다. 성공을 이끌어낸 핵심 요소를 해부하여 후배들이 따라 할 수 있는 '성공 공식'으로 만들어야 한다. 그 성공 공식에는 아래의 3가지가 포함되어야 한다.

첫째, 정교하게 정의한 고객의 문제(Pain Point)

성공한 세일즈는 고객이 안고 있는 문제의 핵심을 간파하는 것을 시작점으로 여긴다. 과거 한 고객사가 '노후화된 시스템 교체'라는 표면적인 문제를 가지고 있었다. 하지만 우리는 심층 인터뷰를 통해 이들의 근본적인 고통(Pain Point)이 '법이 바뀌어 곧 다가올 급변하는 산업 환경에서의 확장성 및 보안 위험'이라는 것을 파악했다. 우리는 단순히 시스템을 교체하는 것이 아니라, 향후 비즈니스 확장을 위한 플랫폼 구축이라는 더 큰 가치로 문제를 재정의했다. 고객은 우리가 그들의 미래 비전을 이해하고 있음에 신뢰를 보였고, 결국 수주에 성공했다. 성공 사례는 문제 정의의 정교함에서 나온다.

둘째, 차별화된 가치 제안

성공한 딜들은 경쟁사 대비 가치 제안(Value Proposition)이 어떻게 차별화되었는지가 명확하다. 과거 새로운 솔루션 사업을 시작할 때,

후발 주자로서 기존 강자들과 경쟁해야 했다. 그런데 그 시장은 지역별 기존 파트너들이 정말 막강한 힘을 가지고 있었다. 최종 고객의 접근 권한도 그 파트너들이 가지고 있었고, 결국 사업의 승패를 지역별 파트너들이 가지고 있었다. 마치 봉건제도 시대의 영주들이 힘을 가지고 있는 것처럼 말이다. 우리는 단순히 제품 스펙이나 기능이 아니라, 파트너들이 우리의 제품을 선택함으로써 얻는 혜택들을 차별화하기로 하였다. 높은 마진(마케팅 비용을 전용), 낮은 고장률, 아주 쉬운 유지보수, 원하는 만큼의 유지보수 파트의 현장 보관이었다. 그리고 차별화할 수 있는 부분을 모두 정량화하여 낮은 운용 비용과 높은 마진을 제공했다. 이를 바탕으로 시장 안착에 성공했다.

셋째, 키맨(Key Man) 관계 관리

B2B 세일즈의 성패는 결국 사람, 즉 '키맨(Key Man)'에게 달려 있다. 복잡한 조직도 속에서 실질적인 의사결정자가 누구인지를 정확히 파악하고 잘 관리해야 한다. 대형 딜의 막바지에는 경쟁사가 매우 공격적인 네거티브 공세를 펼쳐 딜이 흔들리는 위기를 겪은 적이 자주 있다. 이때 성공으로 이끈 주요 핵심은, 그동안 구축해 온 고객사의 핵심 키맨들과의 신뢰 관계였다.

'Loss- Story(실패 사례)'의 공식화

실패 사례는 성공 사례보다 더 값진 '학습 자료'이다. 실패를 숨기지 않고 객관적으로 분석하여 다음 성공의 발판으로 삼는 과정, 즉

'Lessons Learned'의 자산화가 동료와 후배들에게 남겨줄 수 있는 가장 중요한 자산이다. 그 실패 공식에는 아래의 3가지가 포함되어야 한다.

첫째, 치명적인 실수(Fatal Error)의 유형 분석

수많은 딜이 진행하다가 무산되거나 경쟁사가 갑자기 낚아 채는 경우들을 경험했다. 대부분의 치명적인 실수는 영업 파이프라인 분석 지표인 BANT(Budget, Authority, Need, Timeline) 요소 중 어느 하나를 오판했을 때 발생했다. 과거 어느 딜에서, 고객의 'Need'와 'Authority'는 매우 확실했으나, 프로젝트 'Budget' 확보 확인을 안이하게 대응했고, 이 딜은 결국 무산되었다. 실패 분석을 통해 우리는 '예산이 명확히 확정되지 않은 딜은 아무리 진도가 나가도 언제든 엎어질 수 있다'는 교훈을 얻었고, 이후 '예산' 확보에 대한 체크리스트를 영업 파이프라인 관리 시스템에 추가했다. 실패 사례는 최전방 영업의 취약점을 보완하는 최고의 방어 전략이다.

둘째, 경쟁사 대응 및 포지셔닝 실패

영업을 하다 보면 경쟁사의 파격적인 영업 전술에 쉽게 무너지는 경우가 있다. 우리가 기술적으로는 분명히 앞섰다고 확신했던 딜이 있었다. 하지만 경쟁사는 고객사와 '아주 좋은 관계'를 가지고 있던 협력사를 이용해 막판에 우위를 점했다. 당시 우리는 기술 분석에만 집중했을 뿐, 고객사 내외부의 비즈니스적, 정치적 역학 관계를 깊이 있게 파악하지 못한 것이 패인이었다. 이 실패를 분석한 후, 우리는 '경쟁사 우회 경로 분석' 및 '고객사 내부 비공식 이해관계자 맵' 작성을 영업 파이프라인 관리 시스템에 추가했다.

셋째, 내부 커뮤니케이션 및 협업의 부재

복잡한 솔루션을 판매할 때는 내부 팀 간의 유기적인 협업이 필수이다. 영업팀, 기술지원팀, 본사의 제품 개발팀 등이 하나의 목소리를 내지 못하면 고객의 신뢰를 잃는다. 과거 프로젝트에서, 영업팀이 고객에게 약속했던 제품이 계약한 사양이 아닌 다른 사양으로 인도되는 어처구니가 없는 사태가 벌어졌다. 전압이 220V 사양인데 110V 파워가 장착된 서버가 인도된 것이다. 원인을 조사해 보니 주문 시스템 입력 오류였다. 곧 신뢰도 하락으로 이어져 딜은 잠시 중단되는 사태를 맞았다. 물론 다시 제품을 바꾸는 비용도 만만치 않았다. 이 사례는 향후 주문 시스템에 파워코드를 새로 생성하고 중복 체크하는 프로세스로 바뀌었다

사례 기록의 '표준화'(Case Study Template)

사례 기록의 핵심은 표준화이다. 모든 영업대표가 동일한 포맷으로 기록해야 누적된 데이터에서 유의미한 패턴을 찾을 수 있다.

우리는 모든 딜을 마무리할 때 다음과 같은 핵심 요소를 포함하는 '케이스 스터디 템플릿'을 의부적으로 작성하고 분서 숭앙화 시스템에 업로드하고 모두가 공유하도록 했다. 당연히 팀 미팅에서 발표를 하고 Q&A를 통해 공유했다.

- 고객사 개요: 산업, 규모, 조직 구조
- 도입 전 문제점(Pain Point): 고객이 인지했던 문제와 우리가 재정의한 근본 문제
- 제시한 솔루션 및 가치
- 차별화 전략
- 도입 과정의 핵심 전략 및 장애물: 경쟁사 대응 및 키맨 관리 전략
- 정량/정성적 성과 및 Lesson Learned: 성공 요인 및 실패에서 얻은 교훈

이 템플릿은 곧 동료 및 신규 영업대표가 해당 산업/솔루션에 대해 빠르게 학습할 수 있는 최고의 교재가 된다.

학습 및 훈련

시스템화된 사례는 교육에 직접 활용된다. 특히 실패 사례는 현장 대응력을 높이는 훈련 도구로 사용했다. 신규 영업대표에게는 유사한 산업의 성공사례 3가지와 실패사례 3가지를 필수 학습 자료로 지정했다. 그리고 이 실패 사례를 바탕으로 '고객이 계약 직전에 파격적인 경쟁사 제안을 들고 왔을 때'와 같은 최악의 상황을 가정하여 롤 플레이를 진행하기도 했다. 머리로 아는 것과 현장에서 즉각 대응하는 것은 완전히 다르기 때문이다. 사례를 시스템적으로 훈련함으로써 후배들은 가장 고통스러웠던 실패의 경험을 간접적으로 경험하고, 유사 상황에 대한 대응 방법을 내재화할 수 있었다.

궁극적으로 성공 및 실패 사례 시스템화는 단순한 기록이 아니라, 최적의 영업 전략을 도출하는 나침반이 된다. 오랫동안 축적된 데이터를 분석하여 'XX 산업의 경우, 키맨은 90%가 IT 부서가 아닌 현업 부서 임원이다' 혹은 'ㅇㅇ 솔루션은 경쟁사 대비 TCO 우위를 강조해야 성공 확률이 높다'와 같은 실질적인 인사이트를 도출했다. 이러한 인사이트를 기반으로 다음 분기, 다음 해 영업 전략을 수립하면 큰 도움이 된다.

18

하루 1시간 비전 독서를 하자

B2B 거래는 결국 사람과 사람의 관계에서 시작된다. 높은 수준의 계약일수록 의사결정권자(C-Level)의 개인적인 철학과 비전이 중요하게 작용한다. 역사, 철학, 사회학 같은 인문학 서적은 비업무적인 대화에 큰 도움을 준다. 예를 들어, 한 기업의 리더가 고전이나 특정 사상을 인용할 때, 그 맥락을 이해하고 대화에 참여할 수 있는 능력은 단순한 친밀감을 넘어 지적 동반자 관계를 형성할 수 있다. 심리학 서적은 사람들이 어떻게 의사결정을 내리고, 위험을 회피하며, 변화를 수용하는지에 대한 통찰을 줄 수 있다. 이는 고객이 망설이는 지점, 반대하는 이유 등을 더 깊이 이해하고 설득하는 데 결정적인 역할을 한다. 그래서 영업대표는 다양한 분야의 책을 읽어야 한다. 인문학, 경영 경제, 철학, 심리학 등 다방면의 지식을 흡수하여 고객과의 대화에서 깊이 있는 통찰을 제시할 수 있어야 한다. 이것이 바로 리더의 핵심 경쟁력이 된다.

또한 비전 독서(Visionary Reading)를 통해 주요 임원들과 해당 산업의 미래에 대해 논할 수 있을 정도의 지적 깊이를 갖춰야 한다. 비전 독서에 대해 살펴보자.

비전 독서(Visionary Reading)

비전 독서는 여러분의 고객사가 3년에서 5년 후 직면할 도전과 기회, 그리고 그 산업의 미래 방향을 예측하는 데 도움을 주는 독서이다. 이는 고객의 산업과 비즈니스 모델 변화를 예측하는 데 목적을 둔다. 읽는 분야 역시 미래학, 거시 경제, 특정 산업의 기술 혁신, 사회 변화 등 폭넓은 분야를 다룬다. 이 독서를 통해 얻는 결과는 단기적인 매출 증진을 넘어, 장기적인 파트너십 구축과 대형 계약을 선점하는 데 기여한다. B2B 세일즈의 역할은 이미 단순한 '제품 전달자(Vendor)'에서 '전략적 파트너(Strategic Partner)'로 진화했다. 고객에게 필요한 것은 그들의 산업과 비즈니스를 꿰뚫어 보는 통찰력이다. 이 통찰력은 멘토나 전문가와의 대화, 강의 등에서도 얻을 수 있지만 독서를 권하는 것은 아래의 장점 때문이다.

- 체계적 학습 가능: 독서는 저자의 사고 흐름을 처음부터 끝까지 따라가며 핵심 내용들을 폭넓고 깊이 있게 파악할 수 있다. 예를 들어, 인더스트리 4.0에 대한 강의를 들으면 핵심 트렌드만 파악할 수 있지만, 관련 도서를 읽으면 이 개념이 왜 발생했고, 어떤 기술적 배경을 가지며, 기업의 전략을 어떻게 근본적으로 바꿔야 하는지에 대한 체계적인 이해를 얻게 된다.
- 사고의 근력 강화: 강의는 수동적으로 정보를 습득하는 반면, 독서

는 능동적으로 사고하고, 저자의 주장에 반박하며, 스스로의 경험과 연결하는 과정이 함께한다. 이 과정은 지적 체력을 길러주어, 복잡한 B2B 고객의 니즈를 분석하고 재정의할 수 있는 근력을 배양한다.

- 반복 학습의 용이성: 복잡한 개념은 한 번 듣는 것만으로는 완전히 이해하기 어렵다. 독서는 중요한 부분을 언제든지, 원하는 속도로 반복해서 읽을 수 있게 해 준다. 멘토에게 같은 내용을 여러 번 물어보기 어려운 반면, 책은 나만의 속도와 리듬으로 지식을 소화할 수 있는 강력한 도구이다.

비전 독서의 혜택: 미래를 예측하고 솔루션을 설계한다

B2B 고객은 고도로 지능화되어 있다. 그들은 여러분이 전달하는 제품 정보를 이미 알고 있다. 아니 우리보다 더 잘 알고 있을 것이고 각 벤더를 이미 비교 분석했을 것이다. 우리가 전달해야 할 최고의 차별점은 다른 경쟁사는 생각하지 못한 '미래의 문제'를 발견하는 '통찰(Insight)'일 것이다.

사례: 제2 금융권 솔루션 영업 경험

과거 금융기관에 IT 솔루션을 제안할 때였다. 고객 IT 담당자는 "귀사의 솔루션은 경쟁사와 무엇이 다릅니까?"라고 물었다. 기능 비교에만 초점을 맞췄다면 우리는 가격 경쟁에 휘말렸을 것이다. 하지만 나는 이미 '금융 산업의 미래 트렌드(핀테크의 파괴적 혁신, 모바일 전환의 불가피성)'에 대한 비전 독서를 마친 상태였다.

나는 이렇게 답했다. "귀사의 향후 전략은 대면 채널 축소와 비대면 서비스 확대에 맞춰져 있습니다. 현재 레거시 시스템으로 서버를 증설한다고 해도 비대면 트래픽을 감당하지 못할 것입니다. 저희 솔루션은 단순히 서버 교체가 아니라, 향후 디지털 전환을 위한 유연한 '플랫폼 아키텍처'를 제공합니다. 시스템 교체 비용이 아니라, 미래 비즈니스의 성장 엔진에 대한 투자로 봐 주셔야 합니다." 고객은 당연히 알고 있었다. 그러나 이렇게 대화를 시작한 세일즈가 없었던 것이다. 결국 딜을 성공적으로 클로징 할 수 있었다.

비전 독서의 혜택: 키맨(Key Man)과의 신뢰 확보

B2B 세일즈의 최종 의사결정자는 대부분 경영진이거나 각 분야의 전문가들이다. 그들과의 대화에서 그들의 시야를 따라가지 못하면, 우리는 즉시 '그저 그런 한 부류의 세일즈'로 분류된다.

사례: 제조 부문 임원 대화 경험

직접 딜과 연관이 없는 한 중견 제조업 임원을 만났을 때, 그분은 '인더스트리 4.0 시대의 공급망 위험'에 대한 깊은 고민을 토로했다. 현재 트럼프 시대의 아주 중요한 주제이다. 마침 그 당시 나는 '공급망 붕괴의 위험'이라는 책을 읽고 있었다. 우리는 공급망에 대한 논점으로 대화를 시작했고, "최근 이슈로 떠오르는 '공급망의 탄력성' 확보 문제는 특히 귀사처럼 글로벌 생산 기지를 가진 기업에 큰 숙제일 것 같습니다. 관세와 같이 맞물려 있어서 참 쉽지 않은 문제입니다." 하면서 깊은 대화를 이어 갔다. 그 임원은 가끔 나를 저녁 식사에 초대했다. 당연히 솔루션 대화도 포함되었다.

비전 독서로 쌓은 지식은 영업사원이 아닌 고객의 비즈니스를 함께 고민하는 '지적인 파트너'로 인식하게 만들었다. 이는 기술적 우위를 넘어선 개인적 신뢰를 구축하는 결정적인 역할을 했다.

하루 1시간, 비전 독서 습관을 가지자

바쁜 B2B 세일즈맨에게 '하루 1시간' 독서는 의지가 아닌 실천의 문제이다. 1시간을 만들어 보자. 아침 30분 + 이동 중 30분이다. 나는 보통 아침에 운동을 한다. 저녁에는 약속이 많아서 짬을 내기가 힘들다. 출근을 남보다 1시간 정도 일찍 하여 30분은 독서를 하고, 30분은 그날 할 일을 시작하거나 미팅을 준비한다. 과거 회사의 한 부하 직원은 1시간 30분전에 출근하고 1시간 이상을 독서했다. 그 후배는 지금 어느 벤더의 No.1 파트너 오너가 되어 있다.

그리고 이동 중 30분이다. 출퇴근 시간이나 고객을 만나러 이동하는 시간 중에 30분을 만드는 것은 어렵지 않다. 나는 되도록 지하철이나 버스를 이용한다. 걷는 것도 좋고 책을 볼 수 있어서 좋다. 지적 충전의 시간이다.

독서 노트

독서를 할 때 노트를 옆에 둔다. 읽은 내용을 그냥 넘기지 않고, 향후 다시 읽고 싶거나 행동으로 연결시키고 싶은 내용은 반드시 기록을 남긴다. 날짜, 책 제목, 내용, 그리고 할 일들을 남긴다. 그리고 그 노트는 항상 내 곁에 있다.

비전 독서는 세일즈 기술을 연마하는 것을 넘어, 여러분을 '비즈니스를 이해하는 지적인 전문가'이자 '고객의 미래를 함께 설계하는 파트너'로 변모시킬 것이다. 하루 1시간의 비전 독서 투자는 현재의 영업 실적뿐 아니라, 향후 여러분의 커리어 전체를 좌우하는 가장 확실한 '자기 투자'가 분명하다.

19

팀원의 성공이 곧 나의 성공이다

세일즈 리더는 가장 많은 매출을 책임지고, 가장 크게 성공의 영광을 누리는 사람이다. 물론 수확이 저조할 때는 고스란히 그 책임도 껴안는다. 내가 오랫동안 B2B 세일즈 리더 경험을 통해 얻은 깨달음은, 진정한 리더는 팀원을 도와주는 조력자 역할을 해야 한다는 것이다. B2B 딜은 복잡하며, 한 명의 스타 플레이어가 아닌 여러 전문가(솔루션 엔지니어, 영업대표, 아키텍트, 재무 전문가, 법무 담당자 등)와 협업으로 이루어진다. 팀원들 없이 딜을 진행할 수도 없다.

Servant Leadership, 즉 섬기는 리더십은 팀원의 성공을 통해 리더의 성공을 달성하는 구조이다. 리더는 더 이상 '지시하는 사람'이 아니라, 팀원들이 딜에만 온전히 집중할 수 있도록 그들을 괴롭히는 외부 위협과 내부 장벽을 제거해 주는 헌신적인 '조력자' 역할을 수행해야 한다.

사례:

내가 맡았던 영업팀이 매우 까다로운 본사 정책과 씨름하고 있었던 적이 있다. Win-Back 딜이었고, 당시 잘 클로징 하면 2차 3차 프로젝트도 수주할 수 있는 좋은 환경이었다. 고객도 기존 경쟁사의 지원에 불만이 있던 터라 분위기는 매우 좋았다. 그런데 경쟁사가 이 고객을 우리에게 빼앗기지 않으려 상상외로 공격적인 가격을 제시하였고, 경쟁사와 같은 가격은 제시하지 못하더라도 그 가격 갭을 줄이는 성의는 보여야만 하는 상황이었다. 그런데 우리가 요구하는 가격대가 본사가 정한 가격 구조를 벗어나는 상황이었다. 아시아 태평양 지역 본부가 있는 싱가폴 임원들도 설득을 해야 하고 본사 임원도 설득을 해야 하는 상황이었다. 그러기 위해서는 내부 보고서를 작성해야 했고, 본사의 여러 부서와 영어로 소통을 해야만 하는 상황이었다. 정작 고객에게 써야 할 아까운 시간들을 내부 보고 때문에 소진하고 있었다.

나는 팀원들에게 "보고서 작성에 시간을 쓰지 마라. 오직 고객과의 딜 클로징에만 집중하라"고 지시했다. 그리고 내가 직접 서류들을 완성하고, 싱가폴 AP 임원들을 설득하였다. 문제는 본사 임원들과 미팅이었다. 시차 때문에 늦은 밤이나 아주 이른 새벽에 회의를 해야만 했다. 영업대표와 관련 팀원들은 고객과 딜에만 집중하고, 난 적극적으로 본사 임원들을 설득하여 예외 승인(Exceptional Approval)을 얻어냈다.

이 딜은 성공적으로 클로징 되었다. 이 경험을 통해 리더는 팀원들의 시간을 절약해 주고, 복잡한 내부 프로세스를 직접 처리해 주는 '내부 장애물 제거 역할'도 해야 한다는 것을 배우게 하였다. 리더가 내부의 복잡성을 처리해준 덕분에, 팀은 오로지 고객 딜에만 에너지를 쏟아부을 수 있었다. 리더의 역할은 '최전방 돌격'뿐만이 아니라, '후방 지원'과 '조력자'임을 잊지 말자.

사례:

한번은 국내 대기업에 신기술 도입을 하는 프로젝트가 있었다. 신기술을 적용하다 보니 서버의 소음과 발열로 문제가 심각했다. 서버를 다시 디자인할 수도 없고 고객 전산 센터의 구조를 다시 바꿀 수도 없는 상황이었다.

영업팀은 동원할 수 있는 모든 수단을 활용하여 문제를 해결하고자 노력했지만 쉽게 해결이 되지 않았다. 본사 전문가를 불러와 센터의 공기 흐름 등을 측정하고 최적의 솔루션을 찾는 과정은 시간과 노력이 정말 많이 들어갔다. 고객의 임원은 이 문제가 해결될 때까지 매일 회의를 소집했다. 매일 보고서도 제출해야 하는 상황이었다. 해당 영업 대표는 몰골이 말이 아니었고 다른 딜들에 신경 쓸 겨를도 없었다.

영업팀 회의를 소집하고 "내가 매일 아침 미팅에 참석하겠다. 여러분은 다른 딜들에 집중하라" 지시하고, 매일 새벽 고객의 센터로 향했고 한 달 동안 매일 회의를 하면서 문제를 해결하였다.

이를 계기로 나는 고객의 임원들과 아주 가까워지는 계기가 되었고 그해 우리 영업 본부는 사상 최고의 실적을 거두었다. 영업팀은 나에게 깊은 감사를 표했고 더욱 공격적으로 영업을 하여 추가적으로 대규모 수주로 이어졌다.

Servant Leadership은 거창한 구호가 아닌, 일상의 구체적인 실천으로 만들어진다. 다음은 리더로서 팀의 성공을 만드는 섬김의 실행 원칙들이다.

첫째, 공로를 팀원에게 돌리자. 모든 성공 보고에서 팀원에게 '공로'

를 돌리는 것을 습관화해야 한다. 상사나 C-레벨에게 보고할 때, "제가 해냈습니다" 대신 "○○○ 팀원이 이 아이디어를 냈고, ○○○ 전문가가 기술적인 난관을 해결했습니다"라고 말해야 한다. 리더는 공로를 수확하는 사람이 아니라, 팀원들에게 분배하는 사람이다.

둘째, 성장을 위한 리스크를 감당하자. 팀원이 새로운 아이디어나 새로운 접근 방식을 시도할 때, 실패할 수 있는 '리스크'는 리더가 짊어져야 한다. 팀원에게는 "이 방식이 실패해도 내가 책임을 진다. 그러니 마음껏 시도해 보자"라고 말하고, 실제로 문제가 생기면 그들의 방패가 되어 주어야 한다. 제안한 사람이 실패를 책임져야 한다면 어느 직원이 새로운 것을 시도하겠는가?

셋째, '필요한 자원'을 미리 확보하자. 팀원이 요청하기 전에, 그들이 필요할 것이라고 예상되는 자원(예산, 교육, 내부 전문가의 시간, 경쟁사 정보)을 미리 확보해 두자. 복잡하고 큰 규모의 딜들은 늘 법무와 재무의 도움이 필요했고, 팀원들은 평소 법무팀과 재무팀 임원과 무척 가깝게 지낸 나에게 많은 의지를 했다.

넷째, '30분의 코칭'에 투자하자. 바쁘더라도 팀원 한 명 한 명에게 분기에 한 번 30분간의 일대일 코칭 시간을 확보하자. 이 시간은 성과 보고가 아닌, 오직 팀원의 커리어 고민, 개인적 어려움, 심리적 번아웃 여부를 확인하는 시간이다. 리더의 가장 중요한 자산은 '시간'이며, 그 시간을 팀원의 성장에 투자하는 것이 가장 확실한 섬김이다.

다섯째, 투명하게 정보를 공유하자. 리더가 알고 있는 회사 내부의 중요한 정보, 조직 변동, 프로세스 변경 등을 팀원들과 최대한 투명하게 공유하자. 정보를 공유하는 것은 한 방향으로 움직이면서 몰입도를 높이는 방법이다.

세일즈 리더의 진정한 성공은 그의 재임 기간 동안 달성한 매출 숫자로만 평가되면 안 된다. 오히려 리더가 떠난 후에도 얼마나 많은 팀원이 그가 가르친 방식으로 성공을 이어가는가, 그리고 그들이 얼마나 훌륭한 리더로 자리매김을 하는지에 따라 평가되어야 한다.

또한 리더의 섬김은 결국 '문화'를 만든다. 이 문화는 실패를 용인하고, 리스크를 두려워하지 않으며, 팀원 간의 신뢰를 바탕으로 한 고성과(High-Performance) 조직을 만들어 간다.

20

고객과의 관계, 평생 가치로 승화시키자

개인적으로 가장 중요한 항목 중 하나이다. B2B 세일즈 여러분의 연봉, 성과급, 승진은 결국 고객이 지불한 총 금액에서 나온다. 고객이 제품과 서비스를 구매해 주는 행위는 여러분의 생계와 커리어에 직결된다.

B2B 계약은 단순한 '한 건의 거래'가 아니다. IT 솔루션, 장비, 서비스 등은 한 번 계약으로 수년 간의 유지보수, 업그레이드, 추가 구매(Cross-sell, Up-sell)를 유발하며 지속적으로 '고객 평생 가치(Customer Lifetime Value, CLV)'를 만들어 낸다. 예를 들어, 한 제조업체의 ERP 시스템 구축 프로젝트를 수주했다고 가정해 보자. 초기 계약은 20억 원이었고, 매년 시스템 운영 및 유지보수 비용으로 2억 원씩 7년을 계약(14억 원)하고, 5년 후에는 새로운 모듈 도입으로 10억 원의 추가 계약이 성사되었다면, 이 고객 한 명이 창출한 매출은 총 44억 원이다. 다른 프로젝트들도 있을 것이다. 결국, 이 고객은 평생 고객이 되고 평생 관계를 맺게 된다. 아니 맺어야 한다.

B2B 거래는 최종적으로 '사람 대 사람'의 신뢰로 귀결된다. 특히 복

잡하고 고가인 B2B 솔루션에서는 벤더의 제품 스펙이나 기능 이상으로 담당 영업대표의 전문성, 진실성, 그리고 문제 해결 의지가 구매를 결정한다. 수억, 수십억 원 규모의 시스템 도입 시, 제품이나 기능 등에 큰 문제가 없다면, 고객사 CIO나 담당 임원은 수많은 경쟁사 제안 중 결국 '가장 믿고 의지할 수 있는 사람'에게 계약을 맡긴다. 기술적인 결함이나 문제가 발생했을 때, 밤낮없이 나서서 해결해 줄 영업에게 점수를 주는 것이다. 고객이 "당신이니까 믿고 산다"고 말하는 순간, 여러분은 이미 신뢰받는 사람이고 '평생 관계'의 문을 열 열쇠를 쥐게 되는 것이다.

평생 관계 구축의 핵심은 '고객의 성공이 곧 나의 성공'이라는 신념이다. 단순히 고객의 '요청 사항'을 처리하는 영업대표는 언제든지 대체되기 쉽다. 평생 관계를 구축하는 영업은 고객사의 비전과 성장 방향을 함께 고민하고, 고객이 아직 인지하지 못한 잠재적 문제까지 고민하고 해결책을 선제적으로 제안한다. 예를 들어, 기업이 차세대 시스템 도입을 고민할 때, 단순 하드웨어/소프트웨어 제안을 넘어 '향후 5년간의 IT 로드맵'과 '업계 트렌드 변화'를 분석해서 제안한 솔루션이 당장의 매출보다 고객사의 장기적인 경쟁 우위 확보에 기여한다면, 고객은 그 영업대표를 단순 '벤더'가 아닌 '전략적 파트너'로 인식하기 시작한다.

그리고 고객 Key Man의 이직은 '관계 종료'가 아닌 '신규 고객 개척'의 기회이다. B2B 고객사 담당자들은 경력 개발을 위해 회사를 옮기는 일이 흔하다. 특히 실무자들은 많은 이직을 한다. 많은 영업대표들이 고객의 이직을 '매출처 상실'로 여기지만, 평생 관계를 구축한 영업 대표는 오히려 '새로운 옹벽 쌓기'의 기회이다. 그 고객이 회사를 옮겨도 '여러분을 찾을 것'이라는 것이다. 새로운 회사에서 솔루션 도입을 검토할 때, 검증된 능력과 신뢰를 가진 영업 파트너를 찾는 것은 고객에게 가장 안전하고 효율적인 선택이기 때문이다. 어느 고객의 IT 부장이 다른 회사의 CIO로 이직했다. 이직 후 6개월 안에 이직한 회사의 대형 전산 시스템 교체 프로젝트가 시작되었다. 그 임원은 나에게 연락했고 우리 회사는 새로운 기회가 생겼다.

'보이지 않는 노력'이 평생 관계를 만든다. 딜이 없어도 자주 연락하는 진심이 필요하다. B2B 세일즈는 '거래'가 있는 시기에만 집중적으로 연락하는 경향이 있다. 하지만 진정한 평생 관계는 '지금 당장 거래가 없는' 시기에 만들어진다. 고객은 이 시기에 여러분의 진심을 확인한다.

단순히 "잘 지내시죠?"보다는 고객의 관심사와 관련된 의미 있는 정보를 제공하면 더욱 빨리 평생 관계를 맺을 수 있다. 예를 들어, "팀장님께서 관심 있어 하시던 '경쟁사 동향/최신 IT 보안 트렌드' 관련 자료가 새로 나왔습니다. 잠깐 살펴보시면 좋을 것 같아 메일 드립니다." 혹은 고객의 취미, 자녀의 입학/결혼 등을 챙기는 세심함이 필요하다. (물론, 고객이 허락하는 선에서)

최고의 레퍼런스는 고객의 '자발적 추천'에서 나온다. 평생 관계를 맺은 고객은 가장 강력하고 진실된 '레퍼런스(Reference)'가 되어 준다. 고객이 직접 다른 잠재 고객에게 여러분을 추천해 주는 것이다. 과거 우리 회사의 솔루션 도입으로 제법 큰 성과를 거두었던 한 제조사 CIO께서, 같은 업계의 CIO 모임에 속한 분들에게 저를 여러 번 소개해 주었고, 프로젝트로 이어지는 결과도 있었다. 그분의 한 마디 칭찬과 소개는 내가 수십 번 프레젠테이션하는 것보다 강력했다. 고객이 다른 고객에게 나를 추천한다는 것은, 나에 대한 만족도와 신뢰를 가지고 있음을 의미한다. 이러한 '입소문 마케팅'은 평생 관계가 주는 가장 큰 비즈니스적 보상이다.

B2B 세일즈는 결국 인격과 인격이 만나는 일이다. 여러분의 전문성은 기본이고, 그 위에 성실성, 겸손함, 유머 감각, 그리고 인간적인 따뜻함이 더해질 때 고객은 여러분과 오래도록 함께하고 싶어한다. 그리고 고객의 성공과 실패, 기쁨과 좌절의 순간을 기억하고 공감하는 것, 가장 어려운 순간에 '사람 대 사람'으로 옆에 있어 주는 것이 평생 관계의 마법이다. 오늘 심은 작은 평생 관계의 씨앗이 여러분의 평생 직장이자 든든한 울타리가 되어 줄 것이다.

이 책에서 제시하는 20가지 생각과 행동은 IBM, 삼성전자, HP와 같은 최고의 기업에서 성공한 B2B 세일즈 고수들의 DNA이다. 이들은, 이 20가지 생각과 행동들을 일관되게 실천하는 사람들이다. 여러분이 이 책을 덮는 순간, 스스로 가장 취약한 5가지 항목을 선택하고, 그것을 개선하기 위한 구체적인 행동 계획을 세우기를 권장한다. 그리고 그 내용을 적어서 아침마다 눈뜨면 소리 내어 읽고 하루를 시작하면 좋은 하루로 만들 것이고, 좋은 한 달, 좋은 일 년을 만들 것이다. 그리고 다음 해 또 다른 5가지 항목으로 다시 시작하기 바란다. 여러분이 지금 시작하는 모든 생각과 행동이 바로 위대한 세일즈 리더 여정의 출발점일 것이다.

B2B 세일즈 리더를 향하여

B2B 세일즈 여러분,

이 책의 마지막 페이지를 덮는 지금, 여러분의 마음에 어떤 생각들이 차지하고 있는지 궁금합니다. 혹시 저의 책이 고리타분한 아저씨의 옛날 얘기가 아닐지, 비즈니스 환경이 많이 바뀌어 여러분의 현실과 맞지 않는 동떨어진 내용은 아닐지 걱정스러운 마음입니다. 그러나 용기를 내어 이 책의 마지막까지 온 이유는 'B2B의 본질은 바뀌지 않는다'는 것을 믿기 때문입니다.

단순한 '판매 기술'을 넘어, '고객의 비즈니스 성공을 설계하는 파트너'라는 세일즈의 본질을 전하고 싶었습니다. 이 본질은 거대 기업의 안정적인 시스템에서도, 제한된 자원으로 시장을 개척해야 하는 스타트업 환경에서도 변함없이 작동하는 유일한 성공 방정식일 것입니다.

세일즈는 기술이 아니라 여러분의 '철학'과 '리더십'에서 발원하는 총체적 역량입니다. 진정한 세일즈 리더는 고객의 비즈니스 성공을 위해, 내부 팀을 조화롭게 움직이며, 끊임없이 변화하는 시장을 분석하고 미래를 통찰합니다. 이 책에서 여러분이 만난 성공과 실패의 사례들은 모두 이 하나의 진실을 향해 달려왔습니다.

　가장 중요한 것은 '왜' 고객이 우리를 선택해야 하는가에 대한 명쾌한 답을 제시할 수 있어야 합니다. 그리고 그 답을 찾기 위해 끊임없이 질문하고, 경청하며, 준비해야 합니다.

　저는 여러분이 높은 곳에서 더 멀리, 더 넓게 세상을 보면 좋겠습니다. 제가 걸어온 길이 걸을 만하다고 생각이 들면 그 길을 밟아보고, 그 길 위에서 여러분의 통찰을 더하여 다음 단계를 향해 나아가십시오.

　두려워하지 마십시오. 실수와 실패는 성장의 필수적인 과정입니다. 저 역시 수많은 실패를 경험했습니다. 중요한 것은 '넘어졌을 때 바로 일어나는 정신력과 무엇을 배웠는가'입니다. 그럴 때마다 자신을 칭찬해 주십시오. 위대한 세일즈 리더에 한 걸음 더 가까이 가고 있다고.

　여러분의 다음 딜이 성공할 수 있도록, 여러분이 이끄는 조직이 한 단계 더 성장할 수 있도록, 그리고 무엇보다 여러분 자신이 탁월한 비즈니스 리더로 자리매김할 수 있도록 응원합니다.

　감사합니다.

B2B 세일즈
고수들의 비밀

ⓒ 박병록, 2026

초판 1쇄 발행 2026년 3월 3일

지은이   박병록
펴낸이   이기봉
편집   좋은땅 편집팀
펴낸곳   도서출판 좋은땅
주소   서울특별시 마포구 양화로12길 26 지월드빌딩 (서교동 395-7)
전화   02)374-8616~7
팩스   02)374-8614
이메일   gworldbook@naver.com
홈페이지   www.g-world.co.kr

ISBN   979-11-388-5439-9 (03320)